CIDADANIA e desenvolvimento local: CRITÉRIOS DE ANÁLISE

VOLUME 1

Fernando Guilherme Tenório ORGANIZADOR

CIDADANIA e desenvolvimento local: CRITÉRIOS DE ANÁLISE

VOLUME 1

Copyright © Fernando Guilherme Tenório

Direitos desta edição reservados à
EDITORA FGV
Rua Jornalista Orlando Dantas, 37
22231-010 | Rio de Janeiro, RJ | Brasil
Tels.: 0800-021-7777 | 21-3799-4427
Fax: 21-3799-4430
editora@fgv.br | pedidoseditora@fgv.br
www.fgv.br/editora

Impresso no Brasil | *Printed in Brazil*

Todos os direitos reservados. A reprodução não autorizada desta publicação, no todo ou em parte, constitui violação do copyright (Lei nº 9.610/98).

1ª edição – 2012

Revisão: Diogo Henriques, Joana Milli e Fernanda Mello
Diagramação e capa: Ilustrarte Design e Produção Editorial

Ficha catalográfica elaborada pela
Biblioteca Mario Henrique Simonsen/FGV

Cidadania e desenvolvimento local: critérios e análise / Fernando Guilherme Tenório, organizador. – Rio de Janeiro : Editora FGV, 2012.

264 p.

Inclui bibliografia.
ISBN: 978-85-225-0929-4

1. Cidadania. 2. Comunidade – Desenvolvimento – Participação do cidadão. 3. Administração local – Participação do cidadão. I. Tenório, Fernando Guilherme. II. Fundação Getulio Vargas.

CDD – 352

Sumário

Prefácio 7
    Joan Subirats
Introdução 13

Parte 1
    Capítulo 1 – Escopo teórico 19
        Fernando Guilherme Tenório
    Capítulo 2 – Escopo metodológico 35
        Lamounier Erthal Villela

Parte 2 – Elementos empíricos
    Capítulo 3 – Microrregião de Garanhuns (PE) 49
        William dos Santos Melo
    Capítulo 4 – Microrregião de Lavras (MG) 67
        Valdeir Marins de Faria e Anderson Felisberto Dias
    Capítulo 5 – Mesorregião do Centro Fluminense (RJ) 87
        Carlos Frederico Bom Kraemer e Jonathan Felix Ribeiro Lopes

Capítulo 6 – Região da bacia do rio Itabapoana (ES-MG-RJ)   105
William dos Santos Melo

Capítulo 7 – Microrregião dos Lençóis Maranhenses (MA)   123
Carlos Frederico Bom Kraemer e Jonathan Felix Ribeiro Lopes

Capítulo 8 – Região do Corede Médio Alto Uruguai (RS)   139
Andréa Zamin Saad e Anderson Felisberto Dias

Capítulo 9 – Região dos Coredes Noroeste Colonial e
Celeiro (RS)   159
Anderson Felisberto Dias

Parte 3

Capítulo 10 – O Programa de Desenvolvimento Sustentável dos
Territórios Rurais pela ótica da cidadania deliberativa   181
Felipe Barbosa Zani

Capítulo 11 – Participação e qualidade democrática: uma proposta
de critérios de qualidade   207
Carola Castellà e Marc Parés

Conclusões   253
Referências Bibliográficas   257

| Prefácio

COMO FICOU O ESPAÇO LOCAL NESTA GRANDE transformação econômica e social que estamos vivendo? Uma primeira hipótese nos faria pensar em seu enfraquecimento, já que o quase monopólio do Estado no âmbito europeu, o fortalecimento das instituições globais (OMC, FMI, Banco Mundial...) e o fortalecimento evidente da esfera regional nos levam a essa conclusão. Mas vários fatores provocaram uma mudança no significado dos elementos territoriais e de proximidade, reforçando as oportunidades em âmbito local. Por um lado, o velho fordismo produtivo foi sendo substituído por novos modelos de desenvolvimento que resgatam os aspectos ecológicos e endógenos, e por isso fortalecem as especificidades territoriais. Por outro lado, a estrutura social foi se fragmentando e se tornando mais complexa, com mais dinâmicas de individualização e exigências sociais mais heterogêneas e específicas, e isso exige respostas também mais individuais e concretas, difíceis de obter senão a partir de lógicas de proximidade. A vida cotidiana, as questões de gênero, as exigências de compatibilizar trabalho e família, o prolongamento da vida e o envelhecimento populacional indicam também dinâmicas cuja abordagem a partir de âmbito local é urgente e imprescindível. Além disso, os processos de homogeneização cultural global encontraram respostas que reforçam os aspectos de identidade e do sentido de pertença a uma comunidade. A sociedade pós-industrial oferece, então, novas estruturas de oportunidade aos espaços locais nesse contexto territorial globalizado.

Se aceitamos, assim, que a esfera local tem uma nova dimensão e um novo relevo, é necessário ver que características específicas tem a nova e emergente política local. Destacaríamos dois fatores: de um lado, a exigência de superar uma visão administrativista e funcional do governo local e avançar na direção de novas funções, com agendas de temas mais amplos e novas exigências estratégicas e qualitativas. De outro, a necessidade de superar estilos de autossuficiência e de avançar na direção de mais dinâmicas de relação vertical e horizontal, tanto com outros protagonistas institucionais e políticos de diferentes níveis de governo como com outros atores sociais, econômicos e comunitários que trabalham cada vez mais em rede.

Poderíamos afirmar que, tanto da perspectiva comparada quanto da experiência espanhola, a dimensão política local vem se fortalecendo nos últimos anos. Tanto no modelo mais claramente anglo-escandinavo, baseado no princípio estatutário ou de autorização competencial, como no modelo continental-mediterrâneo, baseado no princípio de competência geral, os últimos 20 ou 30 anos reforçaram claramente o peso estratégico e decisivo dos governos locais nas novas agendas territoriais e de bem-estar. Temos exemplos na Grã-Bretanha pós-conservadora, nos pactos entre *Länder* e municípios na Alemanha, no novo papel dos municípios nos países escandinavos, ou no aumento evidente de competências (sem um acompanhamento comparável de aumento de recursos) dos municípios franceses, italianos ou espanhóis. Na América Latina faz-se mais firme no papel e importância dos governos locais, apesar de seus recursos continuarem a ser muito limitados. Tudo isso provocou novas formas de articulação intermunicipal e entre a esfera local e as outras esferas de governo.

Nos últimos anos, constata-se uma preocupação crescente com a busca de formas mais integradas de relacionar as diferentes políticas e atuações municipais. Planos transversais são apresentados a partir de critérios territoriais (bairros degradados, regeneração de centros históricos...), temáticos (exclusão, imigração...), de faixa etária (jovens, idosos...) ou de coletivos específicos (deficientes, famílias com apenas um chefe...), e tudo isso relacionado – bem ou mal – com as formas de gestão compartimentadas e segmentadas. E às vezes, de modo ainda mais significativo, surgem estratégias de leitura global das cidades e vilarejos que buscam processos de atuação multidimensional vinculados a determinado eixo temático. Podemos destacar as Agendas Locais 21, os Projetos Educativos da Cidade, as Políticas de Nova Cidadania, as Iniciativas de Cidade Digital ou os emergentes Planos Locais de Inclusão Social. Temáticas concretas que procuram conectar diversas formas de atuação dentro de perspectivas teóricas que nos falam de estratégia global de cidade ou comunidade.

A sociedade está cada vez mais preocupada com temas como a coesão social, a inclusão no mercado de trabalho e a melhoria das condições de vida nas cidades grandes e pequenas, com seus problemas centrais. As pessoas se preocupam com a fragilidade e a vulnerabilidade que caracterizam as transformações do sistema produtivo e do mercado de trabalho e o esgotamento progressivo dos recursos naturais, e constatam como o envelhecimento da população, junto com as mudanças nos modelos familiares, apresenta novos desafios a todos.

A resposta é mais capacidade de governo das entidades locais e mais capacidade de envolvimento dos cidadãos nos processos de mudança. Exigem-se projetos de futuro, e pede-se que esses projetos de futuro sejam compartilhados por todos os envolvidos: mais governo e mais governança coletiva para algumas entidades locais consideradas de grande importância por sua proximidade e capacidade de gestão, para a melhoria concreta e cotidiana do bem-estar de indivíduos e grupos.

Esse fortalecimento da dimensão política dos espaços locais não ocorre nas formas que tradicionalmente têm caracterizado o governo. Para começar, apesar de o território ter reforçado seu peso, também se tornou menos definível sob perspectivas clássicas, pois as escalas podem variar muito em relação a objetivos e finalidades diferentes. O que hoje é o "local"? Poderíamos falar do que é próximo, mas a própria definição do que é próximo é muito relativa, pois, em âmbitos rurais, alguns poucos quilômetros são considerados pequenas distâncias, e em uma cidade essa mesma distância pode parecer grande. "Local" tem a ver também com identidade, com a sensação de pertencimento, com a conexão e um sentido compartilhado de uma história vivida de maneira conjunta.

A identidade local pode ser uma construção política, organizada em torno de conceitos como "eles" e "nós". Também é comum se referir a "local" como uma escala concreta, na qual é possível e conveniente tomar determinadas decisões e não outras. E finalmente também falamos de "local" para nos referirmos a uma esfera concreta de poder que evoluiu ao longo dos séculos e se relaciona com outras "esferas" ou "níveis" de poder (regional, estatal, supraestatal).

Na Europa, foram produzidos processos de reconfiguração do espaço em duas direções: a da descentralização (maciça e visível) e a da centralização (seletiva e qualitativa). Populações e atividades se diluem na direção de uma "periferia" cada vez mais "centro". Mas, por outro lado, se observarmos o quadro mais amplo e prestarmos atenção ao que acontece na "rede global", notaremos processos claros de concentração de atividades administrativas e decisórias em determinados nós centrais. Assim temos dois níveis na representação espacial do território. O primeiro nos faz acentuar a importância da proximidade e da facilidade que ela traz para as interações, a qualidade de vida e a coesão social. Por outro lado, o espaço também é cada vez mais uma rede de fluxos e relações, que vincula cidades, vilarejos e territórios, independentemente das distâncias físicas que os separam. Na primeira dimensão, os elementos físicos e de conectividade real são muito importantes; na segunda, os aspectos de conexão virtual são os mais decisivos. São espaços diferentes, mas compatíveis: territórios ao mesmo tempo físicos e virtuais, próximos e relacionais.

Essa lógica dupla do território, portanto, obriga os governos e entidades locais a se moverem por uma via de mão dupla. De um lado, precisam aceitar a natureza relacional do território e, com isso, desenvolver estratégias de conexão e vinculação que vão além do que está mais perto. Mas, por outro, têm de ser atores coletivos bem integrados e internamente coesos, que ponham em jogo seus "capitais" sociais, humanos e ambientais, mediante pactos e estratégias compartilhadas que lhes permitam ser vistos como territórios coesos.

Essa configuração territorial mais integrada à rede exige formas de governo que se adaptem às novas realidades e peculiaridades. Temos deixado para trás as formas de governo muito centradas na hierarquia e na visão extremamente normativa ou de responsabilidades e competências. Também têm sido constatadas as limitações de uma estratégia rigorosamente gerencial do governo local. Fomos percebendo o significado da importância da interação com grupos, entidades, coletivos e pessoas pelo que representam em matéria de interesse e novas visões. Se para nós a sociedade se tornou mais complexa, nós também temos de avançar na direção de formas de governo que acumulem e incorporem esta complexidade, a partir de visões mais compartilhadas, o que consiste na elaboração e na execução das políticas e da ação de governo da comunidade e do território. Todos dependemos de todos, todos compartilhamos problemas, e também podemos compartilhar linhas de avanço e melhoria. Cada um – a partir de suas responsabilidades e posições de poder, que não são simétricas – assumindo o conflito entre interesses e atores como um elemento não apenas natural, mas criativo e inovador.

No âmbito local, os mecanismos representativos continuam a ser o eixo de legitimação das autoridades locais, mas cresce cada vez mais a consciência de que é necessário desenvolver novas formas de participação e envolvimento dos cidadãos que permitam ampliar a legitimidade de decisões significativas para a comunidade e aproximar as pessoas da complexidade das decisões públicas. O rumo tomado com a consolidação em muitos municípios dos conselhos setoriais de representação e participação precisa ser ampliado e diversificado, na busca tanto de componentes mais territoriais que levem à transversalidade de problemas e linhas de solução, como também de aproximar os cidadãos não integrados nas redes cidadãs. Por isso, as novas formas experimentadas de participação direta dos cidadãos na tomada de decisões importantes, e merecedoras de apoio, para que seja possível continuar aprendendo com seus pontos fortes e fracos. O governo das cidades e as comunidades locais não podem se apresentar apenas como um problema das câmaras municipais e das autoridades representativas locais. Deve ser visto como um problema coletivo, no qual as regras da hierarquia já não servem como antes, sendo preciso estabelecer mecanismos de coordenação e divisão de responsabilidades com os agentes e atores sociais presentes na comunidade. Só assim será possível assumir coletivamente a complexidade dos desafios futuros. Nesse sentido, o livro que apresentamos aqui, organizado por Fernando Guilherme Tenório, é um exemplo da linha a ser seguida para analisar e estudar pautas de participação dos cidadãos e promover processos de desenvolvimento local melhores e mais sustentáveis.

Joan Subirats
Coordenador do Programa de Doutorado do Instituto de Governo e Políticas Públicas (Igop) da Universidade Autônoma de Barcelona

| Introdução

Os debates sobre a participação cidadã no âmbito dos governos locais parecem decorrer cada vez mais da acentuada consciência de que a democracia representativa, por si só, não é suficiente para atender as demandas da sociedade. Arranjos institucionais que promovam a participação cidadã têm sido a tônica tanto de estudos acadêmicos como de práticas governamentais. Ou seja, a consciência cidadã está demandando um Estado republicano com constante controle social, e não apenas uma delegação periódica aos poderes públicos eleitos por meio do voto. Esferas públicas e/ou arranjos institucionais são necessários para a concretização dos anseios da sociedade, e não apenas daqueles advindos de espaços privilegiados dos poderes públicos (Legislativo ou Judiciário) de governos – federal, estadual e municipal – ou de enclaves específicos da sociedade civil, como é o caso das corporações empresariais privadas ou, ainda, de grupos agremiados em torno de particularidades institucionais, como clubes e afins. A participação cidadã implica o envolvimento de todos os afetados por políticas públicas ou ações que objetivem o desenvolvimento de territórios.

De acordo com Parés e Castellà (2008), nas últimas décadas, municípios ao redor do mundo têm desenvolvido experiências muito diversas de democracia participativa na busca de novas formas para governar sociedades cada vez mais complexas. Por sua vez, pesquisas realizadas no Brasil por meio do Programa de Estudos em Gestão Social (Pegs), da Escola Brasileira de Administração Pública e de Empresas (Ebape), e do Centro de Estudos de Administração Pública e Governo (CEAPG), da Escola de Administração de Empresas de São Paulo (Eaesp), ambos da Fundação Getulio Vargas (FGV), têm apontado que no país o fenômeno da participação cidadã já caminha para uma realidade dantes apenas imaginada. No entanto, não se sabe até que ponto essas experiências resultam em um incremento efetivo de qualidade na democracia desses municípios ou se unicamente representam um aumento no número de exercícios participativos.

Parés e Castellà defendem que a academia necessita de métodos de reflexão sobre a qualidade das múltiplas práticas surgidas no âmbito da participação cidadã, e por isso consideram imprescindível sua avaliação e caracterização para fins de aperfeiçoamento. Para esses autores, a avaliação da participação cidadã se configura como um meio capaz de qualificar as experiências participativas, identificando debilidades e pontos fortes como forma de estabelecer as bases para sua melhora, servindo, portanto, como um processo de aprendizagem cidadã tanto para os cidadãos de um modo geral como para os poderes públicos constituídos.

Assim, o objetivo deste livro é analisar a participação cidadã na implementação de políticas públicas de desenvolvimento local em sete regiões brasileiras: microrregião de Garanhuns, no sul de Pernambuco; microrregião de Lavras, no sul de Minas Gerais; mesorregião do Centro Fluminense, no Rio de Janeiro; região da bacia do rio Itabapoana, entre os estados do Espírito Santo, do Rio de Janeiro e de Minas Gerais; microrregião dos Lençóis Maranhenses, no Maranhão; Região do Corede (Conselho Regional de Desenvolvimento) Médio Alto Uruguai e dos Coredes Noroeste Colonial Gaúcho e Celeiro, no Rio Grande do Sul. A análise aqui realizada considera que o desenvolvimento local não deve ser entendido somente a partir do fortalecimento de atividades econômicas, mas como a expressão de diversos aspectos, dos quais o econômico é apenas um. Assim, políticas públicas que contribuam de forma direta ou indireta para o desenvolvimento local teriam de ser elaboradas de maneira diferente daquelas práticas tradicionais em que se julga o Estado, notadamente por meio do poder Executivo, como o único capaz de responder, de forma unilateral, top-down, às demandas da sociedade. Portanto, a proposta teórico-metodológica deste estudo é de que a implementação de políticas públicas no desenvolvimento de territórios deve ser um processo que transcenda a visão mercadocêntrica de crescimento econômico, para privilegiar um enfoque de sustentabilidade política, social e cultural, apoiada na interação comunicativa de seus diferentes atores – agentes públicos, agentes econômicos e agentes sociais.

O presente livro dá continuidade aos estudos descritos em *Cidadania e desenvolvimento local*,[1] no qual se procurou analisar situações territoriais submetidas, conceitualmente, aos seguintes tipos: *arranjo produtivo local, conselhos de desenvolvimento, desenvolvimento sustentável, redes sociais e relação sociedade-Estado*. Para esta primeira empreitada contribuíram os seguintes programas e/ou instituições de ensino: Programa de Estudos em Gestão Social (Pegs) da Escola Brasileira de Administração Pública e de Empresas (Ebape) da FGV, Núcleo de Turismo da Ebape/FGV, Programa Gestão Pública e Cidadania da Eaesp/FGV[2] e o Mestrado em Desenvolvimento da Universidade do Noroeste do Estado do Rio Grande do Sul (Unijuí), bem como o estágio pós-doutoral realizado pelo coordenador desta pesquisa no Instituto de Governo e de Políticas Públicas (Igop) do Departamento de Ciência Política e Direito Público (DCPDP) da Universidade Autônoma de Barcelona (UAB).

Procuramos aqui, a partir do banco de dados originado para a pesquisa do livro anterior, aplicar elementos de análise a partir do texto "Criteris, metodologies i reflexions entorn l'avaluació de la participació ciutadana". Este método de análise foi preliminarmente elaborado por Marc Parés e Carola Castellà no Igop/DCPDP/UAB. No primeiro quadrimestre

---

[1] Tenório, Fernando G. (org.). *Cidadania e desenvolvimento local*. Ijuí (RS): Editora Unijuí, 2007.
[2] O banco de dados do então Programa Gestão Pública e Cidadania encontra-se no atual CEAPG/Eaesp/FGV.

de 2008, o organizador deste livro esteve como pesquisador visitante no Igop/DCPDP/UAB, onde conheceu o referido modelo, obtendo permissão de reproduzi-lo no Brasil. Adaptações quanto a linguagem e conteúdo foram feitas no âmbito do Pegs/Ebape/FGV com a participação de alunos do curso de Graduação, do Mestrado em Administração Pública e do Pós-doutorado em Administração, também da Ebape/FGV.

É preciso dizer ainda que, sem a contribuição dos que colaboraram no livro anterior, dos entrevistados e daqueles que no presente momento aportaram os seus saberes ao conteúdo deste livro, não seria possível terminar esta segunda empreitada. Porém, cabe também prevenir que a responsabilidade pelos resultados aqui alcançados é de seu organizador. Finalmente, o apoio financeiro e institucional deve-se: ao Pró-Pesquisa, fundo de apoio à pesquisa da Ebape/FGV; ao prof. dr. Marco Antonio Carvalho Teixeira, do Centro de Estudos e Administração Pública e Governo da Escola de Administração de Empresas de São Paulo da FGV; e à Coordenação de Aperfeiçoamento de Pessoal de Nível Superior (Capes) do Ministério da Educação (MEC), por meio da Bolsa Produtividade em Pesquisa e do Edital Pró-Administração nº 09/2008 da Capes.

Parte 1

1 | Escopo teórico

Fernando Guilherme Tenório

No Capítulo 1 de *Cidadania e desenvolvimento local*[1] foram descritas as diferentes possibilidades conceituais do significado de *cidadania*. De acordo com esse primeiro trabalho, o conceito de cidadania ao longo da história da humanidade passou por diversas interpretações. Entre elas destacaremos como referência o conceito de *cidadania deliberativa*, por ser o conceito que mais se aproxima da preocupação deste estudo, que é o envolvimento dos cidadãos nos processos de planejamento e implementação de políticas públicas, notadamente nas situações que facilitam o controle social dos ditos processos. No entanto, antes de destacarmos o conceito de *cidadania deliberativa*, apontaremos algumas concepções de cidadania que ainda são usadas com o propósito de distinguir aquela que tem como pressuposto central a participação direta por meio de esferas públicas das práticas cidadãs, cujo envolvimento ocorre em situações de interesses pontuais ou representativos.

---

[1] Op. cit.

Assim, uma das maneiras mais utilizadas para explicar o conceito de cidadania é a descrita por Theodor Marshall (1967), que, embora seja fundamentada na experiência inglesa do autor, proporciona uma sistematização do conceito a partir de um momento importante na história da humanidade, o século XVIII, ou das "luzes", período que propõe iluminar a trajetória dos indivíduos por meio do seu próprio saber, da sua razão. Marshall baseou a sua concepção de cidadania em três aspectos: civil, relacionado à liberdade individual; político, referente à participação no exercício do poder político; e social, enfocado no bem-estar social e econômico. Segundo o autor, esses direitos apareceram em épocas distintas: os direitos civis no século XVIII, os direitos políticos no século XIX e os direitos sociais no século XX.[2] No caso brasileiro os direitos não surgiram na mesma ordem da descrição marshalliana, por dois motivos:

> Por um lado, foi dada maior ênfase aos direitos sociais e, por outro, a sequência de aquisição dos direitos foi diferente no Brasil, dado que os direitos sociais precederam os outros. E isso tem uma explicação: enquanto em alguns países europeus a cidadania se desenvolveu a partir dos chamados Estados-nação, onde a luta pelos direitos era uma luta política, posto que ser cidadão era fazer parte de uma nação e de um Estado, no Brasil a cidadania se deveu mais à ação dos próprios cidadãos. Assim, no século XX, os primeiros direitos a serem instituídos foram os sociais (por Getulio Vargas), a seguir expandiram-se os direitos políticos (ao término da ditadura militar) e, por último, os direitos civis. (Tenório, 2007:47)

Portanto, a sequência dos direitos propostos por Marshall, apesar da sua importância enquanto proposição definidora de conceitos, não é um fenômeno universalizável. No início do século XXI, ainda encontramos sociedades nos diferentes continentes que dividem o planeta Terra segundo critérios geopolíticos, situações nas quais nenhum dos direitos é atendido ou em que um ou outro direito faz parte da prática institucional de determi-

---

[2] Uma caracterização mais ampliada deste e de outros conceitos de cidadania poderá ser encontrada em *Cidadania e desenvolvimento local* (op. cit.), p. 26-54.

nados países. Na América Latina, vez por outra, os direitos políticos ainda são cassados, e os demais, civil e social, são apenas descritos nos textos constitucionais, aquém de suas realizações. No Brasil, infelizmente, a prática do trabalho escravo, apesar da sua abolição no final do século XIX, ainda é vigente em certas localidades. Prática que ocorre não só no setor primário da produção – agricultura –, mas também nos setores secundário – na produção clandestina de têxteis, por exemplo – e terciário – através de mecanismos produtivos informatizados ou de horas extras não remuneradas.

Apesar desses contraditos e do que foi apontado na Introdução deste livro, no Brasil já é possível observar práticas gerenciais de aproximação do poder público com os cidadãos, proporcionando, assim, o exercício do direito político. O poder do cidadão de participar em processos de tomada de decisão quando da implementação de políticas públicas é corroborado por meio da escrita dos professores Marco Antonio Carvalho Teixeira e José Maria Brasiliense Carneiro:

> A história recente do Brasil aponta no sentido do fortalecimento da democracia e da descentralização do poder. Há um rumo definido, e o próprio caminho já percorrido coloca-se como argumento em favor da promoção da política em nível subnacional, a começar pelos municípios. (Teixeira & Carneiro, 2009:81)

Vale salientar o que diz Joana Fontoura quanto à atuação dos movimentos sociais no Brasil em prol de reivindicações originadas na sociedade civil. Aqui reproduziremos aquelas ações que a autora destaca no final do século XX.

> O movimento Diretas-Já demonstrou força política do povo por levar ao fim do regime de ditadura militar em 1984. De 1985 a 1988 a sociedade civil aumentou sua força e legitimidade com o movimento pela Constituinte, responsável pela nova Carta Constitucional (1988), que introduziu vários dispositivos centrados na garantia dos direitos sociais.
>
> Na década de 1990, temas como a cidadania, a exclusão social, a segurança pública, entre outros, passaram a ser pontos fortes para o desenvolvimento

de movimentos sociais. Com uma nova articulação e organização surgem as ONGs como representação e instrumento de ação de alguns movimentos sociais. A sociedade civil se institucionaliza e busca soluções compartilhadas com o poder público através das organizações não governamentais. Tais organizações assumiram um papel mais participativo que combativo, fazendo parte da elaboração e implementação de algumas políticas públicas, contribuindo assim para ampliar a esfera pública. Marcam com isso um aspecto interessante da ação social que é mais participativa, em vez de somente reivindicativa. (Fontoura, 2009:143-4)

O conceito de cidadania que aqui queremos ressaltar é a leitura de um conceito ampliado, isto é, a concepção de cidadania objeto deste estudo vai considerar que os três direitos marshallianos – civil, político e social – estariam contidos neste que denominaremos de *cidadania deliberativa*. Quer dizer, a prática da *cidadania deliberativa* seria aquela que por meio de processos decisórios reflexivos e intersubjetivos apontaria direções que de maneira implícita ou explícita atenderiam aos direitos marshallianos na medida em que o diálogo favorece a liberdade individual – direito civil –, possibilita a participação na decisão – direito político – e contribui para o bem comum – direito social. Assim, a cidadania deliberativa é aquela validada a partir de *esferas públicas* em que todos os interessados argumentam, orientados pelo fundamento da inclusão. Por *esfera pública* entenda-se "como uma rede adequada para a comunicação de conteúdos, tomada de posição e opiniões; nela os fluxos comunicacionais são filtrados e sintetizados a ponto de se condensarem em opiniões públicas enfeixadas em temas específicos" (Habermas, 1997, v. 2, p. 92). A característica central de uma *esfera pública* é a busca de soluções por meio da concordância dos diferentes atores partícipes do processo decisório.

A *esfera pública* seria o espaço no qual se constituem experiências de interação social, o foro reflexivo no qual os atores de uma sociedade buscam soluções comuns que apontam para além de suas condições de apenas consumidores, devotos, eleitores, torcedores etc. Sob dado espaço público, os atores devem subordinar seus interesses pessoais aos coletivos, e o econômico ao político. A *esfera pública* tem origem "na necessidade de proporcionar um conceito normativo e crítico que esteja em condições de fazer frente às rotinas políticas" (Innerarity, 2006:17), uma vez que o significado de política implica promoção de relacionamentos sociais e expressa o bem comum. Uma ação política é referida pelo sentido de comunidade, isto é, de um relacionamento humano voltado para objetivos comuns, repudiando qualquer tipo de mando e aceitando as diversidades encontradas no coletivo.[3] Daí a necessidade de uma aquiescência entre os envolvidos, que devem estar substanciados por uma compreensão republicana do processo. Processo que implica a prática de atitude cidadã, ou seja, os membros de uma sociedade não somente devem observar os seus direitos, mas os deveres que vão mais além do respeito aos direitos dos demais, ou seja, um comprometimento com as questões da sociedade. O fundamento deste comprometimento é o *bem comum*.

Por *bem comum* entenda-se a subordinação dos interesses individuais ao empreendimento da sociedade. Tal subordinação não ocorre perceptivamente ou de modo imediato, ela ocorre por meio da articulação ou negociação entre os atores, ou seja, é uma ação plural, na medida em que a reflexão intersubjetiva é o resultado de variadas interpretações. Daí que o *bem comum* é um fazer político.

> Isto supõe uma nova concepção dos interesses particulares, entendidos não como uma preferência exclusiva e fixa, mas sim como algo que se identifica em comum, que está ao alcance e que é modificável pela argumentação pública. Uma política orientada ao bem comum seria então um processo de redefinição do particular e do geral, pois se algo caracteriza a política é precisamente [...] a tarefa de refletir sobre a diferença entre o público e o privado

---

[3] O sentimento comunitário pode ser entendido pelo conceito de comunidade cívica, expressão que "está intimamente ligada aos temas da ação e da participação dos cidadãos na vida pública. Uma comunidade cívica pode ser caracterizada idealmente como um espaço político-territorial circunscrito, composto de cidadãos dispostos e capazes de participar da vida pública em suas diferentes dimensões" (Fernandes, 2000:71). A "comunidade cívica pode ser melhor observada em unidades descentralizadas do território de um país. É no nível do estado, região, cidade ou distrito que será possível a convivência mútua dos indivíduos em organizações civis de toda natureza e a participação direta mais intensa dos cidadãos na política" (Fernandes, 2000:93).

[...], uma diferença que não vem predeterminada, mas que surge do espaço coletivo de discussão. (Innerarity, 2006:184)

O *bem comum* é o compartilhamento socialmente responsável dos atores de determinado território, por meio da participação política, no atendimento das necessidades comunitárias. A participação política pressupõe liberdade, entendida como o ato humano que não subordina a vontade individual ao arroubo discricionário de outros. Como é um processo de compartilhamento, chega-se ao *bem comum* por meio de *esferas públicas*, ou arranjos institucionais, que possibilitem aos afetados colocarem a sua liberdade sob a dialogicidade do processo. Portanto, o *bem comum* é aquilo que é partilhado entre os pertencentes ou envolvidos em dada comunidade, é a prática da *liberdade positiva* que submete o bem pessoal ao coletivo. Uma política pública compartilhada é uma atenção democrática aos anseios de uma sociedade.

> De acordo com a visão republicana, o *status* dos cidadãos não se encontra determinado pelo modelo das liberdades negativas, sob cujo amparo pode efetuar suas demandas *como* pessoas privadas. No entanto, os direitos políticos – predominantemente direitos de participação e comunicação política – são liberdades positivas. Estas garantem não a liberdade frente às pressões externas, mas sim a possibilidade de participar de uma prática comum, por meio do exercício em que converte os cidadãos naquilo que desejam ser: autores politicamente autônomos de uma comunidade de pessoas livres e iguais. (Habermas, 2004:199-200. Grifo do autor.)

O desenvolvimento do *bem comum* ocorre sob a perspectiva *republicana*, o que implica cidadãos ativos e comprometidos com os destinos de sua comunidade. É o mesmo que dizer que esse tipo de compromisso deve levá-los a defender a sua comunidade perante as adversidades que prejudiquem o bem-estar do território, ou seja, eles devem estar alertas para a possibilidade de que indivíduos ou grupos de interesse dentro da mesma comunidade promovam indevidas influências políticas. A atitude *republicana* significa, portanto, a capacidade da comunidade de controlar o seu próprio destino, o que caracteriza, também, a possibilidade de autogoverno. Para que se alcance o autogoverno é necessária a presença de cidadãos dotados de certas qualidades de caráter, de certas disposições morais que os levem a identificar-se com o propósito dos demais participantes e com os objetivos de sua comunidade. De acordo com Félix Ovejero et al.:

> O estatuto republicano de cidadania não somente proporciona ao indivíduo determinados direitos vinculados à liberdade, mas também lhe exige assumir determinados deveres que vão mais além do mero respeito pelos direitos dos demais. Implica assumir um compromisso em relação aos interesses fundamentais da sociedade em seu todo, o qual, por sua vez, supõe a existência de certas qualidades de caráter própria de cada um dos membros da comunidade. (Ovejero, 2004:24)

A sociedade brasileira, de acordo com os seus pressupostos constitucionais, é, conceitualmente, uma sociedade republicana, uma vez que a nossa Carta Magna estabelece logo no "Título I – Dos princípios fundamentais", o seguinte:

> Art. 1º. A República Federativa do Brasil, formada pela união indissolúvel dos Estados e Municípios e do Distrito Federal, constitui-se em Estado Democrático de Direito e tem como fundamentos:
> I – a soberania;
> II – a cidadania;
> III – a dignidade da pessoa humana;
> IV – os valores sociais do trabalho e da livre iniciativa;
> V – o pluralismo político.
> *Parágrafo único*. Todo o poder emana do povo, que o exerce por meio de representantes eleitos ou diretamente, nos termos desta Constituição. (Brasil, 1988:3)

Além disso, a Constituição estabelece mecanismo que evidencia a importância da soberania popular, seja de forma direta ou indireta:

> Art. 14º. A soberania popular será exercida pelo sufrágio universal e pelo voto direto e secreto, com valor igual para todos, e, nos termos da lei, mediante:

I – plebiscito;
II – referendo;
III – iniciativa popular.

Assim, do artigo 1º destacaremos a *cidadania* e, do *Parágrafo único*, o fato de que o povo brasileiro pode exercer o seu poder de forma direta. Portanto, e de acordo com o republicanismo, o cidadão somente será livre se for capaz de atuar na solução dos problemas de sua comunidade. De acordo com o pensador alemão Jürgen Habermas:

> do ponto de vista republicano, o objetivo de uma comunidade, o bem comum, substancialmente consiste no sucesso de seu empenho político por definir, estabelecer, efetivar e sustentar o conjunto de direitos [...] melhor ajustados às condições e costumes daquela comunidade. (Habermas, 1995:42)

Em função desta observação habermasiana, podemos considerar que os fundamentos assentados no direito constitucional brasileiro estão dados; resta-nos guardar coerência com aquilo que a Constituição define: participação cidadã não somente por meio de seus representantes eleitos (democracia representativa), mas também pela ação direta (democracia participativa). E no que tange ao nosso tema de estudo, a *cidadania* participando de políticas públicas, seria o cidadão interagindo dentro de espaços públicos, pactuando os seus interesses em função do *bem comum*. Portanto, a perspectiva republicana que aqui assumimos é a de um ideal comunitário (Pettit, 1999), compatível com sociedades pluralistas nas quais o povo é o fideicomitente e o Estado, o fiduciário (Pettit, 1999).

Não é objetivo deste texto discorrer sobre todos os significados possíveis de república, nem de suas alternativas operacionais, mesmo porque o tema é denso e recebeu variadas interpretações ao longo da história ocidental, principalmente a partir da Revolução Francesa de 1789. No caso brasileiro, a tentativa de implantar uma república federativa, que ocorre no final do século XIX (1889), ainda carece de mecanismos institucionais que a legitimem como um ideal de liberdade republicana. No dizer de Alessandro Pinzani:

ESCOPO TEÓRICO

Elas [instituições] se sustentam na ideia, ou melhor, na ficção de que todos os cidadãos são iguais e possuem o mesmo poder político, exercido por eles no momento do voto – quer nas eleições, quer em plebiscitos etc. A igualdade jurídica postulada pelas constituições democráticas e liberais esconde uma realidade feita de desigualdade econômica, social e política – uma desigualdade que a igualdade jurídica protege e até fomenta, por exemplo, através da defesa da propriedade privada não qualificada, ou seja, de uma defesa geral que não leva em conta a origem e a justiça das concretas relações de propriedade. (Pinzani, 2007:11)

Apoiando-nos no texto de Pinzani, e em função dos propósitos desta pesquisa, utilizaremos um conceito republicano *internalista*, em contraposição a uma visão *externalista*. A perspectiva republicana *internalista* denota que os indivíduos possuem, entre outros, sentimentos como "a solidariedade entre os concidadãos, o respeito às leis [...], o respeito a estilos e modos de vida diferentes, a tolerância religiosa, a disponibilidade para o diálogo etc." (Ibid., p. 8). Já na representação *externalista*, a ideia predominante é a "de que os efeitos negativos do egoísmo dos indivíduos podem ser controlados diretamente através de mecanismos institucionais apropriados, sem outra preocupação que a de garantir a igualdade política entre os cidadãos" (Ibid., p. 9). Embora para efeito de nossa análise a ideia *internalista* seja a mais adequada, uma vez que trabalhamos com o ideal de uma atitude republicana concertada para o *bem comum*, Alessandro Pinzani adverte que

> a filosofia política atual (a neorrepublicana, como as teorias da democracia institucional, participativa e deliberativa) não tem a capacidade teórica de pensar o poder de outra forma que não como poder político ou jurídico. Para citar Foucault: ela ainda não conseguiu cortar a cabeça do rei (Pinzani apud Foucault, 1988:86).[4] Nesse sentido, há mister não de republicanismo, mas de uma república teórico-política. (Pinzani, 2007:13)

---

[4] Referência a Michel Foucault em *História da sexualidade 1. A vontade de saber.* (Rio de Janeiro: Graal, 1988).

Apesar dessa advertência, tanto a leitura *internalista* quanto a *democracia deliberativa* favorecem a nossa análise. Uma vez que o internalismo pressupõe atitude cívica e a *democracia deliberativa*, por meio de *esferas públicas* ou de espaços públicos, supõe o envolvimento da cidadania no processo decisório da definição de *políticas públicas*, este conceito – *democracia deliberativa* – contribui para o estudo.[5] Desta feita,

> [sem] abrir mão dos procedimentos próprios da organização do poder dessas sociedades – regra da maioria, eleições periódicas e divisão de poderes [Executivo, Legislativo e Judiciário] –, a teoria democrática deliberativa afirma que o processo de decisão do governo tem de ser sustentado por meio da deliberação dos [cidadãos] em fóruns amplos de debate e negociação. Essa deliberação não resulta de um processo agregativo das preferências fixas e individuais, mas de um processo de comunicação, em espaços públicos, que antecede e auxilia a própria formação de vontade dos cidadãos. (Faria, 2000:47-8)
> A imagem que [Jürgen] Habermas nos oferece para explicar os processos de comunicação e de decisão do sistema político é aquela que retrata uma relação do tipo centro-periferia. No centro localiza-se a administração, o judiciário e a formação democrática da opinião e da vontade (parlamento, eleições políticas, partidos) que formam o núcleo do sistema político; na periferia encontra-se a esfera pública composta por associações formadoras de opinião, especializadas em temas e em exercer influência pública (grupos de interesse, sindicatos, associações culturais, igrejas etc.). (Faria, 2000:49)

Portanto, a *cidadania deliberativa* seria aquela prática cidadã não apenas manifestada através de votações periódicas – cada cidadão um voto –,

---

5 "Os defensores da teoria deliberativa da democracia, [...] cientes do declínio das instituições representativas oficiais [Senado, Câmara dos Deputados, assembleias legislativas e Câmara de Vereadores, no caso brasileiro], tentam pensar a realização do princípio de deliberação pública não mais primeiramente no seio dos parlamentos, mas, antes, nas associações voluntárias da sociedade civil. Isso implica que a deliberação, em si, torne-se o princípio democrático essencial, ao passo que em um regime representativo o processo da deliberação deve ser ele mesmo legitimado pela eleição dos representantes" (Leydet, 2004:82-3).

mas de ação direta dentro de espaços públicos democraticamente compostos que desenvolveriam as suas atividades em interação com os poderes públicos constituídos. Por exemplo, no nível político-administrativo de municípios, além dos poderes Executivo (prefeito), Legislativo (Câmara de Vereadores) e dos conselhos municipais, os cidadãos – por meio de movimentos sociais, de associações de bairro, sindicatos de trabalhadores ou patronais, instituições religiosas e outras agremiações da sociedade civil – poderiam participar de processos deliberativos no que diz respeito à implantação de políticas públicas.

> A esfera pública é um espaço onde os cidadãos podem convencer e ser convencidos, ou madurar juntos novas opiniões. Os processos são decisivos já que os interesses e as preferências dos cidadãos não estão predeterminados nem constituem, geralmente, um todo coerente. Com muita frequência os atores não sabem com exatidão o que desejam nem em que consiste seu interesse mais autêntico. Suas opiniões fazem parte do processo da deliberação que precede a decisão final. Em outras palavras: o processo democrático permite que os participantes se autoesclareçam e que seja formada uma opinião acerca daquilo que se está discutindo. (Innerarity, 2006:60)

Assim, a *cidadania deliberativa* pressupõe a inexistência de privilégios nos processos decisórios originados do poder público e dos agentes econômicos. Por meio de *esferas públicas* ou de arranjos institucionais concertados entre os diversos atores da sociedade, a prática da *cidadania deliberativa* pode, portanto, contribuir para evitar a manutenção da divisão da sociedade entre superiores e subordinados, políticos e eleitores, produtores e consumidores, funcionários e contribuintes etc. Espaços públicos constituídos de cidadãos ativos evitam a

> estratificação e exploração social [bem como desenvolvem] plenamente o "potencial de um pluralismo cultural" atuante "conforme a sua própria lógica", potencial que, "sem dúvida alguma, é tão rico em conflitos e gerador de significado e sentido". (Tenório apud Habermas, 2007:62-3)

Por conseguinte, práticas de cidadania ativa contribuem tanto para exercícios de *controle social* como de *participação popular*. Um como outro – *controle social* e *participação popular* – caracterizam-se por ter origem nos direitos fundamentais, e diversos são os significados para este tipo de direito: liberdades públicas, direitos do homem, direitos humanos, direitos públicos subjetivos e, de acordo com Vanderlei Siraque, "são três as gerações de direitos fundamentais", das quais, para este estudo, a primeira geração é aquela que contribui para a discussão do *controle social*. Os direitos de primeira geração

> abarcam os direitos individuais e políticos, cujo escopo é resguardar as liberdades individuais oponíveis ao Estado e instrumentalizar a participação popular. É nesta geração de direitos que se encontram os fundamentos da participação popular e do controle social das atividades do Estado". (Siraque, 2009:23)[6]

Ainda segundo Siraque, o *controle social* seria o

> ato realizado individual ou coletivamente pelos membros da sociedade, por meio de entidades juridicamente organizadas ou não, através dos diversos instrumentos jurídicos colocados à disposição da cidadania para fiscalizar, vigiar, velar, examinar, inquirir e colher informações a respeito de algo. (Siraque, 2009:103)

O ato de controlar mostra como a sociedade se posiciona perante as ações originadas nos poderes Legislativo, Executivo e Judiciário.

---

[6] Os direitos de segunda geração seriam "os direitos às ações positivas do Estado, aos serviços públicos, à intervenção do Estado com vistas a diminuir as desigualdades por meio de diversas políticas públicas, como os serviços públicos de saúde, educação, assistência judiciária. A elaboração dessas ações do Estado pode ser feita por meio da participação popular e tais atividades estão sujeitas ao controle social" (Siraque, 2009:24); a terceira geração de direitos diz respeito aos direitos "intrínsecos à preservação da espécie humana, à solidariedade, à paz, ao desenvolvimento. Esses direitos fundamentais também são garantidos por meio da participação popular e sua efetividade depende da capacidade de a sociedade realizar o controle social sobre os fatores que coloquem em risco a espécie humana" (Ibid.).

Enquanto no controle institucional os agentes públicos têm o poder e o dever legal de fiscalizar, controlar os atos das atividades estatais, sob pena de responsabilidade política e criminal, no controle social o cidadão não possui nenhuma obrigação legal de fiscalizar e controlar, mas tem a faculdade garantida pela Constituição de adentrar na intimidade da Administração Pública para fiscalizá-la, com *animus sindicandi*, e submetê-la à soberania popular. O cidadão apresenta apenas o dever cívico e de consciência política e cidadã de fazer controle, como membro da polis, mas não tem obrigação jurídica de fazer o controle social. (Ibid., p. 104)

Ainda recorrendo a Vanderlei Siraque, aponta-se a distinção entre *controle social* e *participação popular*. Enquanto o *controle social* ocorreria ex post os atos da Administração Pública, a *participação popular* pode acontecer ex ante ou durante os atos da Administração Pública. Na linguagem gerencial, a *participação popular* ocorreria no planejamento, na execução, por meio do monitoramento, e na avaliação de uma política pública. Assim, as diferenças entre *participação popular* e *controle social* são as seguintes: enquanto no primeiro caso ocorre a "partilha de poder político entre as autoridades constituídas e as pessoas estranhas ao ente estatal", no *controle social* "é o direito público subjetivo de o particular, individual ou coletivamente, submeter o poder político estatal à fiscalização" (ibid., p. 112).

Dada a especificidade do tema estudado, a definição de critérios de análise que possibilitem aos cidadãos atuarem tanto numa perspectiva como na outra, isto é, participando de decisões tanto nos processos de implementação de políticas públicas – *participação popular* – como nos casos em que os cidadãos desejem acompanhar ou avaliar o fazer da Administração Pública local – *controle social* –, interessa aqui ampliar a leitura do significado de *controle social*. Não querendo, com isso, restar importância aos preceitos legais na sua definição, ampliaremos o conceito de *controle social* adotando a percepção das ciências sociais não jurídicas e, para tanto, utilizaremos de imediato a definição de Fonseca e Beuttenmuller:

[Por] controle social entende-se a existência de mecanismos formais (consultivos e/ou deliberativos) na esfera pública cujos objetivos são, para além do momento eleitoral: fiscalizar ações governamentais nas mais diversas áreas e de formas distintas; interceder abertamente quanto à formulação e implementação de políticas públicas; e canalizar opiniões e interesses dos grupos politicamente organizados em determinado tema com o objetivo de ouvi-los quanto à execução de políticas. Em outras palavras, controle social diz respeito à possibilidade de o Estado (que não é neutro, embora objetive a igualdade jurídico-política e socioeconômica) ser controlado pelos mais diversos grupos sociais que conflitam na sociedade. (Fonseca & Beuttenmuller, 2007:75-6)

Como já foi dito, a Constituição brasileira de 1988 estabeleceu um dispositivo que legitima a participação da cidadania nos destinos da sociedade não só através do voto, mas de forma direta: "Todo poder emana do povo, que o exerce por meio de representantes eleitos ou diretamente, nos termos desta Constituição".[7] É a expressão *diretamente* que dá lastro aos significados de controle social e participação popular, expressões convergentes nas suas intenções, uma vez que o "núcleo essencial desses direitos é a cidadania, a soberania popular e o princípio republicano" (Siraque, 2009:112). E no que diz respeito à gestão local, tal direito, a partir da nossa Carta Magna de 1988,

> não apenas vem sendo revalorizado [...], como há crescentemente estudos, linhas de pesquisa e abordagens que entendem ser o nível local de governo o lócus privilegiado para o exercício da democracia e, consequentemente, o controle social da Administração Pública. (Fonseca & Beuttenmuller, 2007:76)

---

[7] O "legislador constituinte em fins da década de 1980, cuja sensibilidade para com esse problema ["práticas sociais centradas quase exclusivamente no puro interesse" (Vianna, 2004:218)] pode ser atestada pelo fato de não ter ele confiado a expressão da possibilidade apenas às instituições da democracia representativa. Foi do seu cálculo que resultou a definição constitucional de que a democracia brasileira, além de representativa, deveria ser participativa, facultando-se novos canais para a presença da cidadania na esfera pública, inclusive no Judiciário" (Vianna, 2004:219).

ESCOPO TEÓRICO

Os estudos realizados pelo Pegs/Ebape e CEAPG/Eaesp, ambos espaços de pesquisa e ensino da FGV, já vêm apontando esta direção desde os anos 1990.

Peter Spink e Marco Antonio Teixeira, ambos do CEAPG/Eaesp, fazem o seguinte comentário a respeito da importância da Constituição de 1988:

> Nos últimos 20 anos, o campo da gestão pública brasileira testemunhou dois processos cujas consequências foram de suma importância para a concretização de algumas das esperanças sociais, depositadas simbolicamente na Constituição de 1988 e no projeto democrático como um todo. De um lado, observou-se um movimento partindo dos gestores e profissionais da área pública em busca de maior presença de diferentes setores da população na formulação, implementação e monitoramento de políticas públicas [...]. De outro, diferentes setores da população passavam a exigir dos atores públicos maior transparência em suas ações e cobravam conduta ética em relação aos recursos que utilizavam. (Spink & Teixeira, 2007:43)

O autoritário bordão de "quem manda aqui sou eu" (ibid., p. 45) parece estar sendo alterado para o "governo do poder público em público" (Fonseca & Beuttenmuller, 2007:77). Tal possibilidade de democratização dos processos decisórios em políticas públicas, por meio de *controle social* e/ou *participação popular*, de uma *cidadania deliberativa* atuante em espaços públicos intersubjetivamente acordados entre os diversos atores da sociedade, sumarizaria alguns detalhes: "destaca a clássica separação entre as esferas pública e privada [...], tendo em vista o impacto coletivo das informações sob a guarda do Estado" (Fonseca & Beuttenmuller, 2007:77); assim como "ressalta a importância da publicização, do não oculto nem ocultável como marca distintiva da democracia, do éthos republicano" (ibid.). Portanto, são os valores republicanos, da res publica, que significam que as coisas públicas devem ser de interesse público, que devem referenciar o fazer da cidadania. O cidadão não é somente aquele que participa dos destinos da sua sociedade, do seu local, por meio de processos representativos (eleições) periodicamente praticados, mas, também, por meio de ações deliberativas que possibilitem o alcance do *bem comum*. "O republicanismo não é necessariamente democrático, mas é mais participativo no espírito do que o liberalismo individualista" (Bottomore, 1966:661). Liberalismo que nos foi impingido nas últimas décadas. De outro lado, "enquanto o republicanismo exige a democracia e dela faz parte, o liberalismo, pelo menos em seu aspecto econômico, se acomoda facilmente com regimes ditatoriais" (Bignotto, 2004:20), experiência vivida por décadas na América Latina entre os anos 1960 e 1990.[8]

Assim, a partir deste escopo teórico fundamentado no republicanismo, pretendemos, no capítulo seguinte, delinear a maneira como foram aplicados os *Criteris, metodologies i reflexions entorn l'avaluació de la participació ciutadana* em seis territórios nacionais.

---

[8] O direito político de votar foi uma conquista histórica dos povos, a democracia representativa fundamenta o processo democrático. Porém, como comenta André Singer, "a representação precisa ser complementada pela participação direta nos assuntos locais se quisermos ter uma democracia revitalizada. Essa participação, que deve ter um cunho cooperativo e tendencialmente consensual, é decisiva para a vida social. Combinar os princípios da participação direta e da representação parece ser um caminho importante para superar a crise democrática contemporânea" (Singer, 2000:49).

2 | Escopo metodológico

Lamounier Erthal Villela

Nesta seção serão descritos os procedimentos metodológicos utilizados pelo Pegs para a constituição deste livro. A descrição das três principais etapas que constituem o escopo metodológico busca reconstituir a sequência de atividades desenvolvidas pelo programa de estudos desde março de 2008 até janeiro de 2010. Tais etapas constituem as seções deste capítulo.

1ª etapa) **Da adaptação dos critérios para a avaliação de processos decisórios participativos deliberativos na implementação de políticas públicas elaborado pelo Pegs/Ebape**

O Pegs utilizou-se da prática dialógica e da teoria da redução sociológica para a adaptação dos critérios de avaliação de processos decisórios participativos. Inicialmente, o grupo estudou o conceito de cidadania deliberativa tendo por base os preceitos teóricos de Habermas (2003) e suas relações com os critérios de avaliação da participação cidadã desenvolvidos pelo Igop/DCPDC/UAB presentes nos trabalhos de Castellà e

Jorba (2005), Jorba, Martí e Parés (2007) e Castellà e Parés (2008). Posteriormente, em reuniões semanais, o grupo, velendo-se da teoria da redução sociológica proposta por Guerreiro Ramos (1965), discutiu paulatinamente a adaptação de cada critério contido nas respectivas categorias de análise. Nesse processo, a partir das teorias norteadoras acima indicadas, outros autores foram pesquisados e referenciados na análise. Logo, os critérios desenvolvidos sugerem um modelo de avaliação da participação e da deliberação cidadã nos processos decisórios situados nas esferas públicas ou em políticas públicas praticadas no Brasil.

A redução sociológica proposta por Guerreiro Ramos (1965) comporta na ação de elaborar uma transposição de conceitos estrangeiros para a realidade brasileira. "Pois assimilação literal e passiva dos produtos científicos ter-se-á de opor à assimilação crítica" (Ramos, 1965:80). Praticam a redução sociológica todos aqueles que agem localmente; logo, a redução é uma adequação de procedimentos estrangeiros a realidades locais. Como procedimento metodológico, é o esforço de tornar sistemática a assimilação crítica. O conceito de "redução" advém das análises de Edmund Husserl, nos métodos de análise fenomenológica, porém, como adverte Guerreiro Ramos (1965:46), "o que tomamos de Husserl foi menos o conteúdo filosófico de seu método do que o fragmento de sua terminologia". Reduzir é subtrair tudo aquilo que é "acessório e secundário", isto é, que encoberta o essencial. "A redução sociológica é um método destinado a habilitar o estudioso a praticar a transposição de conhecimentos e de experiências de uma perspectiva para outra" (Ramos, 1965:54). Ainda compete esclarecer que segundo Guerreiro Ramos:

> A atitude redutora não poderia ter ocorrido a alguém fortuitamente. Na forma que se expõe o autor, é subproduto do processo global da sociedade brasileira na fase contemporânea. Sua formulação sistemática representa o resultado de uma reflexão indutiva em que o autor partiu da consideração de tendências factuais para a elaboração teórica. (Ibid., p. 55)

O Pegs, desde 1990, quando foi criado como programa de estudos, vem desenvolvendo análises sobre *gestão social*; logo, a adaptação dos critérios não é fortuita, e sim oriunda de reflexões anteriores. Ainda de acordo com Guerreiro Ramos:

> a redução [pode] ser descrita nos seguintes itens: 1) É atitude metódica [...]; 2) Não admite a existência na realidade social de objetos sem pressupostos [...]; 3) Postula a noção de mundo [...]; 4) É perspectivista [...]; 5) Seus suportes são coletivos e não individuais [...]; 6) É um procedimento crítico--assimilativo da experiência estrangeira [...]; 7) Embora seus suportes coletivos sejam vivências populares, a redução sociológica é atitude altamente elaborada. (Ramos, 1965:82)

Dada a lógica da redução acima proposta, o Pegs procedeu aos seguintes passos na adaptação dos critérios: 1) a atitude metódica nas reuniões tinha o objetivo de "depurar os objetos", cada critério de participação cidadã foi debatido até chegar-se a um consenso sobre seu significado; 2) buscou-se a conexão dos sentidos entre os objetos e o todo dos critérios participativos na formação do modelo; 3) noção de mundo ligada à consciência da participação cidadã; 4) perspectiva de como o modelo pode ser aplicado – como seguirão as análises do capítulo posterior –, assim como outros exercícios que este livro não comportará, tais como a aplicação dos critérios em dissertações de mestrado já defendidas[1] e outras em elaboração; 5) dada sua necessidade de dar suporte e ser capaz de interpretar ações coletivas, o modelo foi apresentado preliminarmente em um artigo no Encontro Nacional de Administração Pública e Governança – EnAPG[2] (Tenório et al., 2008); e posteriormente, em 2009,

---

[1] PASSOS, Anna de Meis. Gestão social e desenvolvimento local: um estudo sobre o Polo de Moda de Petrópolis. 2009. Dissertação (Mestrado em Administração e Desenvolvimento Empresarial) – Universidade Estácio de Sá.
SOARES, Luiz Cláudio. Informação e Acesso a Financiamentos no Banco do Brasil S.A. e seus Reflexos no Desenvolvimento Local na Opinião de Empreendedores de Micro e Pequenas Empresas Integrantes dos APLs de Cabo Frio e Nova Friburgo/RJ. 2009. Dissertação (Mestrado em Economia Empresarial) – Universidade Candido Mendes.
ZANI, Felipe Barbosa. Gestão social do desenvolvimento: A exclusão dos representantes dos empresários? O caso do programa Territórios da Cidadania Norte – RJ. 2010. Dissertação. (Mestrado em Administração Pública) – Fundação Getulio Vargas.
[2] EnAPG promovido pela Associação Nacional de Pós-Graduação em Administração – Anpad, 2008.

o modelo foi discutido em oficina elaborada no Encontro Nacional de Pesquisadores em Gestão Social – Enapegs (Tenório et al., 2009)[3] para 43 participantes;[4] 6) a assimilação crítica do modelo foi manifesta na sua capacidade para contribuir na interpretação de realidades locais, como será apresentado neste livro em seis diferentes situações; 7) ao aplicar os critérios construídos para interpretar os modos de participação cidadã, os suportes coletivos contidos nas realidades locais vêm contribuindo para demonstrar tanto a fundamentação do modelo como sua capacidade de transcendência conceitual.

O processo de adaptação dos critérios de cidadania deliberativa, como dito anteriormente, teve como base o referencial norteador – modelo Igop e Habermas – e considerou o seguinte conceito: "*Cidadania deliberativa* significa, em linhas gerais, que a legitimidade das decisões políticas deve ter origem em *processos de discussão*, orientados pelos princípios da *inclusão*, do *pluralismo*, da *igualdade participativa*, da *autonomia* e do *bem comum*" (Tenório, 2007:54). Cada componente estrutural deste conceito foi decomposto em *categorias de análise* e estudado separadamente. Posteriormente, procedeu-se à ordenação de categorias e critérios para ensejar o constructo, apresentado a seguir no quadro 1:

---

[3] TENÓRIO, Fernando Guilherme; VILLELA, L. E.; DIAS, Anderson Felisberto. Oficina Temática – Metodologia de Construção dos Critérios para Avaliação de Processos Decisórios Participativos Deliberativos na Implementação de Políticas Públicas. In: III Encontro Nacional de Pesquisadores em Gestão Social, 2009, Juazeiro (BA) e Petrolina (PE). Gestão Social e Políticas Públicas de Desenvolvimento: Ações, Articulações e Agenda. Petrolina (PE): Univasf, 2009, v. 1, p. 1-10.

[4] Participaram da oficina pesquisadores em gestão social, professores da Universidade Federal do Vale do São Francisco (Univasf), alunos de graduação de diversas instituições e representantes de ONGs. A oficina consistiu na apresentação dos critérios pelos pesquisadores do Pegs e posterior diálogo com o público, quando se pediu que diferentes grupos elaborassem resenhas sobre o modelo apresentado.

Quadro 1 – Cidadania deliberativa: critérios de análise*

Categorias	Critérios
Processo de discussão: discussão de problemas através da autoridade negociada na esfera pública. Pressupõe igualdade de direitos e é entendido como um espaço intersubjetivo e comunicativo que possibilita o entendimento dos atores sociais envolvidos.	**Canais de difusão:** existência e utilização de canais adequados ao acesso à informação para a mobilização dos potenciais participantes.
	Qualidade da informação: diversidade, clareza e utilidade da informação proporcionada aos atores envolvidos.
	Espaços de transversalidade: espaços que atravessam setores com o intuito de integrar diferentes pontos de vista.
	Pluralidade do grupo promotor: compartilhamento da liderança a fim de reunir diferentes potenciais atores.
	Órgãos existentes: uso de órgãos e estruturas já existentes evitando a duplicação das estruturas.
	Órgão de acompanhamento: existência de um órgão que faça o acompanhamento de todo o processo, desde sua elaboração até a implementação, garantindo a coerência e a fidelidade ao que foi deliberado de forma participativa.
	Relação com outros processos participativos: interação com outros sistemas participativos já existentes na região.
Inclusão: incorporação de atores individuais e coletivos anteriormente excluídos dos espaços decisórios de políticas públicas.	**Abertura dos espaços de decisão:** processos, mecanismos, instituições que favorecem a articulação dos interesses dos cidadãos ou dos grupos, dando uma chance igual a todos de participação na tomada de decisão.
	Aceitação social, política e técnica: reconhecimento pelos atores da necessidade de uma metodologia participativa, tanto no âmbito social quanto no político e técnico.
	Valorização cidadã: valorização por parte dos cidadãos sobre a relevância da sua participação.
Pluralismo: multiplicidade de atores (poder público, mercado e sociedade civil) que, a partir de seus diferentes pontos de vista, estão envolvidos no processo de tomada de decisão nas políticas públicas.	**Participação de diferentes atores:** atuação de associações, movimentos e organizações, bem como de cidadãos não organizados envolvidos no processo deliberativo.
	Perfil dos atores: características dos atores em relação as suas experiências em processos democráticos de participação.

Categorias	Critérios
Igualdade participativa: isonomia efetiva de atuação nos processos de tomada de decisão nas políticas públicas.	**Forma de escolha de representantes:** métodos utilizados para a escolha de representantes.
	Discursos dos representantes: valorização de processos participativos nos discursos exercidos por representantes.
	Avaliação participativa: intervenção dos participantes no acompanhamento e na avaliação das políticas públicas.
Autonomia: apropriação indistinta do poder decisório pelos diferentes atores nas políticas públicas.	**Origem das proposições:** identificação da iniciativa das proposições e sua congruência com o interesse dos beneficiários das políticas públicas adotadas.
	Alçada dos atores: intensidade com que as administrações locais, dentro de determinado território, podem intervir na problemática planejada.
	Perfil da liderança: características da liderança em relação à condução descentralizadora do processo de deliberação e de execução.
	Possibilidade de exercer a própria vontade: instituições, normas e procedimentos que permitam o exercício da vontade política individual ou coletiva.
Bem comum: bem-estar social alcançado através da prática republicana.	**Objetivos alcançados:** relação entre os objetivos planejados e os realizados.
	Aprovação cidadã dos resultados: avaliação positiva dos atores sobre os resultados alcançados.

Fontes: Elaborado a partir de Tenório (2007), Castellà e Jorba (2005), Jorba, Martí e Parés (2007), Parés e Castellà (2008).
* Uma versão preliminar deste quadro foi apresentada em Tenório et al. (2008:10).

As categorias e critérios descritos no modelo apresentam as seguintes justificativas para o Pegs: os *processos de discussão* são fundamentais nos procedimentos decisórios desenvolvidos nas esferas públicas ou na condução de políticas públicas. A discussão constitui o diálogo que verbaliza a compreensão que cada um tem do objeto em análise. Logo, cada critério associado a esta categoria tem a finalidade de contribuir na avaliação dos processos em questão. Do mesmo modo seguem as demais categorias de análise. A segunda categoria, *inclusão*, avalia como a situação em questão dá "voz" e inclui os atores locais na abertura de espaços, na aceitação e na valorização da cidadania. Quanto à terceira categoria, *pluralismo*, ela enfatiza a descentralização dos poderes e é justificada por identificar quais atores locais participam das decisões. A quarta categoria elencada, *igualdade participativa*, se justifica pela avaliação da isonomia das oportunidades e de atuação efetiva dos atores locais nos processos de tomada de decisão. A categoria *autonomia* é justificada pela identificação da capacidade de avaliação e resolução de problemas locais pelas próprias comunidades. Em relação ao *bem comum*, sexta e última categoria, esta é justificada pela identificação dos benefícios tangíveis e/ou intangíveis refletidos nas melhorias das condições de vida das comunidades analisadas.

É importante ressaltar que os critérios de análise de cidadania deliberativa contribuem como um modelo na condução de uma pesquisa que envolva avaliação de políticas públicas ou ações de esfera pública. *A priori* são conhecidas as limitações dos critérios, que podem assumir diferentes gradações segundo a situação pesquisada, a percepção dos pesquisadores e a compreensão dos respondentes sobre aquilo que lhes foi interrogado.

2ª etapa) **Dos procedimentos utilizados no processo de categorização dos dados do Pegs e de caracterização sociogeográfica das regiões**

Em que pese a necessidade de expandir os estudos sobre cidadania, participação e gestão social, o Pegs acumulou em sua história análises e documentação focados nesta temática no Brasil. Em 2007 foi lançado o livro *Cidadania e desenvolvimento local*, em que foram estudadas, sob o enfoque do desenvolvimento local, oito regiões. Seis destas regiões foram retrabalhadas, e a elas se somou a região Noroeste Colonial do Rio Grande do Sul (Coredes Noroeste Colonial e Celeiro). Essas regiões serão o tema dos sete capítulos de análise deste livro.

Por se tratar de uma pesquisa *qualitativa*, o objetivo final foi aplicar o modelo de análise dos critérios de cidadania participativa para identificar *modos, formas, intensidades ou regularidades* da participação cidadã em processos decisórios. O Pegs considerou para seleção em seu *banco de dados* regiões, territórios ou localidades onde, através de políticas públicas ou de ações de governança local, os poderes públicos se fazem presentes nas discussões dos problemas com a sociedade civil. Foram selecionadas, devido às respectivas abordagens, as seguintes regiões:

- *Microrregião de Garanhuns (PE)*, em que foi avaliada a participação da sociedade local na formulação de políticas públicas;
- *Microrregião de Lavras (MG)*, em que se tomou como foco a importância das redes sociais na configuração dos movimentos sociais;
- *Mesorregião do Centro Fluminense (RJ)*, onde foi estudada a participação dos diversos atores na gestão do Arranjo Produtivo Local de Moda Íntima;
- *Região da bacia do rio Itabapoana (ES-MG-RJ), parte fluminense*, onde foram avaliadas as ações dos conselhos municipais de Desenvolvimento Sustentável na política de revitalização da bacia do rio Itabapoana;
- *Microrregião dos Lençóis Maranhenses (MA)*, onde o estudo focou a participação cidadã na política de desenvolvimento turístico;
- *Região do Corede Médio Alto Uruguai (RS)*, em que o estudo analisou a relação existente entre a prática da cidadania, a gestão de políticas públicas, o poder local, as relações entre os agentes políticos e sociais e sua influência no desenvolvimento local e regional;
- *Região dos Coredes Noroeste Colonial e Celeiro (RS)*, dando-se a ênfase na avaliação do impacto direto ou indireto na redução das desigualdades sociais, econômicas e políticas pelas políticas públicas de desenvolvimento local.

Originalmente, o banco de dados do Pegs foi constituído pelo acesso dos pesquisadores às redes sociais locais, ou seja, pelo critério de acessibilidade (Gil, 2002). Tal acesso permitiu, além das entrevistas (estruturadas, semiestruturadas, depoimentos), a obtenção de documentos e de anotações dos pesquisadores sobre a realidade local. Dado o objetivo das pesquisas do Pegs, a amostragem dos entrevistados (sujeitos da pesquisa) foi elaborada por julgamento, em que as pessoas são escolhidas por preencherem determinados critérios e pela relevância de suas informações ou atuação (Alencar & Gomes, 1998; Babbie, 1999). Logo, as amostras são não probabilísticas. Majoritariamente, os sujeitos da pesquisa foram os gestores públicos, beneficiários de políticas governamentais e membros da sociedade civil, sendo observado para cada região diferente número de pessoas entrevistadas.

Durante a elaboração das pesquisas de campo, as entrevistas foram gravadas e posteriormente transcritas. O material que constitui a base de análise das seis regiões tratadas neste livro perfaz o total de 401 entrevistas em 41 municípios pesquisados. A categorização dos dados seguiu os seguintes passos:

1. Leitura das transcrições das entrevistas realizadas nos 41 municípios pesquisados;
2. Após a leitura, os pesquisadores fizeram a associação dos dados às categorias predefinidas;
3. Elaboração de novos arquivos, onde os dados foram ordenados pelas categorias indicadas no quadro 1.

Além das pesquisas de campo, o grupo buscou reunir documentos (jurídicos, políticos e institucionais) sobre políticas pesquisadas e dados socioeconômicos sobre as regiões analisadas.

Para a *caracterização sociogeográfica das regiões*, os dados coletados foram: população e área total por região a partir de dados disponíveis no sítio eletrônico do IBGE – Instituto Brasileiro de Geografia e Estatística,[5] o que permitiu calcular a densidade populacional. Também foram coletados os Índices de Desenvolvimento Humano – IDH por município em 2000, cuja fonte foi o sítio eletrônico do Pnud – Programa das Nações Unidas para o Desenvolvimento.[6] A figura 1 identifica a posição geográfica das localidades estudadas:

---
[5] Ver www.ibge.gov.br.
[6] Ver www.pnud.org.br.

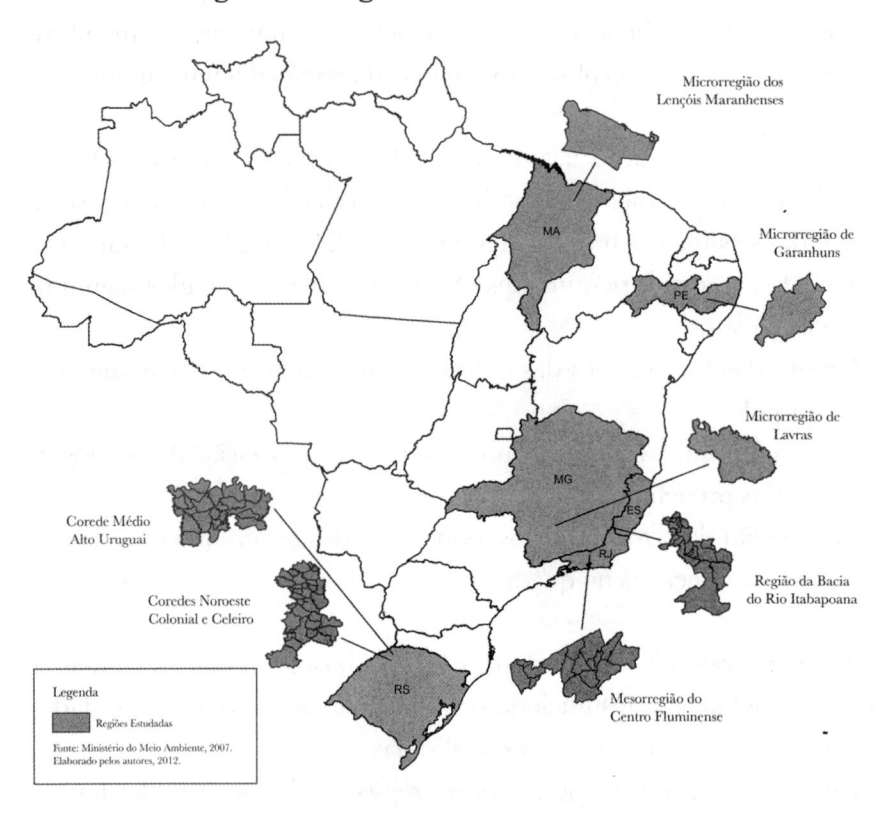

Figura 1 – Regiões brasileiras estudadas

(Mapa do Brasil com destaque para as regiões estudadas: Microrregião dos Lençóis Maranhenses, Microrregião de Garanhuns, Microrregião de Lavras, Região da Bacia do Rio Itabapoana, Mesorregião do Centro Fluminense, Corede Médio Alto Uruguai, Coredes Noroeste Colonial e Celeiro.)

Fonte: Ministério do Meio Ambiente, 2007.
Elaborado pelos autores, 2012.

3ª etapa) **Do método de interpretação da pesquisa de campo à luz dos critérios da cidadania deliberativa elaborados pelo Pegs**

Para o tratamento das informações contidas nos documentos transcritos utilizou-se o método de análise por categorias, ou de análise categorial, uma das diferentes técnicas de análise do discurso descritas por Bardin (1977). A análise categorial é a mais antiga e a mais utilizada para a interpretação de discursos. Funciona por operações de desmembramento das falas em unidades segundo critérios predefinidos, como previsto no modelo em questão. Tal desmembramento pode ser feito em função das categorias e critérios desenvolvidos no modelo, pela *semântica* (significado das palavras); pela *sintaxe* (disposição das palavras nas frases e no discurso); e pelo *léxico* (conjunto de palavras usadas em uma fala). Ou seja, a análise categorial foi adequada para interpretar os modos de participação cidadã segundo o discurso dos entrevistados e os critérios analíticos propostos.

A análise de avaliação do discurso busca *medir, interpretar e identificar* as atitudes do locutor pela sua fala (discurso, resposta). As atitudes podem ser caracterizadas *por intensidades* (grau de convicção e congruência aos critérios de análise) e *por direção* (diretas, difusas ou ambivalentes) ao objeto de análise. Nesse sentido o pesquisador irá identificar nas falas a adequação aos critérios contidos no modelo de avaliação de participação cidadã. A não identificação ou ausência de falas sobre o objeto pesquisado também se caracteriza como uma informação. Nesse caso, o desconhecimento dos indivíduos sobre sua ação como cidadão.

> Uma análise de discurso é uma leitura cuidadosa, próxima, que caminha entre o texto e o contexto, para examinar conteúdo, organização e funções do discurso [...] Em uma análise final, a análise de discurso é uma *interpretação*, fundamentada em uma argumentação detalhada e uma atenção cuidadosa ao material que está sendo estudado. (Gill, 2003:266)

Segundo Gill, a análise do discurso apresenta quatro características-chave: perspectiva crítica em respeito a um conhecimento dado; o reconhecimento de que as "verdades" são históricas e culturalmente específicas e relativas; a convicção de que o conhecimento é socialmente construído; e o compromisso de explorar a construção social pelas ações e práticas.

> Dada a complexidade do mundo real, Alves-Mazzotti e Gewandsznajder (1998) afirmam que temos a necessidade de elaborar modelos que contribuam para interpretar, ou mesmo tentar interpretar os aspectos da realidade que pretendemos estudar.
>
> O cientista trabalha com um modelo de gás perfeito – embora, na realidade, nenhum gás seja perfeito –, com modelos de átomos, de membranas da célula etc. Trabalha, portanto, com imagens parciais, simbólicas e abstratas de uma parcela da realidade. Mas qual é a utilidade destes modelos? (Alves-Mazzotti & Gewandsznajder, 1998:73)

A aplicação dos critérios de participação cidadã adaptados como modelo de análise contribuiu para avaliar as ações de cidadania deliberativa nas situações estudadas. Estas situações, em diferentes localidades e regiões do Brasil, apresentaram-se de modos e formas diferentes. Logo, a adequação das situações estudadas aos critérios analíticos indicou a maturidade das políticas, das formas de inserções do cidadão nas deliberações e do aprendizado coletivo em elaborar ações conjuntas. Deste modo, como será visto no capítulo de análises, os critérios alcançaram seu objetivo.

Por outra via, os estudos de campo podem contribuir para a revisão e ampliação dos próprios critérios analíticos propostos. A priori, entende-se que o processo de adaptação em si mesmo é uma evolução de um método de análise e, como qualquer metodologia, apresenta limitações para a compreensão de uma realidade mutante.

Parte 2 | Elementos empíricos

3 | Microrregião de Garanhuns (PE)

William dos Santos Melo

Os municípios estudados estão situados na microrregião de Garanhuns, localizada ao sul do estado de Pernambuco (figura 1), na mesorregião do Agreste Pernambucano. O estado é composto por 185 municípios, possui uma área de 98.146,315 km² e população total de 8.796.032 habitantes (IBGE, 2010). O IDH do estado é de 0,718 (Pnud, 2000) e o índice de Gini é de 0,50 (IBGE, 2003).

Figura 1 – Microrregiões do estado de Pernambuco

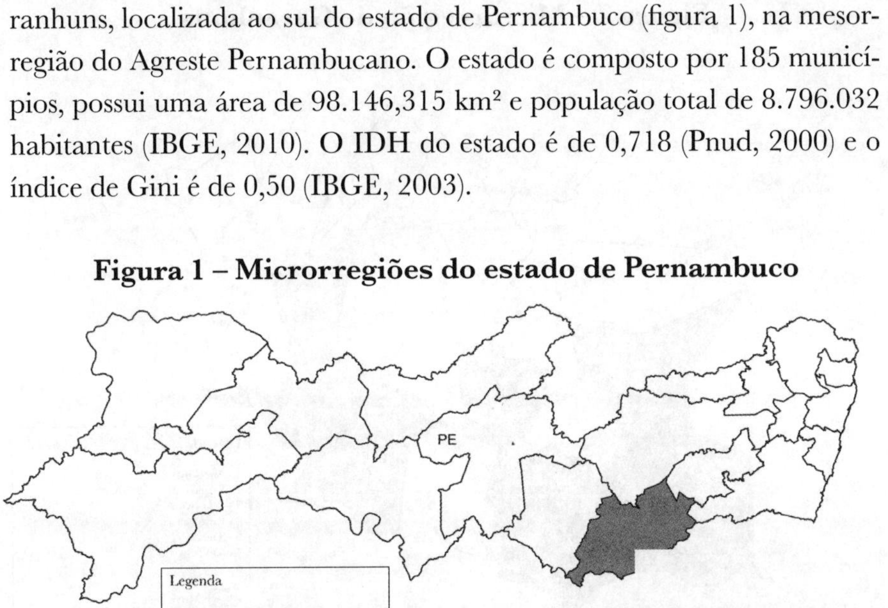
PE
Legenda
Microrregião de Garanhuns
Fonte: Ministério do Meio Ambiente, 2007.
Elaborado pelos autores, 2012.
0 22,5 45 90 135 180
km

A microrregião de Garanhuns é composta por 19 municípios: Angelim, Bom Conselho, Brejão, Caetés, Calçado, Canhotinho, Correntes, Garanhuns, Iati, Jucati, Jupi, Jurema, Lagoa do Ouro, Lajedo, Palmeirina, Paranatama, Saloá, São João e Terezinha, totalizando uma área de 5.185 km², correspondentes a pouco mais de 5% do território pernambucano. A população total é de 441.931 habitantes (IBGE, 2010) e o IDH é 0,580 (Pnud, 2000).

A produção econômica é marcada pela criação de gado de leite e de corte, principal atividade da microrregião, onde se encontra a chamada bacia leiteira do estado. Ao lado da atividade pecuária, as culturas de subsistência de feijão, milho e mandioca compõem o quadro agrário que se completa com a cultura de café, frutas, flores e o cultivo de hortaliças nas áreas de "brejos". O comércio é significativo, principalmente nos municípios de Garanhuns e Lajedo. A baixa temperatura, garantida pela localização a 850 m de altitude, no planalto da Borborema, faz com que a microrregião desenvolva também atividades ligadas ao turismo e ao lazer.

Figura 2 – Microrregião de Garanhuns

Legenda
1 - Angelim
2 - Brejão
3 - Palmeirina
4 - Paranatama
5 - Saloá
6 - São João

Municípios Estudados

Fonte: Ministério do Meio Ambiente, 2007.
Elaborado pelos autores, 2012.

Os municípios aqui analisados restringem-se a Angelim, Brejão, Palmeirina, Paranatama, Saloá e São João (figura 2), com população total de 74.832 habitantes e área que soma 1.163,2 km², o que corresponde à densidade demográfica de 64,33 hab/km² (IBGE, 2010). Entre esses municípios, Angelim é o de maior IDH-M: 0,602 (Atlas do Desenvolvimento Humano no Brasil, 2000 – ver Tabela 1).

Tabela 1 – IDH, área e dados populacionais por município estudado

Município	Índice de Desenvolvimento Humano Municipal (2000)	População total (2010)	Área (km²) (2010)	Densidade demográfica (2010)
Angelim	0,602	10.204	118,0	86,47
Brejão	0,569	8.851	159,8	55,38
Palmeirina	0,596	8.188	158,0	51,82
Paranatama	0,561	11.001	230,9	47,64
Saloá	0,561	15.283	252,1	60,62
São João	0,593	21.305	244,4	87,17
Total		74.832	1.163,2	64,33

Elaborado pelo Pegs.
Fontes: Atlas do Desenvolvimento Humano no Brasil e IBGE/Censo (2010).

Ao contrário de outras regiões analisadas, a microrregião de Garanhuns não apresenta programa, conselho ou política pública que fortaleça ou desenvolva a participação da comunidade local. A análise em questão pauta-se pelas relações entre a sociedade civil e o poder público local no trato cotidiano em prol do desenvolvimento local.

Os municípios de Angelim, Brejão, Palmeirina, Paranatama, Saloá e São João, que pertencem ao Agreste Meridional de Pernambuco e serão analisados em seguida, foram observados através de uma lente dialógica que prioriza ações participativas entre os gestores locais que representam o poder municipal e a sociedade civil local.

A linha mestra que irá guiar toda a nossa análise para captar o real desenvolvimento da cidadania deliberativa nesses municípios serão as respectivas categorias e os critérios demonstrados em nosso escopo metodológico.

Processo de discussão

Nesta categoria, verifica-se um comportamento de estímulo a ações participativas e dialógicas. Esta análise tem como objeto o estudo da cidadania deliberativa na gestão cotidiana desses municípios.

Havendo outras características que permitem analisar o caráter intersubjetivo e a relação entre os atores sociais envolvidos nestes municípios, percebe-se que as localidades apresentam, de positivo, *canais de difusão* sobre políticas e ações desenvolvidas pelos gestores públicos que afetam diretamente toda a região. Há na maioria dos relatos a afirmação de que existe a possibilidade de acesso às informações relevantes dos acontecimentos sociopolíticos, sejam eles a efetivação de políticas públicas, ações municipais, informativos etc. Outra característica que fica clara nos relatos é a presença das rádios como importante canal de informação sobre os acontecimentos da região, ou seja, as rádios parecem ser o canal de difusão mais utilizado quando se pretende atingir um maior número de pessoas, mesmo que canais mais tradicionais, como a Igreja, os jornais e carros de som, também sejam utilizados para informar a comunidade local sobre assuntos relevantes.

> Sim, existe. Nós mandamos convite, nós temos aqui um carro de som, né, e sempre tudo que tem está aí na rua convidando, né. Isso é uma forma de divulgação, né, a gente sempre divulga tudo que se faz, se você for inaugurar uma escola, uma praça, então divulga [...]. (Representante do poder público – Palmeirina)
>
> Muitas vezes é convidado através do carro de som ou através de rádio. [...] Vai, convoca o pessoal da região, e, num município pequeno, uma notícia, para se espalhar, ela se espalha em menos de meia hora. (Representante do poder público – Palmeirina)
>
> Manda carta, manda ofício, [...] sempre é convidado pras reuniões, sempre participa, agora mesmo o conselho do Fome Zero [...] participando, sem-

pre quando tem essas reuniões, eu mando um ofício, e solicitando, né, os membros pras reuniões [sobre como é estimulada a participação das pessoas]. (Sociedade civil – Angelim).

Sempre tem informações nas rádios, jornais, igrejas. Então estamos sempre em contato com a população. (Sociedade civil – São João)

Se existem efetivos canais de difusão que atingem uma parte da comunidade local, propiciando o acesso à informação, por outro lado, quando se verifica a *qualidade da informação*, percebe-se que uma outra parte da sociedade não parece satisfeita com os canais de informação utilizados. Há certa reprovação quanto à eficiência dos mecanismos utilizados para informar e repassar com qualidade a informação que afeta grande parte dos moradores da região. Parece que a informação das ações dos gestores locais e das mudanças cotidianas que afetam os municípios ainda não chega a todos, e, se chega, fica a dúvida em relação à sua qualidade.

Então, acho que deveria ser feito divulgações em rádios, televisão, jornais, mostrar a essas pessoas que [...] tem um trabalho realmente sério, e que precisa da contribuição da população, né? Dos que têm maior interesse em ajudar [sobre que tipo de divulgação deveria ser feito para atrair a participação da população]. (Sociedade civil – Brejão)

Teria que haver mais divulgação. Teria que haver mais divulgação, mais propaganda. (Sociedade civil – Brejão)

Eu nunca fui convidada, ninguém nunca passou nada pra mim, nunca perguntou se eu poderia participar. Então estou assim, se alguém me fizer um convite, com certeza eu irei aceitar. (Sociedade civil – Paranatama)

Continuando a análise, percebe-se a presença na região estudada de um conjunto de conselhos que potencializam indicadores bastante positivos e otimistas para a solidificação de uma gestão local calcada em práticas mais inclusivas e participativas. Ao analisar *espaços de transversalidade*, observa-se que a presença dos conselhos na região estimula a interação entre os diferentes municípios e a troca de informações e ideias de moradores que encontram dificuldades parecidas na busca de melhorias para suas demandas cotidianas.

> Sim, nós temos o centro de capacitação rural que é um bom espaço com uma estrutura ótima, nós temos feito a capacitação de conselhos com dois ou três municípios da região sediados aqui no município de São João, como já tivemos por duas vezes capacitação para o conselho municipal de desenvolvimento rural envolvendo São João, Angelim e Calçado, que são municípios vizinhos [sobre encontros com mais municípios a fim de compartilhar ideias]. (Representante do poder público – São João)

A presença marcante de conselhos na região será uma característica importante – como já afirmado anteriormente – para o fortalecimento dos critérios que ajudam a mensurar o grau de cidadania deliberativa. Pois, além de os conselhos possibilitarem o aumento da participação da sociedade civil em assuntos que afetam diretamente suas vidas, propiciam também, como se verifica no relato abaixo, a construção de uma relação mais equilibrada entre a sociedade civil e o poder público, ou seja, com a análise feita a partir da *pluralidade do grupo promotor*, há por parte de ambos os atores uma relação de maior entendimento e respeito.

> A política que eu vejo desse governo é que ele consegue globalizar as ações, ele faz as reestruturações em todas as secretarias, uma fundida na outra. Então qualquer projeto de ação social recai sobre a saúde, então a gente fica sempre trabalhando em conjunto. O trabalho nas associações comunitárias é outro trabalho, é o trabalho dos conselhos e dentro do conselho tem o grupo da saúde, grupo social. Então estão todos trabalhando em causas comuns. A exemplo do Fome Zero, nós estamos com a Secretaria de Saúde lá dentro, os agentes comunitários, os conselheiros. Então eu acredito que essas interligações que existem entre as secretarias, para mim é o maior projeto, que é o projeto da integração. (Sociedade civil – São João)

A partir da constatação da presença dos conselhos na região, há aspectos que potencializam positivamente a efetivação de políticas públicas de caráter mais inclusivo e participativo, onde a sociedade civil, juntamente com o poder público, trabalhará em prol do benefício de toda a comunidade. A afirmação acima revela a possibilidade de mudança da realidade sociopolítica da região por meio do desenvolvimento e fortalecimento da presença dos conselhos. A presente interpretação segue a defesa feita pelos próprios entrevistados, que, ao relatar a presença dos conselhos, evidenciavam aspectos que este estudo defende como um caminho para políticas públicas participativas entre atores locais.

No caso do critério de *órgãos de acompanhamento* evidencia-se exatamente o que acabamos de expor.

> Olhe, a gente tem um conselho, aqui em Paranatama, que é o CDM, Conselho de Desenvolvimento Municipal, que é ligado ao projeto Renascer, certo, ao projeto Renascer e FUMAC, que é ligado ao ProRural. Aí esse conselho funciona, funciona como fiscalizador das políticas públicas do município, inclusive como órgão acompanhador de recursos do PCPR, Programa de Combate à Pobreza Rural, através do projeto Renascer. (Representante do poder público – Paranatama)
>
> Também temos o Conselho de Alimentação Escolar, que mais especificamente avalia o programa de merenda escolar no município e nessa composição temos vários representantes da sociedade e temos o Conselho do Fundef, que foi determinado a partir da redefinição de recursos para educação. É um conselho que controla e acompanha financeiramente as ações da secretaria, avalia inclusive, e quando solicitado ele aparece nas audiências. (Representante do poder público – São João)

Na análise que verifica a *relação com outros processos participativos* nas ações públicas que apresentem qualquer tipo de obrigatoriedade de deliberação, observa-se mais uma vez a presença dos conselhos como a única estrutura organizada que favorece a troca de experiências e o aprendizado mútuo. Os conselhos possibilitam uma interação entre atores que não existia anteriormente. Essa convivência favorece que pessoas de localidades tão diferentes, mas de origens e vivências tão parecidas, possam reafirmar suas posições perante o poder público municipal, traçando caminhos e soluções para seus problemas cotidianos.

> A gente tá trabalhando em cima disso, a gente já marcou até com o conselho de Garanhuns, [...] tem uma associação lá que tá bem produtiva, e a gente tá querendo ver como que eles trabalham, qual o procedimento, e a gente procuramos [...] sempre que tem um município que tá conseguindo alcançar alguns objetivos que a gente almeja também, a gente vai procurando ver como foi que eles conseguiram pra gente trabalhar em cima disso. [...] o conselho já tem até cooperativa. Já tem cooperativa que foi criada por meio de associações organizadas. (Sociedade civil – Saloá)

Inclusão

Se a presença de uma estrutura organizada como a dos conselhos possibilita resultados positivos perante os processos de discussão analisados, na categoria inclusão, os conselhos continuarão sendo importantes para a incorporação de atores anteriormente excluídos de qualquer espaço de decisão nas ações do poder público local. Quando observada a *abertura dos espaços de decisão*, os conselhos, além de aparecerem mais uma vez apresentando aspectos positivos para a análise da região, demonstram ser uma ação perfeitamente adequada à característica exigida por este tipo de critério.

Outro traço percebido na região a partir da análise do critério acima destacado foi a presença de instituições financeiras como motivadoras do desenvolvimento local a partir de uma perspectiva inclusiva e participativa. Ou seja, a presença de esferas empresariais como parceiras do poder público e da sociedade civil, no que diz respeito ao desenvolvimento da região, fortalece ainda mais uma ação pautada pela deliberação e apresenta-se como uma ação importante que deve ser cada vez mais incentivada e adotada por outras regiões.

> [...] temos aqui um fórum de desenvolvimento local organizado pelo Banco do Nordeste [...]. (Representante do poder público – Brejão)

[...] a cada três meses se reúne [...] conselho [...] aí mostra [...] o secretário que é o presidente, o conselho mostra o que está acontecendo no município, aí se tiver alguma decisão pra ser tomada a gente bota em votação, e o conselho vota. (Sociedade civil – Angelim)

Olha, o Conselho Municipal de Saúde funciona da seguinte forma: tem reunião uma vez por mês [...] Participa o Sindicato dos Trabalhadores Rurais, a Igreja Católica, as associações, tem uma associação aqui da cidade, outras associações da zona rural, participa os funcionários aqui da Secretaria Estadual [...] Secretaria de Obras, Finanças, Educação e Saúde fazem parte [...]. (Representante do poder público – Paranatama)

Primeiramente, nós nos organizamos em Conselhos, nós temos o Conselho de Desenvolvimento Rural, que engloba todas as associações comunitárias rurais, nós temos o Conselho Municipal de Saúde, nós temos o de Educação, o de Assistência Social, tem o da Criança e Adolescente. [...] também temos um departamento junto a nossa secretaria que cuida especificamente dessas ações, que a gente chama de ações comunitárias junto a essas diretorias. Então nós damos o quê? Que tipo de apoio? Na questão de discutir essas práticas na capacitação, pois acho que tem que partir antes de qualquer tipo de programa. (Representante do poder público – São João)

Se as análises feitas até agora demonstram um futuro promissor para a região, observando-se a *aceitação social, política e técnica* das ações que se presumem participativas, começa-se a perceber algumas fragilidades que ainda enfraquecem um bom nível de participação da sociedade e uma relação mais madura entre a comunidade e o poder público local. Parece ainda existir um distanciamento entre esses dois atores locais – sociedade civil e poder público –, e o relato abaixo demonstra que persiste a falta de um reconhecimento mútuo entre a comunidade e alguns gestores públicos. Eles não percebem que caminham, ou deveriam caminhar, para uma mesma direção: a do desenvolvimento da região e a da melhoria da qualidade de vida da comunidade local.

Então eu digo: não adianta tá reunindo esse povo todo dia se eu agora não tô vendo uma luz, algo pra oferecer a eles, e eles precisam de alguma coisa, eles estão aqui porque eles querem alguma coisa, então você também tem que estar junto com eles, mas tem que oferecer alguma coisa [...] Então aí [...] a gente parou de se reunir porque só reunir pra prometer, prometer, prometer [...]. (Sociedade civil – Brejão)

Olha, eu acho que a prefeitura deveria se entrosar mais com o povo, com as comunidades, porque às vezes a prefeitura fica assim um pouco limitada da gente chegar até lá [...] se alargar mais nosso associativismo, né, as associações, porque nós não temos distinções de entidade, nós trabalhamos em parceria com qualquer entidade, pode ser prefeitura, outras associações, Igreja, qualquer entidade, a gente entra em parceria. (Sociedade civil – Saloá)

O critério de *valorização cidadã* demonstra bem a afirmação feita acima. Nessa análise há uma divisão de pessoas que ainda não se sentem incluídas ou que não consideram sua participação importante para si e para a melhoria da comunidade. Esse distanciamento de parte da comunidade observado nos relatos pode ser sanado com mais informação e conscientização. Os indivíduos afastados do processo de diálogo devem aprender sobre a necessidade de seu envolvimento nos espaços de deliberação e a importância de sua presença para o bem-estar de toda a coletividade.

Não, não passou pela minha cabeça esse tipo de coisa não [afirmando não ter interesse caso houvesse oportunidade de uma reunião]. (Sociedade civil – Palmeirina)

[...] é um povo assim que não tem [...] não procura a gente [...], a gente aqui no Sindicato é quem trabalha procurando orientar [...]. Olhe, tem esse projeto Pronaf aqui, a gente é preciso ir trabalhador dizer que tem esse projeto, que ele passa aqui e eles procurem, mas mesmo assim é devagar [...] os trabalhadores bem [...] não tão conscientizados. (Sociedade civil – Angelim)

Se uma parte da sociedade está afastada do processo deliberativo, por outro lado, parte da população considera importante sua participação nos espaços de discussão e compreende a importância de sua intervenção na mudança da realidade social de toda a comunidade. Os últimos dois relatos surpreendem, pois demonstram que além do entendimento da importância da sociedade em opinar e cobrar melhores resultados do poder público existe também a compreensão de quão negativa se torna a falta de engajamento por parte de algumas pessoas da comunidade. Há no processo de conscientização o entendimento dos motivos que afastam uma parte da sociedade local e as consequências advindas deste tipo de comportamento.

Sem dúvida, se for para o benefício do município, eu estou sempre disposto a participar, colaborar com a atual administração [...]. (Sociedade civil – Palmeirina)

É justamente essa necessidade, a consciência de que a população de uma maneira geral tem que atuar de uma maneira associativa, com participação em grupo, com reivindicações, debates em comunidades para a coisa funcionar. (Sociedade civil – Palmeirina)

A integração social é um convívio, é um sentimento pelo grupo, pelo social, eu tenho em mente que todo cidadão deve ter direito à cidadania e deve conhecer ou reconhecer os seus direitos como cidadão. O nosso município é carente, aqui pequenos grupos dominam e a grande maioria fica afastada do poder e sem conhecer o que é o poder, ou ter acesso a coisas básicas, como o conhecimento. Então é preciso que se faça cidadania dando a este povo, a esta população, aspectos morais, e que eles consigam ter esse conhecimento para produzir, produzir em favor da família, da sociedade, e fazer com isso uma espécie de agrupamento ideológico, é preciso pensar mais. Então quando eu vejo tudo isso eu me sinto motivado para encabeçar até grupos de jovens, porque temos estudantes inseridos numa localidade, onde mais pessoas deveriam estar encabeçando movimentos, encabeçando atividades que propiciem um conhecimento geral e possa melhorar e minorar os sofrimentos da sociedade local [motivo da participação do entrevistado em reuniões voltadas para a melhoria do município]. (Sociedade civil – Angelim)

Por exemplo, você convoca as pessoas para discutir determinados assuntos e as pessoas às vezes não comparecem, tá entendendo, a gente sofre muito com a não participação da nossa comunidade. Nós tínhamos um problema constante aqui com relação às feiras livres, [...] as pessoas [eram] assaltadas aqui, tá entendendo? De uma forma ou de outra era bom a participação de pessoas da nossa comunidade para podermos nos ajudar e também para citar as necessidades e o que acontece é isso, as pessoas muitas vezes não participam. (Sociedade civil – São João)

Com as constatações feitas até agora, pode-se afirmar que os municípios ainda apresentam uma parte da sociedade civil que se mantém distante dos espaços de deliberação e que não estabelece um canal de comunicação com representantes do poder público local constituído. Percebe-se, por consequência, um enfraquecimento na multiplicidade de atores que participam dos programas ou ações de caráter deliberativo. Como a informação é repassada para atores que integram algum tipo de movimento, toda ou qualquer pessoa descolada de algum grupo ou organização social perde também a oportunidade de inserção nos espaços deliberativos promovidos pela gestão pública local.

Pluralismo

Como já foi dito, as características da categoria pluralismo se tornam mais evidentes quando relacionadas a cidadãos que estejam em atuação em associações, grupos e organizações. O cidadão não organizado fica quase que totalmente excluído do acesso a esses canais de informação e da abertura dos programas e ações existentes na região.

Através da observação da *participação dos diferentes atores* nos municípios estudados, percebe-se que instituições religiosas, associações, conselhos e sindicatos são as instituições ou organizações que compõem o quadro dos atores efetivos nos programas e ações de caráter dialógico na região. Precisa-se aferir quão positiva esta característica se apresenta para a região e quão negativa ela é, quando indiretamente exclui o cidadão não organizado. Logicamente, este estudo não pretende responder a essa indagação, mas inscreve-a como necessária para estudos futuros na região.

> A associação, porque no caso é a gestora, a Igreja, o Conselho da Igreja que a gente vai tratar direto com o padre e com as pessoas que estão ligadas a ele. Daí nós já temos duas parcerias. (Representante do poder público – Brejão)

O Estado tem a sua função, a Igreja tem a outra paralela, e trabalham juntos para o bem-estar do povo, né, do cidadão. (Representante do poder público – Angelim)

Sindicato, Igreja Católica, Igreja Protestante, associação e os secretários [são convidados para participação de reuniões para o desenvolvimento de ações legislativas, elaboração de leis etc.]. (Representante do poder público – Paranatama)

As entidades que participam são essas que eu te falei, os representantes da prefeitura, os representantes do sindicato, os representantes da Igreja Católica, os representantes das comunidades, das associações rurais, outros representantes das associações urbanas, são essas, as igrejas Católica e evangélicas [quem participa dos programas do município]. (Representante do poder público – Paranatama)

No município, a gente tem a Pastoral da Criança, a gente tá sempre junto. [...] Foi a forma assim que a gente chegou mais próximo da mulher, a igreja anunciou a missa durante um tempo e aí a missa foi um sucesso, a campanha foi um sucesso, graças a Deus. E a gente sabe que pesou o fato dela ter começado dentro da igreja [...], a Igreja Evangélica, a gente tenta abrir um espaço, só que é um pouco mais complicado, porque não tem uma rotina [...]. Eu acho que um outro parceiro que a Secretaria de Saúde de Saloá tem, sem dúvida, é o sindicato. O sindicato é um parceiro nosso, até porque a gente assume de alguma forma a assistência social do município. Então a gente está muito ligado, e o sindicato vem sempre parceiro da gente, embora tenha divergências políticas, mas é uma coisa assim, que pra nós é prazeroso trabalhar com o sindicato, porque nesse momento as coisas se acomodam um pouco, e a gente tem um objetivo a alcançar. (Representante do poder público – Saloá)

Com a implementação dos conselhos verifica-se uma ação que ainda está a desenvolver processos participativos na região, o que torna impossível identificar o *perfil dos atores* anteriores a esse processo; os relatos não apresentam dados para averiguação deste critério, o que de fato fragiliza um pouco a perspectiva pluralista de inserção de diferentes atores neste início.

Igualdade participativa

No que concerne a esta nova categoria, verifica-se que a presença dos conselhos tem como característica importante a inserção da comunidade local nos assuntos públicos. Com a presença desse tipo de arranjo institucional, constata-se de maneira clara a *forma de escolha de representantes*, fato que potencializa a deliberação e fortalece os laços de confiança para todos que participam desse espaço de discussão de ideias e propostas.

> [...] nós vamos ter uma eleição para eleger novos membros amanhã, porque no dia 9 tá vencendo e nós precisamos tá em dia porque estamos recebendo recursos do Pronaf pra três associações [forma de escolha dos representantes do conselho de desenvolvimento, que são representantes da prefeitura, do sindicato, da Igreja Católica, das comunidades, das associações rurais e urbanas]. (Representante do poder público – Paranatama).
>
> Não, ela não tem nenhum representante. Foi eleito nessa segunda-feira o conselho pelo voto popular essa comissão de gestor [sobre a Câmara, que está participando do conselho de gestão do Programa Fome Zero]. (Representante do poder público – São João)

De fato, a região encontra obstáculos que precisam ser superados e enfrentados para a melhoria da qualidade de vida da população e para o atendimento das demandas advindas da sociedade civil. Os conselhos, porém, parecem estar na direção certa para alcançar esses objetivos. Nos *discursos dos representantes* verifica-se a presença de pontos fracos para o crescimento/fortalecimento de ações mais deliberativas, mas, por outro lado, verifica-se também a percepção de representantes do poder público e membros da sociedade civil quanto à importância de organizações que pautem sua ação de maneira aberta e inclusiva como fazem os conselhos da região.

> O objetivo é de criar-se uma alternativa de renda pra eles, mas aos poucos porque eles têm que reconhecer que eles precisam fazer alguma coisa, precisam acreditar, porque infelizmente acontece isso: ah! Ninguém [...] aqui

nunca dá certo. Infelizmente as pessoas têm essa mentalidade, mas não é todo mundo não, já tem gente que tá mudando, pelo menos já não tem essa cabeça [...]. (Sociedade civil – Brejão)

Eu acho que a formação de conselhos que é um negócio que a gente [...] tenta colocar na cabeça das pessoas, tenta conscientização, entendeu? Porque é [...] difícil, né? A formação de conselho é difícil, mas a gente tenta induzir o pessoal que vão nos conselho, que atue, mas que não é fácil, a formação de conselho [...]. (Representante do poder público – Angelim)

Pode ser observado, através do estudo, que é significativa a presença de espaços participativos a partir da efetivação dos conselhos. Como já vimos, ainda há cidadãos não organizados excluídos de qualquer tipo de ação deliberativa, seja porque não apresentam motivação pessoal para inserirem-se nestes espaços ou porque não detêm informação adequada para efetivarem sua participação.

Mesmo constatando a disposição de parte da sociedade civil, de membros do poder público e de algumas instituições – tais como o Senai, o Senac e o Banco do Nordeste do Brasil (BNB) – em investir na promoção de ações mais deliberativas e inclusivas com a finalidade de desenvolvimento da região, parte da população ainda se encontra ausente e desestimulada.

O que não falta aqui é curso, falta é boa vontade pra participar, mas [...] é o Senai, é o Senac, é o Banco do Nordeste [...] [sobre a falta de participação da população nos cursos oferecidos]. (Sociedade civil – Brejão)

O que é complicado aqui é a mentalidade das pessoas, as pessoas estão habituadas [...] a querer que você faça tudo por elas [...]. (Sociedade civil – Brejão)

Olha, o interesse delas é pouco. É pouco porque eu coordeno o programa [...] o conselho de desenvolvimento municipal que temos 30 conselheiros que fazem parte desse programa e pra eu reuni-los é um sacrifício, porque o povo não são muito interessados e eles só querem trabalhar quando já sabem o que estão ganhando, entendeu como é? O trabalho comunitário, o trabalho social que seja voluntário, ainda tão com essa tendência de não estarem muito aberto para se reunirem e discutir as coisas pro município. (Representante do poder público – Paranatama)

Se ainda há indivíduos afastados de qualquer tipo de espaço dialógico, isso pode ser talvez compreendido pelo tipo de relação que alguns representantes públicos estabelecem com a comunidade. No último relato dessa série, aparece uma evidência que permite depreender que alguns dos espaços participativos criados parecem não efetivar de maneira pujante esse tipo de relação com a sociedade.

Bom, há um certo tempo atrás sim, eu já fui convidado, já participei dessas reuniões, mas é que o problema que acontece aqui em São João é o seguinte: as reuniões são feitas, mas tem um problema que a gente geralmente é convidado, mas não temos direito de expor nossas ideias, o que acontece em São João é isso. Eles já vão com as ideias criadas e quando a gente tenta dar novas ideias para o melhoramento das cidades, geralmente é bloqueado. E praticamente a gente não tem direito de falar nada, a gente tem o direito de ouvir; falar, de jeito nenhum. (Sociedade civil – São João)

Autonomia

Na microrregião de Garanhuns, constata-se ainda uma preponderância do poder público na elaboração, execução e solução dos problemas cotidianos, como demonstra o relato acima. Ainda parece haver uma atitude centralizadora por parte do poder local. Essa característica da região enfraquece a possibilidade de surgimento de uma autonomia por parte de outros atores que compõem os municípios, o que os torna dependentes da atuação do setor público.

A constatação feita no parágrafo anterior, ao analisar a *origem das proposições* da região, demonstra a proximidade de uma atuação pública de caráter pouco deliberativo, ou seja, uma ação que não necessariamente precisaria apresentar uma esfera dialógica para ser executada.

Política do município que eu vi um desenvolvimento na cidade foi de construção de moradia, que houve um incentivo de construção de moradia desse prefeito que tá agora e do que o antecedeu, que comprou terrenos com verba do município e doou à população pra construírem casa e assim a cidade cresceu, isso fez com que a nossa cidade crescesse mais um pouco. (Representante do poder público – Paranatama)

A partir dos depoimentos, é possível observar que o arranjo institucional ainda não apresenta as características necessárias para o desenvolvimento da autonomia dos diferentes atores que residem nesses municípios. Constata-se apenas um *perfil de liderança*, exercida pelos representantes do poder público que ainda trazem marcada em seus comportamentos uma atitude centralizadora de poder.

Porque essa prefeitura daqui, ela funciona como uma indústria, entendeu, a indústria única do município, se morre um, se for fora daqui a prefeitura terá que buscar, se for doença também, tudo é a prefeitura, emprego é na prefeitura, tá faltando comida em casa é a prefeitura, se falta uma cama é a prefeitura. Nesta época de inverno a prefeitura sempre doa colchões, lençóis. (Representante do poder público – Palmeirina)

As fragilidades apontadas ao longo do texto e a consideração de que a região ainda encontra-se em processo de desenvolvimento de ações deliberativas dificultaram a análise da categoria *bem comum*. Assim, não se pôde constatar nos depoimentos a presença de *objetivos alcançados* e *aprovação cidadã*.

4 | Microrregião de Lavras (MG)

Valdeir Marins de Faria e Anderson Felisberto Dias

Os municípios estudados pertencem à microrregião de Lavras, localizada no estado de Minas Gerais. O estado é composto por 853 municípios, possui uma área de 586.528,293 km² e população total estimada de 19.595.309 habitantes (IBGE, 2010). O IDH do estado é de 0,773 (Pnud, 2000) e o índice de Gini é de 0,46 (IBGE, 2003).

Figura 1 – Microrregiões do estado de Minas Gerais

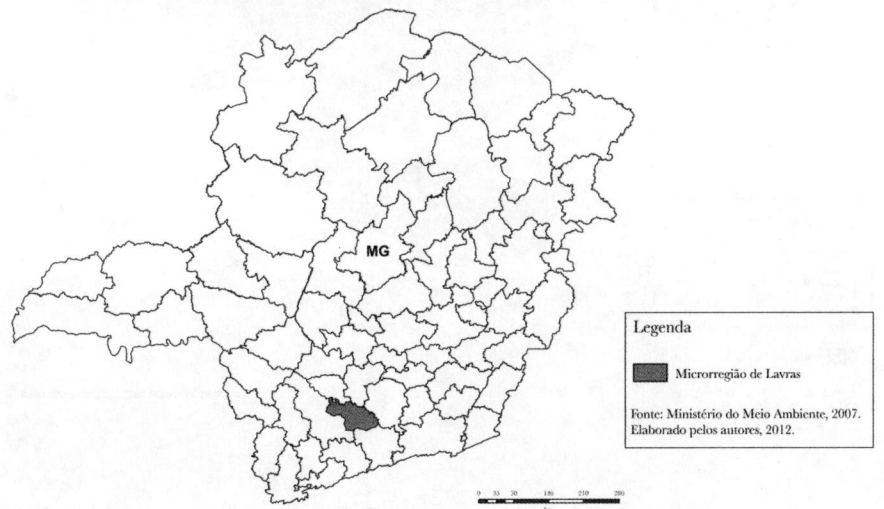

Legenda

Microrregião de Lavras

Fonte: Ministério do Meio Ambiente, 2007.
Elaborado pelos autores, 2012.

A microrregião de Lavras é composta por nove municípios: Carrancas, Ijaci, Ingaí, Itumirim, Itutinga, Lavras, Luminárias, Nepomuceno e Ribeirão Vermelho, observados na figura 2. Desses, três não foram abordados por esse estudo: Carrancas, Lavras e Nepomuceno. A população total é de 149.646 habitantes (IBGE, 2010) e IDH médio é de 0,763 (Pnud, 2000).

A região possui potencial turístico devido ao artesanato, às cachoeiras e aos lagos formados pelas hidrelétricas. Há também um polo educacional, localizado na cidade de Lavras, com uma universidade (Ufla – Universidade Federal de Lavras) e duas faculdades (Fagam – Faculdade Presbiteriana Gammon – e IAEMG – Instituto Adventista de Ensino de Minas Gerais). Verifica-se a presença de grandes empresas, inclusive nos municípios menores, e a localização é excelente, pois a região é cortada pela rodovia Fernão Dias (BR-381), que se encontra entre três grandes polos econômicos do país (Belo Horizonte, Rio de Janeiro e São Paulo).

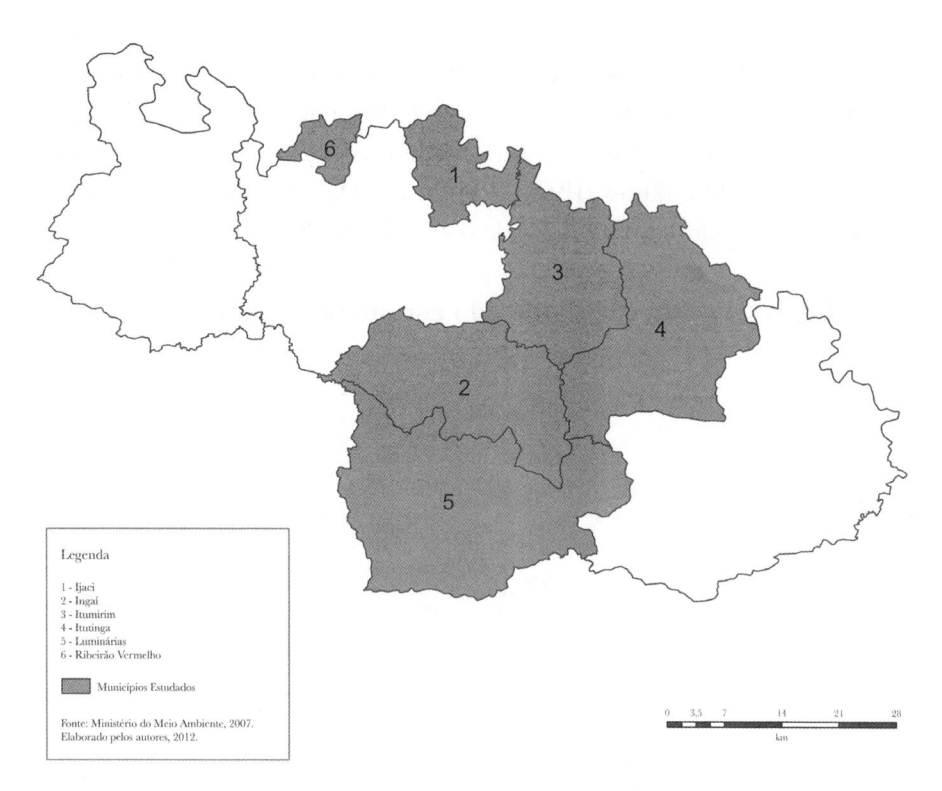

Figura 2 – Microrregião de Lavras

Legenda

1 - Ijaci
2 - Ingaí
3 - Itumirim
4 - Itutinga
5 - Luminárias
6 - Ribeirão Vermelho

Municípios Estudados

Fonte: Ministério do Meio Ambiente, 2007.
Elaborado pelos autores, 2012.

Tabela 1 – IDH, área e dados populacionais por município estudado

Município	Índice de Desenvolvimento Humano Municipal (2000)	Área (km²) (2010)	População total (2010)	Densidade demográfica (2010)
Ijaci	0,738	105,4	5.863	55,62
Ingaí	0,759	305,0	2.636	8,64
Itumirim	0,76	234,6	6.139	26,17
Itutinga	0,751	372,5	3.913	10,50
Luminárias	0,763	498,7	5.425	10,88
Ribeirão Vermelho	0,783	40,2	3.826	95,17
Total		1.556	27.802	55,62

Elaborado pelo Pegs.
Fontes: Atlas do Desenvolvimento Humano no Brasil (2000) e IBGE/Censo (2010).

Processo de discussão

Com relação ao processo de discussão, percebe-se que os representantes do poder público destacam a dificuldade de mobilizar o cidadão mesmo que se percebam *canais de difusão* eficientes das políticas públicas. Essa dificuldade pode ser, em parte, atribuída ao descrédito da população quanto aos mecanismos de participação existentes. Segundo um entrevistado: "Essa parte de participação sempre foi uma parte de carência, o povo, o povo cobra muito, mas participa pouco" (gestor público – Itutinga).

Percebe-se a presença de projetos inovadores e o estabelecimento de uma boa relação com a população. Porém, apesar dessa relação, nota-se uma concentração de poder no executivo municipal, o que fragiliza o estabelecimento de *espaços de transversalidade*. Quando a população é convidada para a discussão, a pauta já vem formatada pelo poder público, denotando baixa *pluralidade do grupo promotor*. Há ainda, como fator negativo, a dificuldade de despertar interesse da sociedade, que, por sua vez, não se envolve totalmente.

Apesar da qualidade de alguns projetos, como é o caso da Fazenda Comunitária, há problemas no que diz respeito à conscientização e mobilização das famílias. Como o sucesso do projeto depende do empenho dos envolvidos, quando o grupo responsável por um dos dias da semana não executa bem suas tarefas, há uma reação em cadeia, criando um mal-estar entre os demais beneficiários do programa. Porém o trabalho de contato com as famílias parece benfeito, com muito diálogo, estímulo e envolvendo as pessoas no processo.

> A Fazenda Comunitária são três fazendas distintas. Uma fazenda só feijão, uma outra fazenda, arroz e milho, porque nós temos a parte alta e a parte baixa, e uma outra fazenda que é essa experimental da mandioca. A seleção foi um processo que a gente fez de casa em casa, convidando as pessoas, isso tá dentro do programa, e buscando pessoas pra participar e pedindo que eles se interessassem e fizessem o trabalho junto a sua rua, sua comunidade, seu bairro, convidando parentes. Depois de uns três meses que a gente começou a fazer, reunir as pessoas, pessoas mais velhas das famílias, que tem um caso aqui de uma senhora, por exemplo, depois de uns irmãos que tinham uma filha, uma senhora com 62 anos de idade, com problemas de saúde, que resolveu participar da fazenda comunitária, de início ajudar a unir a família pra que todos participassem, e depois ela se entusiasmou a ir pra fazenda também e na fazenda ela foi modelo com 62 anos de idade, começou a recuperar a saúde, se sentir gente e ela mesmo diz: "eu hoje eu me sinto gente, eu tava perdida dentro, dentro da minha casa, sem poder fazer nada, me sentia uma pessoa totalmente sem função e hoje eu me sinto realizada por eu estar participando deste programa". (Gestor público – Luminárias)

Representantes da sociedade civil concordam com a dificuldade de mobilizar e motivar a população.

> Minas Gerais tem um pessoal assim, muito acomodado, cê entendeu, um pessoal que prefere ficar lá atrás, esperando os acontecimentos e passa ano e entra ano e passa um e passa outro. Então são muito poucos aqueles mes-

mo que têm a coragem, você entendeu, que têm visão, né, pelo menos um pouquinho de visão, aí esses vão, esses gostam; mas nem todo mundo, por exemplo, aqui nós temos muitas famílias carentes, mas, carentes assim, sabe, de bater na porta do governo e exigir uma coisa que eu chamo até de esmola moral que é o pior, entendeu, porque esmola é triste, moral é pior ainda, né, exatamente porque não quer lutar, cê entendeu? Porque não quer lutar. (Beneficiário – Luminárias)

Em síntese, percebe-se a presença de boas iniciativas, e até inovadoras, porém a imagem que fica é a da falta de uma discussão, de interação na concepção dos projetos/programas. Na imensa maioria das vezes, é o governo que cria as ações e posteriormente estabelece a interação com a sociedade, mas para que as redes possam ser construídas a partir da relação entre sociedade e governo é extremamente importante que ambos interajam desde o início, possibilitando a *pluralidade do grupo promotor* na região.

Desta forma o campo que parece dominar é o do Estado/políticas públicas, pois o governo local estabelece relações tanto entre os órgãos da própria prefeitura e/ou com instituições da sociedade civil, pecando entretanto no que diz respeito à participação da população. Um dos aspectos destacados é verificado em alguns discursos. Segundo os representantes, a prefeitura procura divulgar o que está sendo feito e ainda convoca a sociedade para as discussões.

A [prefeitura] divulga muito, às vezes fala, explica, já começa na Câmara de Vereadores, ela vai lá e explica o projeto porque ela quer que ele seja aprovado, por isso, por aquilo. E convoca a população também e fala dos seus projetos. [...] Reuniões, às vezes faz faixas, coloca faixa, às vezes faz uma reunião aqui, por exemplo, entre os funcionários mesmo, porque o funcionário, por exemplo, às vezes ele é a abertura para chegar em casa e expor para os filhos, para suas esposas e ali vai. Nas escolas vai muito, vai e visita as escolas, chega lá e explica para eles, para os pais, para os alunos. (Gestor público – Ingaí)

Inclusão

Além da divulgação, as falas dos entrevistados ressaltam a participação da população nas atividades de execução dos projetos.

> Esse projeto, por exemplo, tem participação, tem voluntários sempre que nós fazemos algum evento, no final de 2003 teve a entrega de brinquedos para as crianças da rede municipal e contamos com a participação, das pessoas envolvidas 50% era da população, não só estar enviando seus filhos lá, estar acompanhando o processo, mas, na distribuição dos brinquedos, nas brincadeiras, por exemplo, participando. (Beneficiário – Ingaí)

No critério *abertura dos espaços de decisão*, o destaque é para o incentivo à participação e articulação promovido pelo Conselho Municipal de Saúde, que apresenta um formato interessante, aberto à população, com uma boa diversidade dos membros quanto à origem e uma ótima participação dos mesmos nas reuniões. Cabe ressaltar que o comportamento desse conselho é uma exceção.

> Nós temos uma reunião mensal, que é marcada sempre previamente, e nessas reuniões os conselheiros trazem para cá algumas reivindicações especificamente na área de saúde do que a população quer. Um exemplo, a população acha que o atendimento lá no posto não está legal, está faltando medicamento, aí o conselheiro trás para nós, reclamaram aqui que está faltando medicamento lá no posto, e a gente vê com a gestora o que foi; se a gestora disser que foi feito um processo licitatório, já tem o medicamento lá, aí a responsável pela farmácia passa para a gente uma lista para ver se realmente tem este medicamento, a gente confere em reunião certinho, confere se tem medicamento realmente. Se for preciso, às vezes acontece de não ter medicamento lá, e aí chamamos o responsável pela licitação e procuramos saber por que está demorando, qual é o problema, o que está impedindo, é a prefeita que está demorando? Se a prefeita não depende, de quem que depende; quando depende de uma outra área que não seja a prefeitura, eu como presidente, os outros conselheiros também, enviamos a carta manifestando, informando

o que é necessário, aquele procedimento, aquela ação da comunidade que precisa. (Beneficiário – Ingaí)

Um ponto positivo é a delegação de responsabilidades, em vez da delegação de poder, porém isso é identificado apenas nas falas dos representantes da sociedade civil e, especificamente, no que diz respeito à participação da população nos projetos relacionados às pastorais da Igreja Católica.

Antigamente sempre entrava em conflito, mas agora o pessoal parece que começou a trabalhar junto. O padre [...] está desenvolvendo um projeto, começou com o padre [...], com as pastorais, que é estar delegando poderes para as pastorais, está envolvendo o pessoal, está cobrando das pessoas, está jogando a responsabilidade nas costas das pessoas para que a pessoa realmente assuma, o pessoal gosta muito de falar assim: eu participo da Pastoral do Canto, mas nunca vai em uma missa, não vai ler, organizar. Tem a Pastoral Litúrgica, tem a Pastoral do Batismo, Pastoral da Criança, da Família, o Apostolado de Oração, então, ele faz um trabalho bonito, que é realmente envolver as pessoas, e nessa área, projeto não, mas política, ele convida, normalmente ele faz debate, até entre aspas, no horário da missa, mas ele costuma fazer, com assuntos que seriam relevantes, costuma debater isso, expor para a população do município. (Beneficiário – Ingaí)

De forma geral, em relação à *valorização cidadã*, as entrevistas destacam a baixa participação da população nas reuniões dos conselhos e em encontros para discussão e construção de políticas locais.

Olha, é muito superficial [a participação da população] ainda. A gente tem tentado, por exemplo, você vai à zona rural, reúne aquela escola, conversa com os pais, mas eles são muito tímidos; eu acho também que é falta de exercitar as ideias, trabalhar mais, ter reuniões em quantidades maiores durante o ano. [...] A gente tem tentado, mas é muito difícil. Para você ter uma ideia, nós temos conselhos aqui, e você precisa ver, para reunir conselho é uma dificuldade, eles não tem o hábito, a maioria não tem o hábito de trabalhar em conjunto, em grupo. Esse ano vai ser um ano difícil para a gente, nós precisamos muito da participação das pessoas nesses projetos, nós vamos tentar o máximo que puder, se não tiver 100% de presença trabalha com 40%, com 50, né? (Gestor público – Ingaí)

Esse é um ponto que a gente tem que melhorar no projeto, este projeto ele está sendo muito pouco divulgado, as pessoas participam mas não sabem do que se trata, ele não está ganhando, ele é parte de divulgação mesmo do projeto, Projeto Criança Feliz, as pessoas às vezes nem sabem que tem este projeto na comunidade, e ele começou justamente quando a prefeita resolveu fazer o parque, aí nasceu o Projeto Criança Feliz. Ela comprou o terreno, criou o parque, aí começou a nascer o Projeto Criança Feliz e de lá para cá falta um pouquinho de marketing mesmo do projeto. (Beneficiário – Ingaí)

Pluralismo

Em relação à *abertura de espaços de decisão* pode-se observar uma concentração de poder no Executivo. As decisões seguem um fluxo de cima para baixo, sendo tomadas apenas pela cúpula do governo local, não existindo interação com a sociedade.

> Normalmente senta a prefeita, com os diretores, as pessoas envolvidas diretamente aqui na administração, no caso eu, o diretor de educação, o diretor de saúde, esporte e lazer, e senta, vê o que pode ser feito, cria ações para estar desenvolvendo o projeto e assim vai. [...] Mas não tem nestas reuniões um representante da sociedade? Não tem, não. (Beneficiário – Ingaí)
>
> E a decisão, é ela [prefeita] que toma... Não, ela procura sempre passar para a gente que está do lado dela, os secretários, às vezes ela tira opinião. Mas a gente sempre respeita o que ela acha, o que ela não acha, e a palavra final é dela mesmo. (Gestor público – Ingaí)

Outro aspecto é a baixa interação entre os municípios da região. Percebe-se claramente, no discurso, a ausência da noção de desenvolvimento local por meio da interação entre municípios.

São poucas reuniões que acontecem, sempre os municípios ficam mais separados, mesmo, cada um fica com seus projetos para lá e não chegam a discutir um com os outros. Não tem uma integração? Não, eu acho que isso aí falta nos municípios, principalmente no nosso, da região com outros municípios, na microrregião aqui falta um pouquinho de integração. (Gestor público – Ingaí)

A divergência de ideias entre a sociedade e a prefeitura fica evidente nas entrevistas. Assim, a formação de redes sociais a partir dessa interação se torna inviável no momento. A impressão que se tem é de que sociedade civil e governo local caminham em sentidos opostos. Por um lado, os prefeitos dizem conhecer tudo, não necessitando, assim, da participação da população nas decisões. Além disso, ainda criticam a criação de conselhos.

Não, não, é que eu sou nato, eu sou [...] e conheço os problemas da cidade [...] a decisão é do prefeito porque para ele tomar a decisão ele tem que ter condições, primeiro tem que existir condições para depois haver decisão, e essas condições o prefeito é quem sabe delas, agora, eu já sei das carências do município, então é lógico que tenho condições de agir em cima das carências. (Gestor público – Itumirim)

É difícil, é difícil, porque olha o governo hoje, o Governo Municipal ele está pautado, criaram, pediram que se criassem conselhos, associações, então tem um monte de conselho escolar, agora tem o Consep, de segurança, Conselho Tutelar, então pra ter direito a 10 conselhos, e a maioria com exceção do tutelar, todos são gratuitos, sem remuneração, então o que que acontece, você não consegue formar numa cidade desse tamaninho, com 13 mil e poucos habitantes, então você não consegue pessoas para formar tantos conselhos, então a gente acaba formando esses conselhos com funcionários da prefeitura, vai trocando, vai trocando e porque tem os conselhos que têm que ser, então a participação da sociedade existe, sim, mas é muito pequena, muito pequena, porque hoje se você falar assim: nós vamos criar um conselho, conselho x, e vai remunerar, aí vai dar até briga, mas sem remuneração é difícil, e quando você cria, você faz a primeira reunião, depois você convoca reuniões e não aparece ninguém. "Não posso. Não pude", então é por isso que a gente [...] os conselhos estão mais centrados em funcionários da prefeitura, porque eles são obrigados a participar. (Gestor público – Itumirim)

Por outro lado, a sociedade questiona a atuação dos prefeitos e a dificuldade de interagir com eles.

[...] é uma luta que a gente tem com o prefeito, que é complicado, porque se torna assim, a maioria oposição e ele situação, então fica difícil, mas a gente não deixa de lutar, não, a gente está sempre lutando, correndo atrás, igual o Trem Mineiro, a gente deu um balaço nele, porque senão ele tinha parado, então a gente foi, correu atrás [...] Não dá abertura, é tipo pressão, ele dá abertura se você fizer pressão, se você não fizer, minha filha, sai nada não, às vezes até com pressão não sai nada. (Beneficiário – Itumirim)

O município faz questão de deixar a gente de lado. Não convoca, por exemplo, eles vão tomar alguma decisão com relação a servidores, aumento, taxa de aumento, algum servidor que foi feita a advertência, isso eles não convoca a gente para discutir a situação do servidor, tomam as decisões e pouco importa se existe sindicato ou não. Não dá valor mesmo. Não abre espaço? Não abre. A administração atual, não. Eu acho que o município está deixando muito a desejar na parte administrativa, coisa municipal mesmo, de correr atrás, de conseguir verbas, asfaltamento da cidade, a cidade aqui não é das piores, mas tem jeito de melhorar. Correr atrás de indústrias para... está faltando é isso, a administração atual ou outras passadas têm que sair do gabinete e correr atrás de coisas melhores. (Beneficiário – Itumirim)

Apesar dessas complicações, a criação do Conselho da Consciência Negra em municípios da região ressalta a força da sociedade e a possibilidade de criação de redes. A criação do conselho fundamentou-se nas inquietações de diversas instituições da sociedade, ressaltando a importância dos movimentos sociais.

Ele [o conselho] foi montado agora por várias pessoas de entidade, que é do sindicato, Secretaria da Educação, aí vem do Ministério Social, reúne até os próprios vereadores mesmo, participam deste conselho, para poder montar junto com a comunidade e fazer... usar este projeto, que é um projeto que dá um espaço grande pros negros, não só os negros, que aí tem vários itens, desde os negros até a classe baixa, a classe pobre da cidade. (Beneficiário – Itumirim)

E ao contrário dos projetos coordenados pelas prefeituras, a participação da população nas discussões dentro dos conselhos criados pela comunidade é satisfatória. Esse resultado é fruto de uma conscientização e valorização da opinião popular.

A participação é ótima, foram todos muito bem recebidos, todos, sabe por quê? Teve uma comissão que saiu na rua em função de explicar para as pessoas, porque às vezes, eu falo assim, tem um projeto de lei, tem uma comissão, mas as pessoas não sabem o significado daquilo, então, às vezes ela sabe que, igual esse convênio, o Consciência Negra, ele é uma coisa útil, que pode te ajudar a qualquer momento, mas a partir do momento em que você está sabendo qual a serventia dele, se você não souber qual a serventia não tem como você recorrer a um projeto que você fica fechado aqui, não vai resolver, então eu acho que você tem que espalhar, então tem uma comissão justamente para isso, para poder sair e explicar para que que serve esse tipo de projeto. (Beneficiário – Itumirim)

Destaca-se ainda a interação com outros municípios, principalmente por meio da Alago e do Conselho da Consciência Negra. No caso da Alago, a relação se dá entre diversos municípios (34, nem todos associados).

Nós estamos empenhados, eu sou secretário da Alago, que é a associação dos municípios do lago de Furnas, são 34 municípios, estamos empenhados, fomos várias vezes a Brasília para este fim, eu recebi um fax de uma reunião que vai ter, nós estamos sempre em reunião, segunda-feira nós fomos a Alfenas, na sede da Alago lá. O nosso intuito agora é a despoluição do lago de Furnas, são 34 cidades mineiras. (Gestor público – Itumirim)

Considerando os projetos/programas do município, não há contribuição da interação entre sociedade civil organizada e poder público local para a formação de redes sociais. Porém, a partir da análise é possível identificar iniciativas da sociedade, como o Conselho da Consciência Negra, que podem proporcionar um ambiente futuro para esse fim. Outro aspecto a destacar é que o campo mais fértil para a formação de redes é o campo dos movimento sociais, percebido principalmente nas falas que retratam a dificuldade na relação entre prefeito e sociedade, e a organização da comunidade para a formação de conselhos.

Igualdade participativa

As falas nas entrevistas, tanto do poder público local como da sociedade, voltaram-se para a relação dos municípios com as empresas, o que dificultou a identificação da contribuição dos programas/projetos a partir da relação entre sociedade e Estado para a formação de redes sociais. Porém, cabe destacar alguns pontos, entre eles: a presença de grandes empresas; a elaboração de um plano diretor; e algumas iniciativas da sociedade, principalmente no que diz respeito ao artesanato. Como aspectos negativos destacam-se a dificuldade de mobilização da população; a baixa interação entre a sociedade e o governo local; e a participação insignificante dos cidadãos na construção dos planos diretores.

A construção do plano diretor pode ser considerada como um marco importante para o desenvolvimento dos municípios; dentre suas principais contribuições podem-se destacar as ações e orientação para a aplicação de recursos que contribuam para o desenvolvimento econômico e o planejamento da urbanização e da implantação de saneamento. Porém, sua construção era um dos pré-requisitos para a instalação de grandes empresas e, em virtude disso, na sua elaboração, a participação da população foi praticamente inexistente. Nem mesmo os membros do Legislativo participaram de forma efetiva, como pode ser observado abaixo:

> É muito difícil. Ocê vê que a gente trabalhou com o plano diretor, a gente foi, a Camargo Corrêa pagou pra Fundação João Pinheiro fazer o plano diretor aqui no município, né, então a gente cansou de chamar, a gente ia até fazer

umas audiências públicas no município, começamos a chamar o pessoal pra participar da discussão do plano diretor. Mas quem discutiu o plano? Teve uns dois ou três vereadores que participaram umas duas ou três vezes. E a gente tinha reunião aqui, toda terça e toda quinta, quem participava da reunião era eu, que era o advogado da Câmara na época. Nem os vereadores participavam? Muito pouco, muito pouco; é porque a gente, infelizmente a realidade nossa é essa, o conhecimento é muito pouco, né, os vereadores, aqui antigamente não tinha uma escola, então eles não tinham condição nem de estudar, têm, eles têm experiência, têm, mas uma, uma, um grau de estudo é, é, o nível de estudo é baixo, têm experiência, têm muita, eles têm experiência, sim, né, mas o nível de escolaridade, o grau é baixo, muitas coisas eles sabem mais que a gente, mas, infelizmente a participação nessas coisas quando vai debater é baixa. (Gestor público – Itutinga)

Os representantes do poder público destacam a dificuldade de mobilizar o cidadão. Segundo uma entrevistada, a população está "descrente, eles não têm visão de cultura, não. Eu trabalho com adolescentes aí na escola. Digo pra eles: acorda pra vida, gente, mas não tem condições, não" (Gestor público – Ingaí). Mas o que domina as falas é a presença dos grupos empresariais nos municípios. Alguns reconhecem os benefícios iniciais, porém o que se destacam são críticas tanto ao Grupo Camargo Corrêa quanto ao Consórcio do Funil.

Nós não estamos vendo, por enquanto, retorno nenhum disso, retorno nenhum disso aí, é pelo contrário. Por exemplo, veio um bairro pra cá, não que nós somos contra o bairro, de forma alguma, o bairro de Pedra Negra. A fábrica não trouxe muito emprego? Não, porque a fábrica trouxe muito emprego e muito problema, né? Emprego assim, pras pessoas que são de fora, porque pra nós, com o funcionamento dela é só parte de terceirizada. (Gestor público – Itutinga)

Nós esperamos uma grande melhora pro município. Mas, no momento, ainda temos tido até dificuldades, porque aumentou o número de pessoas que vieram de fora, o que vem sobrecarregar o posto de saúde e várias outras coisas. [...] Procê vê, tem várias firmas prestando serviço aí, e chega aí, vem sempre procurar o posto de saúde. Esse bairro que veio de Pedra Negra pra cá, vieram tudo pra aí, agora chega aí, a maioria desse povo, trabalharam lá, agora chegaram aqui, mudaram pra cá, e tão tudo sem serviço, sobrecarregando o posto de saúde. (Beneficiário – Itutinga)

Apesar das críticas e da baixa interação, há algumas iniciativas da sociedade civil que valorizam a cultura local como, por exemplo, a criação da Associação dos Artesãos. O objetivo dos idealizadores é incentivar e aprimorar as técnicas dos artesãos locais e aproveitar o potencial turístico da região, principalmente com a chegada da represa da hidrelétrica. Essa iniciativa demonstra a visão e o potencial da população, e pode se tornar no futuro uma forte contribuição para o desenvolvimento sustentável do município.

Eu batalhei pra que se fundasse a Associação, porque eu acredito no potencial turístico, que é essa parte que vocês tão preocupados, eu acredito nesse potencial, eu acho que turismo não pode ser junto, aliás, não pode ser sozinho, tem que ter o artesanato junto. Realmente falta [...] a área de turismo tem que ser desenvolvida; porque se também não vier turista, também nós não vamos conseguir fazer nada. O turista é que vai levantar pra gente. O turista é que vai incentivar, o turista é que vai levar a mercadoria [...] falta, ainda, a união das lideranças. (Beneficiário – Itutinga)

No que diz respeito à interação entre a sociedade e o governo com trabalhos cooperativos, participativos e democráticos, percebe-se a existência de parcerias e a formação de redes sociais entre diversas instituições como as escolas, igreja e Polícia Militar; e dessas com o poder local. Além disso, a prefeitura realiza as audiências públicas prestando contas sobre a arrecadação e os gastos públicos.

Aqui funciona muito junto e funciona por causa disto, escola, Igreja, prefeitura e Polícia Militar, tudo que faz aqui é feito com parceria com todos. Pra todos os eventos, tudo que faz é assim, tudo que é da prefeitura é municipal, é assim, tudo que depende deles, qualquer coisa lá, cê pede também, não tem problema, não, tudo que depende, no que eles podem ajudar eles ajudam. Uma outra coisa que tem ajudado muito, principalmente, é a credibilidade da administração, é, que o prefeito anda fazendo as audiências públicas, né, conforme a Lei de Responsabilidade Fiscal manda, mesmo não sendo obrigado, ele tem feito, desde o início da lei, né, o início deste mandato, e isso aí tem gerado bastante crédito, porque nessa audiência é apresentado o que foi arrecadado, o que que foi gasto e como que foi gasto. (Gestor público – Luminárias)

Exatamente, nós nunca, nós nunca fazemos as coisas assim, a minha ideia, a dele ou de um outro não, tudo tem que ser feito com as ideias de muita gente; a gente não faz uma coisa sem antes ir nas escolas; eu falo as escolas porque a população jovem [do município] está todinha nas escolas, principalmente na escola estadual, que são jovens, adolescentes, tão lá, então tudo quanto é ideia, a gente coloca lá, os professores já sabem, apoiam a gente, nessa parte de trabalho dentro da sala de aula, então a gente coloca uma ideia, e logo a gente percebe a reação do pessoal, se a gente vê que é positiva, a gente vai, se a gente vê que não foi tão boa assim, a gente já tenta modificar ela, fazer diferente. (Gestor público – Luminárias)

A escola sempre trabalha junto, tanto é que no Carnaval aqui a escola faz parceria com o município. A prefeitura, a prefeitura banca, mas eles elaboram. É, eles fazem tudo aí, a prefeitura paga, é fantasia, essas coisas [...] é artesanato, jogos esportivos, tudo é a prefeitura... Agora a igreja também tá começando, a igreja parece que começou a desenvolver um trabalho aí num bairro, eles tão trazendo já, é, muitas pessoas de fora pra apresentar cultura aqui, os daqui já tão indo pra fora, é viola, muita coisa que tá começando já tá tendo esse intercâmbio, já, por intermédio da igreja também, a igreja tá ajudando bastante. (Gestor público – Luminárias)

Apesar dessa interação, os discursos alertam para a dificuldade de trabalhar em grupo e para a baixa participação da população.

Principalmente nessa parte de agrupamento, né. Isso aí a gente tem dificuldades. Eu não consegui, por exemplo, eu, eu há três anos atrás, eu tentei, é, fazer aqui, ou na sede, ou numa das comunidades, o quê? Colocar um tanque de granalização de leite comunitário, tá? Eu me frustrei com isso, eu não consegui. O que eu consegui foi, é, alguns produtores, individualmente, pra melhorar, e tal, mas individualmente, não quiseram fazer o agrupamento, cê entendeu? [...] é um problema difícil e tem regiões que a gente trabalha, eu já trabalhei em outras regiões, em outros municípios, né, eu tinha mais facilidade nessa, né, existe mesmo uma realidade diferente, né, que outros municípios, pois, agora, em alguns municípios já é mais difícil isso aí. É muito individualista. (Beneficiário – Luminárias)

A gente tem a rádio, tem a igreja, tem o jornal, a gente sempre tá chamando, sempre tá chamando, e a resposta é a mesma, né, ah, eu não tenho tempo, e sempre são os mesmos. O povo brasileiro ainda tem sempre aquela, deixa acontecer, deixa acontecer, e isso é mau. Isso é muito mau, se a gente tivesse, igual eu falei pros caras aqui, se a gente tivesse 100 pessoas acompanhando o nosso trabalho na Câmara, seria outra coisa. Cobrando, é, e participando com a gente, do trabalho da gente, né, eu acho que pouquíssimas pessoas que, apesar que já melhorou muito, tem reunião que já tiveram 60, 80 pessoas, mas é quando tem algum assunto de interesse. (Gestor público – Luminárias)

Uma boa iniciativa da sociedade local é o trabalho cultural que tem sido realizado, principalmente, por meio do Projeto Café Cultural. Esse projeto procura criar um espaço de descontração onde vários aspectos são trabalhados com a população, como a importância de cada cidadão no processo de desenvolvimento e a valorização da identidade cultural.

A gente percebe essa questão da identidade cultural como sendo uma coisa, né, que realmente envolve muito profundamente, o artista da própria terra mostrando seu trabalho, ver que tem pessoas da própria terra que se destacam no cenário internacional. Teve uma pessoa aqui de Luminárias que parece que descobriu a vacina do veneno do escorpião, então, assim, são coisas que tocam o povo naquele que seria, é, o estímulo deles [...]. O artesão é diferente de um arquiteto, um artesão, ou um escultor, momento artístico, nesse sentido essa mudança, eu acho que é pilar, né, a base. [...] é a favor do coletivo, a favor do coletivo, não é a favor de si mesmo; porque, com certeza, você vai sentir bem, porque busca as origens da brevidade que somos, né, as brevidades espirituais, em corpo material, fazer o que, é, assim, né; a ajuda a prevenir a pessoa a se dar valor, tô fazendo uma coisa boa, não é pensar só em mim, não é só sardinha na minha farinha, não é só explorando, ninguém, nem quem explora, nem quem é explorado, né. (Beneficiário – Luminárias)

Outro ponto que deve ser destacado é que representantes do próprio governo local admitem que falta uma ação mais efetiva da prefeitura no apoio às propostas da sociedade e na execução dos projetos de desenvolvimento local.

Na área de turismo, na minha opinião, eu acho que poderia o governo municipal, eu falo o governo municipal, eu tô lá dentro, mas eu acho que ainda podia ajudar mais, é investir, ajudar que eu falo é investir mais na divulgação, no lugar, nas belezas naturais, cê trazer, por exemplo, uma empresa de fora, pra fazer um comercial pra televisão, investir pesado, não é pouquinho que eu tô falando, não, fazer uns guias benfeitos, por um profissional, mandar pras agências de turismo do Rio, São Paulo, Belo Horizonte, divulgar mesmo, cê chamar a *Revista Terra*, falar, eu quero um trabalho excelente de duas páginas, quanto vai ficar, ah, vai ficar em tantos mil reais, cê enfiar a mão no dinheiro e pagar, porque você vai ter o retorno e, agora, pra fortalecer a cidadania, eu acho que qualquer cidadão de qualquer cidade, ele ia ficar feliz de ver o nome da cidade dele bem divulgado, bem mostrado, a cidade crescendo, desenvolvendo, o cara ia ficar sempre orgulhoso, isso não adianta, de ver um artista aqui representando lá fora, de ver um artesanato bem mostrado, eu acho, isso é um fortalecimento de cidadania, a pessoa sentir orgulho da terra dele, eu acho que isso é muito importante. (Gestor público – Luminárias)

Observou-se certa concentração do poder, a disciplina e o comando por parte dos representantes do poder público; a baixa interação intermunicipal e participação deficiente da sociedade, principalmente na concepção e elaboração dos programas/projetos. Um dos aspectos a destacar é a realização da conferência municipal de saúde, o que proporciona um espaço de participação da sociedade civil junto ao poder local, possibilitando a construção de redes sociais que levem à deliberação de possíveis políticas voltadas, neste caso, para a saúde.

A discussão? A gente repassa para eles as metas que o governo quer, como por exemplo, depois de umas avaliações, que são avaliações externas e todo ano tem, avalia as últimas turmas do ensino fundamental e médio e através dessas avaliações externas as fitas têm a ver com elas, com o que vai ser cobrado na avaliação externa, então a gente repassa para os pais, para eles colocarem os filhos para estudar. Depois o resultado é divulgado no Minas Gerais Escola através de gráficos e através disso aí a gente toma conhecimento onde é que a gente precisa melhorar mais no ensino, onde é que o aluno está mais fraco. E assim a gente vai divulgando e detectando as falhas e procurando sanar. A decisão quem toma? O colegiado. (Gestor público – Ijaci)

Alguns municípios participam de associações e do consórcio intermunicipal de saúde, o que é positivo, pois isso demonstra uma interação com outras cidades. Porém, diferentemente da conferência municipal de saúde, onde a participação da população é satisfatória, no consórcio a interação é limitada; as instituições da sociedade civil não mantêm diálogo constante com o poder público. Os representantes dessas organizações destacam, ainda, a falta de interação com outras instituições da região.

Nós temos aqui os consórcios, o consórcio intermunicipal de saúde, e nós temos associação dos municípios. Então, a cada dois anos há uma reunião; já na área de saúde a reunião é constante, tipo assim, a cada seis meses há uma reunião. Por incrível que pareça nesta intermunicipal, com vários municípios, não há muita participação da população. Participam mais os prefeitos, os profissionais de saúde, os agentes de saúde, mas a população geralmente não participa. Até mesmo porque não é convidada, porque já foram convidadas e não compareceram, então já viram que este tipo de coisa não funciona, funciona a municipal. (Gestor público – Ijaci)

No *discurso dos representantes* da sociedade civil o desinteresse pela participação também é observado. "A população não gosta muito de se envolver, é muito difícil tirar as pessoas de casa para essas coisas" (gestor público – Ijaci).

Eu falei das dificuldades, porque na cooperativa as pessoas só querem levar vantagem, elas não participam. Aqui, você não acha uma pessoa para dar uma entrevista desta, você não acha um presidente, um diretor, eles não participam, uns poucos dias eu tive que correr atrás do estatuto da cooperativa que tem muito tempo que a gente não mexe nisso e tinha um prazo até agora em [...] teve duas reuniões que eu tive que fazer dois editais, para dar pelo menos 10 presentes, tem 86 associados e não aparece 10, que é o mínimo para se fazer reunião [...] Aqui em [...] esse problema não é só na cooperativa, se não tiver uma coisa que chama a atenção, tipo uma cervejinha, uma confraternização. A nossa reunião tem que ser na parte da tarde porque a gente faz na loja e tem que ser à noite, então o pessoal não participa mesmo [...] Então eu não sei te falar, se é falta de conhecimento, se é falta de interesse mesmo. (Beneficiário – Ijaci)

Apesar de iniciativas como a conferência e o projeto Sorriso Novo, da participação da população nas atividades ligadas à saúde e da rede de divulgação, o que se percebe é que o poder local centraliza a discussão no Executivo e no Legislativo. Esse fato demonstra uma delegação de poder aos eleitos pelo povo, que ganham a autoridade para decidir, prevalecendo, assim, a democracia representativa sobre a democracia participativa (deliberativa).

Não, por não precisar, não teve essa polêmica forte da sociedade civil, se precisar é lógico que nós iremos ouvi-los [...] Não. Não tem a participação da sociedade organizada, não. O que a gente às vezes consegue é conversar e fazer um debate quando se tem a conferência de saúde, aí a gente coloca em debate todos estes projetos, mas é até pouco debatido, porque a população está vendo que está funcionando do jeito que está. Foi um projeto [Sorriso Novo] ambicioso, foi muito bem estudado [...] nós chegamos à conclusão que poderia dar certo, nós colocamos em prática e deu certo. Então a sociedade hoje não discute muito assim, porque às vezes quando tem algum probleminha procura a própria coordenadora ou o próprio prefeito, por que não fazer isso e tal. Então a gente estuda essa proposta da pessoa para ver se realmente é viável, e a gente vai comparando com o sistema que está funcionando hoje e a gente vê que não é viável, do jeito que está funcionado que é o melhor jeito. Então, discussão mínima com a sociedade. Na verdade nunca houve no município este tipo de projeto, foi implantado nessa gestão e tem funcionado muito bem, não há discussão. O que eles temem às vezes é não ter a continuidade no futuro, uma continuidade deste projeto, deste sistema, mudar o funcionamento, a sociedade está temendo a mudança para pior e não para melhor, não tem como melhorar, por ser municipal, por ser com recursos do município está funcionado tranquilamente. (Beneficiário – Ijaci)

Apesar da baixa abertura à participação da sociedade civil, os representantes do poder público demonstram valorizar a construção do desenvolvimento de baixo para cima. Se essas ideias fossem transportadas para a discussão inicial dos programas/projetos, talvez a incerteza da população sobre a sustentabilidade das políticas pudesse ser sanada.

5 | Mesorregião do Centro Fluminense (RJ)

Carlos Frederico Bom Kraemer e
Jonathan Felix Ribeiro Lopes

Os municípios estudados estão situados na mesorregião do Centro Fluminense no estado do Rio de Janeiro (figura 1). O estado é composto por 92 municípios, possui uma área de 43.780,157 km² e população total de 15.993,583 habitantes (IBGE, 2010). O IDH do estado é de 0,807 (Pnud, 2000) e o índice de Gini é de 0,50 (IBGE, 2003).

Figura 1 – Mesorregiões do estado do Rio de Janeiro

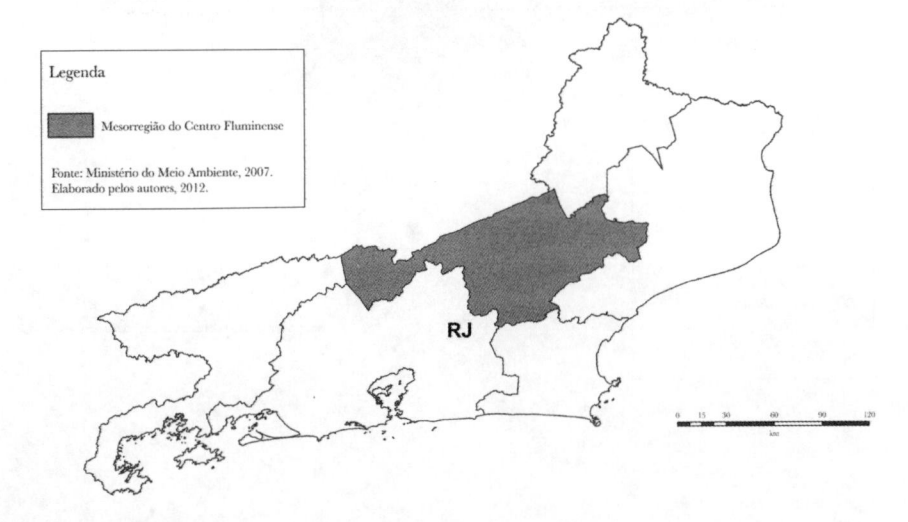

Legenda

Mesorregião do Centro Fluminense

Fonte: Ministério do Meio Ambiente, 2007.
Elaborado pelos autores, 2012.

A mesorregião do Centro Fluminense é composta por 16 municípios – Areal, Bom Jardim, Cantagalo, Carmo, Comendador Levy Gasparian, Cordeiro, Duas Barras, Macuco, Nova Friburgo, Paraíba do Sul, Santa Maria Madalena, Sapucaia, São Sebastião do Alto, Sumidouro, Trajano de Morais e Três Rios –, totalizando uma área de 6.818 km², correspondentes a aproximadamente 16% do território fluminense. A população total é de 481.411 habitantes (IBGE, 2010). O IDH médio da região é de 0,754 (Pnud, 2000).

Os municípios pesquisados foram: Bom Jardim, Cantagalo, Cordeiro, Duas Barras e Nova Friburgo (figura 2). A população total é de 258.576 habitantes em uma área que soma 2.557,7 km², o que corresponde à densidade demográfica de 101,09 hab/km² (IBGE, 2010). Dentre os municípios estudados, Nova Friburgo é aquele que apresentou maior IDH-M, 0,810 segundo a Pnud (2000), conforme a tabela 1.

Figura 2 – Mesorregião do Centro Fluminense

Legenda

1 - Bom Jardim
2 - Cantagalo
3 - Cordeiro
4 - Duas Barras
5 - Nova Friburgo

Municípios Estudados

Fonte: Ministério do Meio Ambiente, 2007.
Elaborado pelos autores, 2012.

Tabela 1 – IDH, área e dados populacionais por município

Município	Índice de Desenvolvimento Humano Municipal (2000)	Área (km²) (2010)	População total (2010)	Densidade demográfica (2010)
Bom Jardim	0,733	385,0	25.398	65,96
Cantagalo	0,779	748,8	19.826	26,47
Cordeiro	0,789	116,0	20.403	175,88
Duas Barras	0,712	375,2	10.933	29,13
Nova Friburgo	0,810	932,6	182.016	195,17
Total		2557,7	258.576	101,09

Elaborado pelo Pegs.
Fontes: Atlas do Desenvolvimento Humano no Brasil e IBGE/Censo (2010).

Esses municípios congregam o Polo de Moda Íntima de Nova Friburgo e Região (PMI), um Arranjo Produtivo Local[1] de grande relevância na economia local e regional. Nesse sentido, este estudo tem como pano de fundo o APL, tendo em vista sua importância regional, que pode ser entendida pelo depoimento a seguir:

> Primeiro é que o que ultimamente tem movimentado a economia de Friburgo é o Polo de Moda Íntima. Gera aproximadamente 25 mil empregos. Eu acho que se não tivesse esse setor fortalecido ia ser muito mais complicado para a cidade. A cidade já passa por um momento econômico muito difícil, complicado, e é o principal vão da economia friburguense. (Sociedade civil – Nova Friburgo)

---

[1] "Arranjos produtivos locais são aglomerações territoriais de agentes econômicos, políticos e sociais – com foco em conjunto específico de atividades econômicas – que apresentam vínculos mesmo que incipientes. Geralmente envolvem a participação e a interação de empresas – que podem ser produtoras de bens e serviços finais até fornecedores de insumos e equipamentos, prestadoras de consultoria e serviços, comercializadoras, clientes, entre outros – e suas variadas formas de representação e associação. Incluem também diversas outras instituições públicas e privadas voltadas para: formação e capacitação de recursos humanos (como escolas técnicas e universidades); pesquisa, desenvolvimento e engenharia; política, promoção e financiamento" (Lastres & Cassiolato, 2003:11).

Em 2001, com o objetivo de fomentar o desenvolvimento local de forma mais integrada entre as instituições presentes na região, foi criado o Conselho de Desenvolvimento da Moda (CDM). Em sua origem faziam parte a Firjan, o Sebrae-RJ, o Senai-RJ, o Sindicato da Indústria do Vestuário (Sindivest-NF) e a Universidade Estadual do Rio de Janeiro (Uerj), que tem um campus em Nova Friburgo.

A estrutura organizacional do Conselho compreende uma Secretaria Executiva, que coordena as ações, e um Comitê Técnico (compostos por representantes de todas as instituições que formam o Conselho), que tem a responsabilidade de supervisionar a execução das políticas definidas pelo próprio Conselho. Em 2003 ampliou-se o número de entidades do Conselho. Passaram a integrá-lo o BNDES, o Banco do Brasil, o Governo Federal, o Governo Estadual e as prefeituras de Nova Friburgo, Bom Jardim, Cantagalo, Cordeiro e Duas Barras. Assim, o poder público, que antes não se fazia presente no âmbito institucional, a partir desse período se insere tanto no contexto federal e estadual quanto no municipal (Kraemer, 2005). De qualquer forma, percebe-se que os processos de discussão e implementação das políticas para o desenvolvimento do PMI não partem diretamente do poder público local, que na verdade é parte integrante do arcabouço institucional formado.

Processo de discussão

Esta categoria norteará o debate dos atores sociais envolvidos direta ou indiretamente na discussão de políticas públicas e sobre o PMI. Destacam-se nas entrevistas o poder público e a sociedade civil organizada. O objetivo desta análise é verificar se a interação acontece de forma democrática e com igualdade de direitos. Quando se observa o critério de canais de difusão, salienta-se o PMI como uma importante ferramenta de acesso à informação, que permite a interação entre a comunidade e os demais atores. Nesse sentido, nas ações do poder público, pode-se observar o uso da rádio como um importante instrumento para informar sobre programas promovidos pela prefeitura e convocar a participação popular. "a própria prefeita, num programa de rádio há tempos atrás, nós estávamos conversando sobre o Paife e temos vários depoimentos dessas famílias, dessas pessoas que fizeram os cursos de capacitação" (representante do poder público – Nova Friburgo).

Outros atores, assim como o poder público, utilizam os jornais impressos e a TV local como forma de propagar suas ações. Como pode ser visto na fala a seguir: "A gente divulga através de jornais, as televisões fazem muitas matérias com a gente, a internet. A TV também e a gente tem feito muitas palestras em toda a região, em todo o Estado, na verdade" (sociedade civil, representante do Senai – Nova Friburgo).

Nesse contexto, tanto o CDM quanto o Sebrae têm informativos para esclarecer sobre suas ações na região, na tentativa de melhorar o fluxo de informação no desenvolvimento do polo, principalmente o empresariado. Não é uma tarefa fácil, devido à quantidade de empresas envolvidas no PMI.[2] Mas é possível verificar o esforço em criar canais de difusão, assim como mostra o depoimento: "Agora o Conselho da Moda tem um jornalzinho, o Sebrae tem um jornalzinho, e a gente tenta trazer os integrantes [empresariado] para participar, mas é uma coisa complicada você juntar todo mundo" (sociedade civil – Nova Friburgo).

No que pauta a *qualidade de informação*, verifica-se uma dificuldade de fazer essa difusão tanto pelo poder público quanto por parte das instituições envolvidas no desenvolvimento do PMI. No caso do CDM fica latente a necessidade de se melhorar a qualidade das informações com o objetivo de um melhor desenvolvimento do polo, pois estas ainda ocorrem de forma desestruturada. Assim, o "problema é o fluxo de informação, tendo informações com caminhos mais definidos, mais bem preparadas, eu acho que seria um grande avanço nesse gargalo" (sociedade civil – Nova Friburgo).

O poder público, em uma tentativa de melhorar a interação entre suas secretarias, entidades públicas e privadas, resolveu estabelecer um cadastro único e informatizado para cada ação. Entretanto, apesar do bom potencial, essa ação ainda está sendo debatida, sem uma perspectiva delimitada. "Cada entidade tem um jeito de fazer assistência, então a gente vai real-

---

[2] São cerca de 900 confecções com a produção voltada para as linhas: lingerie noite, dia e sensual, moda praia e fitness. O setor gera mais de 20 mil postos de trabalho, diretos e indiretos, e contabiliza um faturamento anual que gira em torno de R$ 600 milhões. Ver www.intimafriburgo.com.br.

mente fazer uma unificação com todas as entidades e cadastrar e depois fazer uma rede, isso é uma coisa bem futura" (representante do poder público – Nova Friburgo).

Em *espaços de transversalidade*, no caso de Nova Friburgo e região pode-se fazer uma distinção. Primeiramente, há o espaço público, que está relacionado com as políticas públicas exercidas pelas prefeituras e que podem ser oriundas dos próprios municípios ou da esfera estadual e federal. Pelo menos no contexto de Nova Friburgo, pode-se observar, segundo os gestores públicos, um interesse por uma maior integração entre as secretarias em termos de conformação dessas políticas, pois muitas passam somente pela tutela de uma secretaria específica. Conforme se depreende pelas entrevistas: "então a integração existe, também a gente recebe informações de outras secretarias que também vêm complementar o nosso trabalho, isso aí tem sido muito [bom], uma coisa que tem virado rotina mesmo" (representante do poder público – Nova Friburgo).

É importante salientar que a estrutura de muitos programas implementados pela prefeitura é organizada para a inserção de outros agentes, e aqui podemos citar o exemplo dos conselhos, com destaque para a área de educação:

> [...] ligada à Secretaria de Educação a gente tem o Conselho do Bolsa Escola, o Conselho Municipal de Educação, o Conselho Municipal de Alimentação Escolar e o Conselho de Controle Social do Fundec, e diretamente com a Secretaria de Educação. (Representante do poder público – Nova Friburgo)

As prefeituras, como se pode ver nos depoimentos, atuam como importantes agentes na elaboração, execução e implementação de políticas públicas. É importante salientar, no entanto, que existem outros espaços para discussão e execução de políticas, só que voltados especificamente para questões do PMI. Agentes da sociedade civil organizada estão à frente desse projeto.

> A presença das prefeituras de Nova Friburgo e região é observada junto a outras instituições que integram o Conselho de Desenvolvimento da Moda.

Como se pode perceber: "Esse projeto que eu te disse do Centro de Treinamento das Costureiras, o Sindicato dos Trabalhadores também faz parte disso, inclusive a secretária de Trabalho da prefeitura é a presidente do Sindicato dos Trabalhadores" (sociedade civil – Nova Friburgo).

No entanto, como veremos ao longo deste capítulo, os poderes públicos locais e os beneficiários das ações terão um papel de menor relevância, o que será apontado como uma fragilidade para um melhor desenvolvimento para a região. Essa questão pode ser percebida na forma e no contexto como se configurou o CDM, ficando latente a disputa de poder sobre a liderança das ações para o PMI:

O Conselho da Moda tinha sido criado por cinco entidades inicialmente: Firjan, Senai, Sebrae, Uerj e o Sindivest, e no ano passado, em razão de alguns problemas entre o Sindivest e a Firjan, houve um racha dentro do Conselho da Moda, aí o Senai, o Sebrae e a Firjan resolveram expandir o Conselho da Moda para diminuir a representatividade aí por importância do Sindivest [...] então eles resolveram esvaziar o Sindivest. Com isso eles colocaram para dentro o Banco do Brasil, o BNDES, botaram as prefeituras aqui da região, as cinco prefeituras, botaram a Secretaria de Desenvolvimento do Estado, botaram o Ministério do Desenvolvimento. Só esses daí, certo, então por isso hoje eles fizeram um conselhão. (Representante do poder público – Nova Friburgo)

Ainda dentro da categoria processo de discussão, o critério *pluralidade do grupo promotor* está relacionado ao compartilhamento da liderança para que diferentes atores participem das políticas praticadas na região. Nos dados estudados, no que se refere às políticas públicas, pode-se perceber certo conflito entre os poderes Executivo e Legislativo na prefeitura de Nova Friburgo, na medida em que a Câmara de Vereadores, na época da coleta de dados, era composta em sua maioria por membros de oposição ao governo:

O relacionamento aqui é o pior possível, tudo que o Legislativo pôde fazer para atrapalhar o Executivo ele fez, é por dificuldade de relacionamento entre os dois, não vou dizer que a culpa é exclusivamente do Legislativo nem do Executivo, o que acontece é o seguinte: o governo não conseguiu a maioria na Câmara, e portanto não consegue o apoio e não só não conseguiu o apoio como conseguiu oposição, o que é muito ruim. (Representante do poder público – Nova Friburgo)

Em relação ao PMI, como já dissemos, há pouca inserção das prefeituras no desenvolvimento do APL. Essa questão parece estar sendo mais bem encaminhada, pois a prefeitura de Nova Friburgo vem se tornando mais presente, como se pode constatar: "mas parece que é do interesse deles [prefeitura] também, eles apoiam a gente na feira, na organização da feira também, é do interesse deles gerar mais emprego, vão ter mais impostos a recolher" (sociedade civil – Nova Friburgo). É interessante destacar nesta fala a visão estritamente econômica quanto ao benefício da participação do poder público nas diretrizes do desenvolvimento do PMI, pois ele elevaria sua arrecadação por meio dos impostos gerados como resultado do crescimento do município.

Inclusão

Dando continuidade às análises será tratada a segunda categoria, que debaterá sobre a relevância da inserção de outros atores nos espaços decisórios das políticas públicas. Desta forma, poderá ser observado que as ações são delineadas pelo CDM, que integra uma série de atores, dentre os quais os poderes públicos locais, embora ainda como coadjuvantes. Em relação à sociedade civil, observam-se instituições com maior consonância junto ao empresariado, mas não instituições ou representantes para atender a população da região. Para auxiliar a avaliação desta categoria, o critério *abertura de espaços de decisão* tem um papel preponderante.

Como já vimos, um número grande de agentes participa do Conselho de Desenvolvimento da Moda e da gestão do APL. A Firjan e o Sebrae são os principais agentes de elaboração e execução das políticas no âmbito do PMI. Percebe-se que na estrutura organizacional do PMI há uma série de comitês que trabalham no sentido de elaborar e executar projetos que possam alavancar questões específicas em favor do desenvolvimento do PMI.

> São vários comitês dentro desse polo, comitê voltado para a área de exportação, comitê para a área de tributação, comitê para projetos especiais, e o sindicato tem assento em todos esses comitês, e isso tudo é resolvido em comum acordo em todos os conselhos. (Sociedade civil – Nova Friburgo)

Nesses mecanismos de discussão entre os agentes é comum que opiniões e interesses sejam divergentes, devido à multiplicidade das instituições envolvidas. Logo, chegar a um consenso torna-se mais complexo. No entanto, criam-se condições de fomentar ações mais legítimas, pois há um processo deliberativo.

> As reuniões estão servindo para esses embates, a mais porque a gente vai estar fazendo A, se a entidade X já faz A e B. Aí já se discute logo e faz, meio chateado tudo tem aquelas coisinhas, mas é o preço que o pessoal está pagando para poder organizar. (Sociedade civil – representante do Senai – Nova Friburgo)

No que diz respeito às políticas públicas, pode-se perceber, a partir das falas dos representantes do poder público, a presença dos conselhos municipais como um instrumento de discussão que deve ser ressaltado, pois ele permite que diversos atores sociais participem nas tomadas de decisão.

> Os conselhos facilitam bastante o diálogo, porque nos conselhos nós trabalhamos com o Legislativo, sem ter representação, e com o Executivo, é o momento de encontro, também, tanto dos técnicos como dos próprios secretários, é na atuação dentro desses conselhos. (Representante do poder público – Nova Friburgo)

Nesse sentido, destaca-se o Conselho de Desenvolvimento Regional criado pela prefeitura de Nova Friburgo para lidar não só com as questões do PMI, mas também com outros assuntos relevantes ao desenvolvimento econômico e social da região, inclusive buscando parcerias com outras entidades ou associações:

> Nós criamos agora recentemente o Conselho de Desenvolvimento Econômico e o Fundo de Desenvolvimento Econômico, e hoje até tivemos uma reunião com uma ONG que já criou em vários municípios o que, como se fosse uma cópia do Banco do Povo que existe acho que é no Paquistão, que é microcrédito facilitado, que é uma das formas que você tem de gerar renda. (Representante do poder público – Nova Friburgo)

Outro critério de análise é *aceitação social, política e técnica*. Assim, no âmbito do poder público de Nova Friburgo observam-se visões distintas sobre as práticas participativas, principalmente sobre até que ponto realmente há um interesse do poder público em abrir a possibilidade de uma discussão democrática com a inserção dos diversos atores sociais que compõem a região.

Há uma percepção de que a participação da sociedade está aquém do que deveria e, ao mesmo tempo, de que esta não se interessa pelo assunto, uma vez que o poder público seria o responsável pela prática das políticas públicas: "então essa parte da participação, infelizmente, eu acho que nós não evoluímos muito nisso, porque a consciência da população é de que venha [de] nós, [...] então essa consciência não existe" (representante do poder público – Nova Friburgo). Corroborando essa visão: "o cidadão entende que o governo tem que fazer tudo, e na realidade se a gente for ver tem muitas coisas que cabe ao governo fazer, mas torna-se inviável por causa do recurso" (representante do poder público – Nova Friburgo).

O que se pode observar é que os gestores públicos não têm a mesma confluência. Isso pode configurar uma falta de política de governo para pautar práticas de políticas participativas e cidadãs, pois essas práticas podem ocorrer de forma isolada, não integrada. Nas descrições das entrevistas a seguir já se demonstra que a sociedade civil aparece com uma participação mais ativa nos processos deliberativos das políticas: "Isso, para nós aqui da Secretaria de Meio Ambiente, isso é um prêmio, é um prêmio muito grande" (representante do poder público – Nova Friburgo).

[...] o governo priorizou muito a área de saúde, a área de educação, e até bastante a área de lazer, com a construção de diversas quadras e ginásios esportivos para tirar a garotada da rua, para tentar que a comunidade também tivesse acesso ao lazer, tem o corredor cultural também, que ficou anos como um elefante branco lá jogado, com mendigos tomando conta, quer dizer, com tudo isso o governo fez com que a sociedade viesse a participar mais do governo. (Representante do poder público – Nova Friburgo)

O critério *valorização cidadã* entra em contradição com alguns discursos apresentados no critério anterior, pelo menos na percepção de alguns gestores públicos de Nova Friburgo. Nesta nova categoria há condições de análises das outras cidades que compõem o PMI, que vão para a direção de uma população com maior conscientização de seus diretos e deveres. Dessa forma a população "se mostra interessada e cobra muito" [nas discussões para a tomada de decisão dos programas a serem implementados] (representante do poder público – Cantagalo). Logo, "a população [...] é bastante solidária" (representante do poder público – Duas Barras).

Assim, a percepção que se tem é de que a população vem se inserindo com maior afinco nas questões das cidades, dando um aspecto mais ativo no exercício de cidadania. Os cidadãos estariam mais atuantes e mais conscientes de seu papel. Esta avaliação é vista por parte do poder público: "A sociedade chamada, ela participa" [interesse da sociedade nas políticas públicas] (representante do poder público – Nova Friburgo).

Não, a população hoje já tem a consciência de que ela é papel fundamental na sociedade, no município [...] ela realmente participa e ela tem se mostrado muito presente nesses encontros nossos, onde a receptividade da população é carinhosa, você percebe que ela está presente, ela quer que continuem a desenvolver esse trabalho. (Representante do poder público – Nova Friburgo)

Um aspecto positivo que aparece nos depoimentos é uma maior presença dos jovens, "[que] são muito participativos nessa questão" [sobre interesse da população jovem em participar dos projetos] (representante do poder público – Nova Friburgo). Pode-se, assim, vislumbrar uma maior sustentabilidade nas discussões sobre as políticas públicas.

Entretanto, vale ressaltar que a análise deste discurso está pautada na visão dos agentes públicos. O ideal seria um contraponto, por meio de possíveis beneficiários dessas ações. No entanto, os dados não permitem fazer esta análise dialógica.

Pluralismo

Dando continuidade às análises, esta categoria apresenta-se como ferramenta para mensurar as tomadas de decisão das políticas públicas por parte de diversos atores. A partir das constatações de opiniões e pontos de vistas distintos fortalecem-se a discussão e a prática de uma cidadania deliberativa.

Nova Friburgo e os municípios que compõem o PMI apresentam um aspecto muito positivo no que diz respeito ao APL, pois, como já observado na configuração do CDM, há vários atores participando das ações relacionadas ao desenvolvimento do APL. Analisando as entrevistas, porém, percebe-se que há conflito entre esses atores, principalmente em relação ao poder público, à sociedade civil organizada e às instituições paraestatais, como a Firjan, o Sebrae e o Senai.

O primeiro critério definido para esta categoria é a *participação de diferentes atores*. Nesse contexto, vale lembrar que os poderes públicos têm sua participação formalizada no CDM em 2003. Além do poder público, a Firjan, o Sebrae e o Senai são as instituições que se destacam em termos de coordenação e execução das ações relacionadas ao PMI. Um dos pontos fracos que impactam o desenvolvimento do APL é a baixa capacitação e qualificação tanto dos empresários quanto dos trabalhadores que integram a cadeia produtiva do polo. Outra questão de destaque é o mercado informal. Nesse sentido, "[...] Senai, Sebrae, a própria Uerj, [e] outra instituição possa estar te atendendo, de forma sistematizada, organizada" [atendendo no sentido de diminuir o mercado informal] (sociedade civil, representante do Senai – Nova Friburgo).

O poder público pode ter um papel de destaque na tentativa de diminuir a informalidade do PMI:

O que a Secretaria de Fazenda tem feito nesse sentido é participar junto à Associação Comercial, ao CDL e ao Sindicato dos Contabilistas, que são [os que] têm acesso a essas empresas [...] temos nos colocado à disposição para facilitar, orientar a questão da legalização, mostrar que não custa tão caro assim, que eles têm como pagar e se enquadrar no simples, no caso do estado e no caso do município o alvará não é uma coisa tão ruim, e que a formalidade tem outros benefícios para eles, essa orientação a gente tem tido, a gente não [tem] a postura de fiscalizar e multar, isso a gente não tem feito, nesses quatro anos a gente achou que não era essa a política. (Representante do poder público – Nova Friburgo)

Na concepção de desenvolvimento do PMI, em sua maior parte, as ações se dão na perspectiva do empresariado, isto é, de mercado. Os trabalhadores, aqui analisados na pauta de seu sindicato, não têm voz sobre as ações preponderantes ao PMI, tornando-se um agente passivo no debate: "ela [população] é espectadora, é uma espectadora, ela toma conhecimento, ela vê essas coisas, mas puramente espectadora" (representante do poder público – Nova Friburgo).

Para ocorrer um processo de tomada de decisões democrático é importante que os atores envolvidos não tenham preponderância de poder um sobre o outro e que a atuação ocorra sem privilegiar interesses próprios, que possam sobrepor os interesses da sociedade.

Igualdade participativa

Observam-se, portanto, duas visões distintas na relação da participação da sociedade nas diretrizes das políticas da região. Alguns representantes do poder público em seus discursos defendem que a sociedade está mais ativa: "uma participação muito ativa de todos os segmentos da sociedade" (representante do poder público – Nova Friburgo). E, nesse contexto, o poder público estaria convocando a participação da população para as tomadas de decisão: "a gente dá muita ênfase a essa questão de ir até a comunidade, informar a comunidade, fazer até uma coisa extraprefeitura, para ela própria tomar as rédeas dessa situação" (representante do poder público – Nova Friburgo).

> Faz o convite, chama, a gente consegue a adesão maior quando você traz algum questionamento muito grande na pauta, que as pessoas vêm, chama a população para participar da tomada de decisão dos programas, entretanto, são sempre as mesmas pessoas que participam. (Representante do poder público – Cantagalo)

Nesse aspecto, há uma visão interessante do papel da escola e da educação, pois esta poderia ser um veículo importante para a disseminação de diretrizes e uma cultura que proclamem uma sociedade mais participativa, fomentada através das crianças e dos jovens. "A escola agora com o projeto político pedagógico pretende desenvolver para que na comunidade eles saibam usar da cidadania e reivindicar e ter a garantia desses direitos restabelecida pelo poder público" (representante do poder público – Nova Friburgo).

Uma segunda visão está baseada nas entrevistas de alguns representantes do poder público que ainda apontam uma carência no aspecto da participação da sociedade – "eu acho que a gente ainda tem que andar mais" (representante do poder público – Nova Friburgo) – ou que simplesmente não observam interesse da população em participar no desenvolvimento de políticas – "rapaz eu sinceramente não sinto isso" [sobre a participação da população] (representante do poder público – Nova Friburgo).

Em relação à sociedade civil organizada, no que diz respeito às questões para o desenvolvimento do PMI, há uma percepção de que a população não se faz presente nas tomadas de decisões e de que o empresariado envolvido parece insensível à inserção da comunidade ou a qualquer reflexão para além dos aspectos estritamente econômicos.

> É claro que a gente tem que ter o foco sempre para o cliente e tentar aprimorar o APL, mas eu não sei até que ponto o empresariado tem o mínimo de capacitação suficiente para entender que aquilo é importante no médio prazo para ele. (Sociedade civil, representante da Uerj – Nova Friburgo).

Autonomia

Nesta ferramenta analítica pode-se constatar como se efetiva o respaldo aos diferentes atores sobre suas ações no processo de poder decisório, possibilitando o direito de escolha nas diretrizes das políticas a serem implementadas ou não. Dessa forma, no que se refere ao *perfil da liderança* no âmbito do poder público e mais propriamente em Nova Friburgo, percebe-se uma tentativa de ações mais descentralizadas por parte das secretarias. Todavia buscam-se parcerias com as demais secretarias ou outras instituições. "Há também por parte das outras secretarias o convite de nós estarmos participando também de algumas outras iniciativas deles" (representante do poder público – Nova Friburgo). Ou, como nesta fala: "Sempre de portas abertas para colaborar [...], a prefeitura está sempre querendo parcerias" (representante do poder público – Nova Friburgo).

Cabe destacar mais uma vez que há uma relação bastante conflituosa entre o poder Executivo e o poder Legislativo,[3] o que não propicia ações conjuntas, e logo os poderes acabam dificultando todo o processo pela busca de discussões a favor dos interesses públicos:

Zero, eu diria zero, zero, até por uma cultura preestabelecida mesmo, de favoritismo, de privilégios [...] nós tivemos grandes dificuldades em função até dessa falta de apoio do Legislativo. (Representante do poder público – Nova Friburgo)

Essa relação [Executivo e Legislativo] está muito conflituosa aqui em Friburgo [...], mas um interesse político de imediato prejudica a formulação política de longo prazo, que só pode ser feita se houver um grande pacto entre o Legislativo e o Executivo [...]. Porque a política de curto prazo, o Executivo pode fazer sem o Legislativo, [...] as políticas de longo prazo ele não pode sem o Legislativo, tem que segurar em lei para que o próximo prefeito continue. (Representante do poder público – Nova Friburgo)

---

[3] As entrevistas são de 2004. Atualmente, outro governo vem administrando a prefeitura de Nova Friburgo.

Bem comum

A última categoria a ser trabalhada está relacionada aos benefícios que as políticas exercidas na região trazem para a comunidade ou a população como um todo. Desta forma, pautando mais em termos do PMI, o que se percebe é que há políticas públicas direcionadas para um melhor desenvolvimento do APL. No entanto, algumas dessas ações ocorrem de forma isolada, sem uma sistematização e integração das prefeituras com os outros atores do CDM. Nesse sentido, podem-se citar dois exemplos no contexto de Nova Friburgo. Um no qual fica evidente essa atuação de forma isolada e outro que esclarece como o poder público e a sociedade civil podem caminhar juntos para a resolução dos problemas.

O primeiro exemplo é na área da educação, pois grande parte da mão de obra do PMI é composta por mulheres, e elas tinham dificuldades em relação a com quem deixar os filhos. O problema foi revertido por meio de uma política do governo municipal que ampliou o número de creches públicas. Essa foi uma ação que atendeu direta e positivamente a comunidade local. Uma política pública de grande relevância, mas que não consegue ser percebida pelos outros atores envolvidos.

> Ah, sim, isso também é um enfoque de cidadania [...] Nós chegamos em 2001, aqui nós tínhamos 300 crianças em creches, eram quatro creches próprias do município e a prefeita colocou como proposta a ampliação da oferta de creches porque nós temos um polo de confecção de moda íntima aqui e 78% dessas confecções são geridas ou dinamizadas pelas mulheres que ficavam naquela situação de deixar os filhos sozinhos, não ter com quem deixar, e não ter como trabalhar. No município 50% dos provedores das famílias são as mulheres, então nós começamos um programa e, de quatro inicialmente, hoje nós somos 11 creches, já tem mais três concluindo as obras, ou obras em andamento sendo adaptadas para que seja incrementado isso aí, então nós aumentamos em 11 vezes a oferta de crianças em creches de 2001 a 2004. (Representante do poder público – Nova Friburgo)

O segundo exemplo seria na área de meio ambiente:

A gente também tem aqui uma indústria da confecção que ela tem o rejeito de dois materiais que é o retalho de algodão e o retalho de lycra. [...] sobre essa questão do algodão, retalho de algodão, a gente conseguiu dar uma solução para o caso, a lycra e o algodão quando são jogados no lixo, eles causam problemas seríssimos, [...] para o algodão a gente criou o programa que é o Retalho da Cidadania [...] Quando a gente começou a trabalhar todas essas coisas, a gente criou aqui o Fórum do Lixo e Cidadania, aonde qualquer um poderia chegar e falar a respeito de experiência ou propor alguma coisa. Esse Fórum do Lixo e Cidadania acabou nos revelando que existia na Petrobras uma necessidade de eles terem um retalho para fazer a limpeza das plataformas, dos navios, de transporte de petróleo, as refinarias e algumas outras unidades deles ao longo do estado do Rio e do Brasil, e o que é isso? [...]. Então a gente tirou isso do lixo, fez convênio com a Firjan, com a fábrica Filó [...]. (Representante do poder público – Nova Friburgo)

A Secretaria de Meio Ambiente, junto com a Firjan, estabeleceu uma parceria com a Petrobras para dar uso dos resíduos oriundos do processo produtivo do APL, basicamente ao algodão. Essa sobra de tecido é destinada à empresa, que usa o material para auxiliar na limpeza de determinado maquinário. Essa ação ainda é pequena, em termos de volume de resíduos gerados. De qualquer forma, é uma ação que está em consonância com as questões sociais e ambientais que hoje permeiam a sociedade.

6 | Região da bacia do rio Itabapoana (ES-MG-RJ)

William dos Santos Melo

A REGIÃO ANALISADA NESTA SEÇÃO COMPREENDE OS municípios pertencentes ao Projeto Managé[1] – Programa de Desenvolvimento Regional Sustentável da Bacia Hidrográfica do Rio Itabapoana –, constituído por 18 municípios de três estados da região Sudeste, sendo nove localizados no Espírito Santo, quatro em Minas Gerais e cinco no Rio de Janeiro (figura1).

---

[1] Projeto Managé é o nome dado a um programa pioneiro que compreende ações integradas de ensino, pesquisa e extensão, aplicadas à gestão pública. O Programa de Desenvolvimento Regional Sustentável da Bacia Hidrográfica do Rio Itabapoana foi concebido, em 1995, pela Universidade Federal Fluminense (UFF), que firmou um convênio no ano seguinte com o Ministério do Meio Ambiente através da Secretaria de Recursos Hídricos. Lançado oficialmente na região da bacia do rio Itabapoana em 1997, objetiva subsidiar, por meio de pesquisas, propostas e ações concretas, o desenvolvimento sustentável da região. Ver www.manage.uff.br/index.html.

Figura 1 – Região da bacia do rio Itabapoana

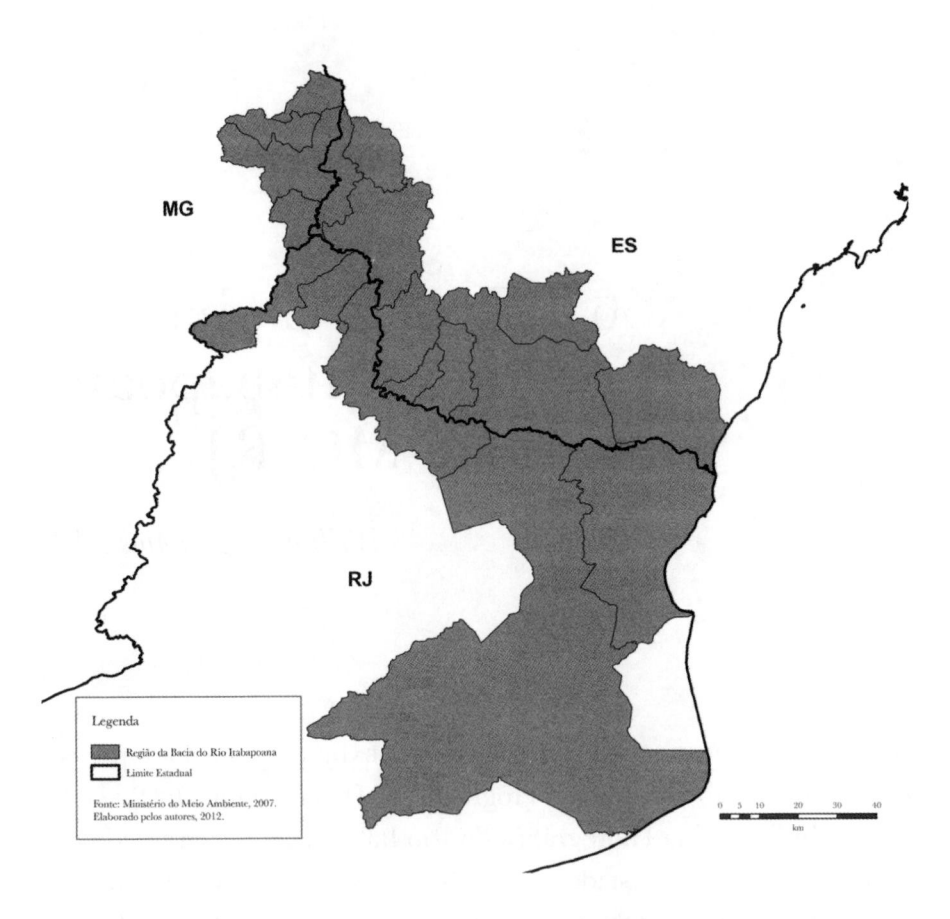

Aqui a análise se limitará a examinar os conceitos de cidadania deliberativa apenas nos municípios que margeiam o rio Itabapoana no estado do Rio de Janeiro, ou seja, Porciúncula, Varre-Sai, Bom Jesus do Itabapoana, Campos dos Goytacazes e São Francisco de Itabapoana (figura 2).

REGIÃO DA BACIA DO RIO ITABAPOANA (ES-MG-RJ)

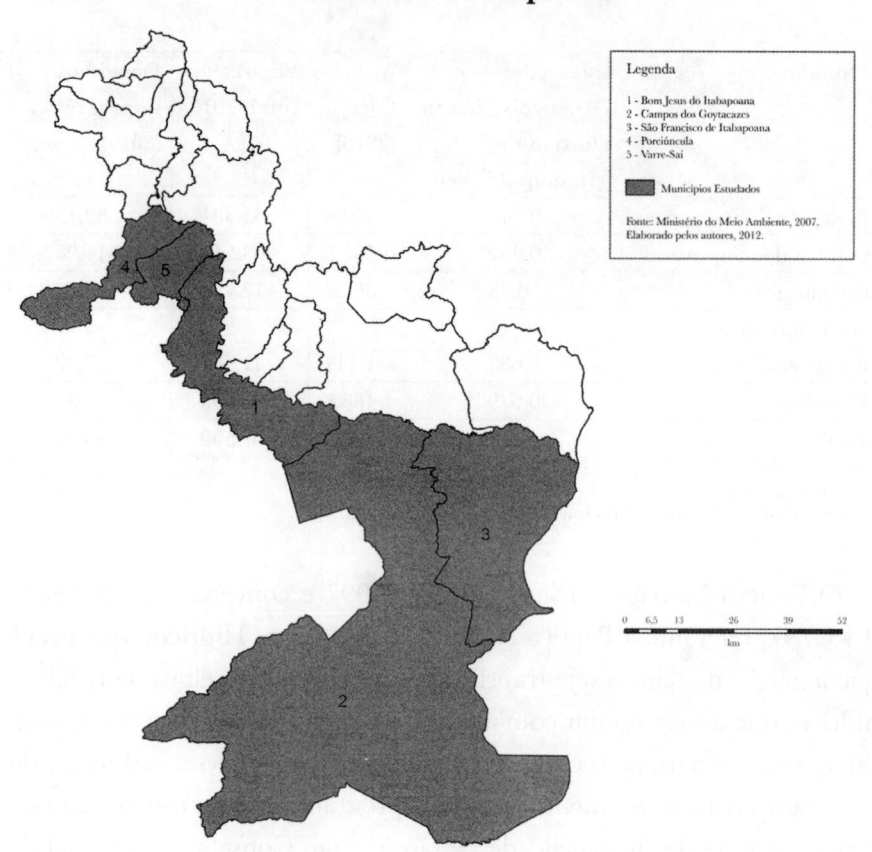

Figura 2 – Municípios estudados na região da bacia do rio Itabapoana

Legenda

1 - Bom Jesus do Itabapoana
2 - Campos dos Goytacazes
3 - São Francisco de Itabapoana
4 - Porciúncula
5 - Varre-Sai

Municípios Estudados

Fonte: Ministério do Meio Ambiente, 2007.
Elaborado pelos autores, 2012.

A base econômica da bacia do rio Itabapoana é representada por atividades do setor primário, com destaque para aquelas ligadas ao café, à pecuária leiteira, à cana-de-açúcar e ao cultivo de frutas tropicais. A forma de cultivo tem caráter tradicional, ou seja, não acompanhou as mudanças tecnológicas ocorridas no campo agropecuário brasileiro.

A população total desses municípios fluminenses é de 567.560 habitantes, em uma área que soma 5.394,1 km², o que corresponde à densidade demográfica de 105,21 hab/km² (IBGE, 2010). Dentre os municípios estudados Campos dos Goytacazes é aquele que apresentou maior IDH-M: 0,752 (Pnud, 2000).

Tabela 1 – IDH, área e dados populacionais por município estudado

Município	Índice de Desenvolvimento Humano Municipal (2000)	Área (km²) (2010)	População total (2010)	Densidade demográfica (2010)
Bom Jesus do Itabapoana	0,746	598,4	35.384	59,13
Campos dos Goytacazes	0,752	4.031,9	463.545	114,96
Porciúncula	0,73	302,2	17.771	58,80
São Francisco de Itabapoana	0,688	1.111	41.357	37,22
Varre-Sai	0,679	188,8	9.503	50,33
Total		5394,1	567.560	105,21

Elaborado pelo Pegs.
Fontes: Atlas do Desenvolvimento Humano no Brasil e IBGE/Censo (2010).

O Projeto Managé foi instituído em 1997 e converge com a Lei nº 9.433/97, referente à Política Nacional de Recursos Hídricos, que prevê que a gestão das águas seja transferida a comitês e conselhos de recursos hídricos que devem contar com a participação dos governos federal, estaduais e municipais, bem como com os usuários de recursos hídricos e da sociedade civil. No momento em que o programa adequou-se a essa Lei, tornou-se uma das instâncias de gestão o então Conselho Municipal de Desenvolvimento Sustentável (CMDS),[2] que também tem como pilar fundamental o envolvimento entre a sociedade civil e os poderes locais. Ao se verificar que tanto a Lei Nacional de Recursos Hídricos como o CMDS têm como pressuposto a participação da sociedade civil e seu envolvimento com os poderes locais constituídos, é necessário examinar como o CMDS está atuando na região, se está ampliando ou não o processo de amadurecimento da cidadania destas comunidades com o poder público.

---

[2] O CMDS é uma das instâncias do Sistema de Gestão Integrada da Bacia Hidrográfica do Rio Itabapoana, de representação paritária e caráter consultivo. É composto por 51% de representatividade do poder público e 49% de representatividade da sociedade civil organizada, sendo o número de membros variável conforme as características de cada município.

O Projeto Managé e a presença do CMDS como um órgão de gestão para organizar o desenvolvimento da região fluminense, pelo menos em seu início, pareceram contar com a aprovação de parte dos moradores locais. Ou seja, no começo da apresentação do projeto às comunidades, não houve rejeição ou estranhamento; ao contrário, houve aceitação e confiança de que o Projeto Managé/CMDS traria melhorias para os municípios. Seguem abaixo alguns relatos que comprovam essa perspectiva positiva:

[...] o Managé veio como uma saída tanto na questão ambiental, principalmente em nosso município, mas também no desenvolvimento dele em outros aspectos. Mas acho que é um instrumento para alavancar nosso município no que ele precisa, porque nós temos o IDH mais baixo do Rio de Janeiro. (Representante do poder público – Varre-Sai)

[...] o CMDS é um Conselho muito importante que ajuda a procurar refletir, trabalhar com o poder público, com entidades representativas para ajudar o nosso meio ambiente a equilibrar uma situação social e ecológica. (Sociedade civil – Bom Jesus do Itabapoana)

Partindo do início de execução do Programa Managé e do CMDS, a ferramenta metodológica já anteriormente apresentada servirá como um guia para a análise do programa e para verificar se o CMDS possibilita o aumento na cidadania deliberativa da região a partir de canais de diálogo entre a sociedade civil, o poder público constituído e os demais atores.

Processo de discussão

Esta categoria e seus critérios analisam a igualdade de direitos e é entendida como um espaço intersubjetivo e comunicativo que possibilita o entendimento dos atores sociais envolvidos. Assim, a primeira etapa de nossa análise será a de revelar se o programa representa um canal de abertura para os diferentes atores sociais e se a comunidade, principal interessada no desenvolvimento, está sendo inserida neste novo arranjo institucional.

Verifica-se que os *canais de difusão* que propiciam o conhecimento sobre o programa apresentam uma dupla interpretação por parte dos moradores; uns os consideram suficientes e satisfatórios, outros acreditam que a mera divulgação de informações não propicia o engajamento dos moradores:

> Um certo esforço se faz necessário, quer dizer, não somente enviar os convites, acho que tem que ligar ou tem que ir lá pessoalmente mesmo puxar a pessoa para reunião. (Sociedade civil – São Francisco do Itabapoana)
>
> O Projeto Managé foi divulgado aqui na região, houve várias solenidades de implantação e indicação dos membros. (Sociedade civil – Campos dos Goytacazes)

Ampliando-se nossa análise para a *qualidade da informação*, constata-se certo pessimismo, quando se verifica que nos informes realizados para a divulgação do CMDS

> [...] não se conseguiu convencer as pessoas de que o Conselho iria servir como um polo propulsor de mudanças. O que havia era um grupo de pessoas descrentes. Era mais uma experiência em que as pessoas se viam envolvidas, assim como outras experiências semelhantes que aconteceram no passado, que começaram bem, mas depois acabaram sucumbindo. (Sociedade civil – Campos dos Goytacazes)

Quanto aos *espaços de transversalidade*, que deveriam atravessar os setores no intuito de integrar os diferentes pontos de vista dos atores envolvidos no Projeto Managé, percebe-se que a sociedade ainda não está ciente de que o CMDS é o órgão que possibilita que cada representante possa discutir as questões sobre o desenvolvimento da comunidade.

> O que eu entendo, o que eu percebi, foi que o CMDS pretende ser o órgão de integração desses conselhos onde a sociedade estaria representada através de cada um desses representantes de cada um desses conselhos existentes na cidade. Enfim, o CMDS seria um grande conselho onde os conselhos

que representam aquelas outras diversas políticas estariam ali nesse grande conselho, nessa grande discussão pensando nas políticas públicas, discutindo e propondo as diversas políticas públicas setoriais. (Representante do poder público – Campos dos Goytacazes)

Um conselho junto com outro estão questionando a mesma coisa. Deveria parar com esse monte de conselho. É Conselho de Saúde, Conselho de Meio Ambiente, todos voltados para uma área só e tudo se resume na mesma proposta [sugerindo a criação de um espaço para agregar todos os conselhos]. (Representante do poder público – Varre-Sai)

As declarações acima demonstram que os diferentes pontos de vista acabam por não propiciar a integração de diferentes atores, impossibilitando também a coerência e a possibilidade de deliberação coletiva, objetivo primordial da existência do CMDS.

Por mais que o CMDS não esteja propiciando uma cidadania mais atuante, representantes do poder público afirmam que o CMDS pelo menos se faz representar como um *órgão de acompanhamento*. O Conselho acaba por exercer "[...] um papel importante porque é quem controla, coordena e faz movimentações para o desenvolvimento desse trabalho" (representante do poder público – Bom Jesus do Itabapoana).

No caso da *relação com outros processos participativos*, verifica-se um aspecto positivo na maioria dos relatos dos gestores públicos municipais, quando se observa a relação destes processos participativos com representantes de municípios vizinhos e de outros conselhos. Através da relação participativa entre diferentes atores da região, pode-se verificar a identificação do Projeto Managé, e também do CMDS, como algo diferente e inovador, possibilitando a aproximação entre municípios geograficamente próximos mas ainda consideravelmente distantes quando se trata de políticas conjuntas.

Acho que além de todas as características e a vantagem que tem de estar desenvolvendo outras coisas, é um projeto que conseguiu unir vários municípios. A principal característica dele é essa, porque você conseguir trabalhar vários municípios juntos, principalmente na área de desenvolvimento, é uma coisa muito importante e o Projeto Managé teve essa característica de agregar, de unir, e acho que isso está sendo muito importante para a nossa região. (Representante do poder público – Campos dos Goytacazes)

Acho que essas divisões que existem de estado acabam não funcionando, mas em um tipo de projeto como esse acho que a participação de cada município é muito importante, porque você consegue discutir com municípios que têm características muito parecidas. (Representante do poder público – Campos dos Goytacazes)

Acho importante falar dessa importância de agregar, pois o projeto consegue agregar esses municípios em torno de um objetivo, só que é, no final de tudo, o desenvolvimento. Onde a gente vai conseguir fazer com que se tenha justiça social, educação e saúde é através do desenvolvimento. Que esses municípios possam se desenvolver, que possam estar fazendo as coisas funcionarem, com cada conselho funcionando, com o conselho geral funcionando, fazendo com que isso se transforme em resultados. Eu acho que agora está na época de colhermos alguns resultados daquilo que foi trabalhado nesses últimos anos. Por isso não podemos parar e temos que dar continuidade aos projetos. (Representante do poder público – Campos dos Goytacazes)

Inclusão

Esta categoria ajuda a entender a dinâmica deliberativa a partir da implementação do Projeto Managé na região do Noroeste Fluminense, demonstrando os aspectos inclusivos do Programa. Nos relatos analisados houve três critérios qualificativos da categoria inclusão.

Através da *abertura dos espaços de decisão*, verifica-se uma dicotomia entre os depoimentos de pessoas que estão no grupo dos que executam e promovem as ações nas áreas de políticas públicas e os de pessoas que têm sua vida afetada por tais políticas. Para os que executam e promovem tais projetos de políticas públicas – no caso, os representantes do poder público ou responsáveis pela execução e continuidade do Projeto Managé e do CMDS –, observa-se uma fala conciliatória e positiva em relação ao Conselho. Nesses depoimentos subentende-se que há realmente um espaço de abertura de decisões, onde ambos os grupos são incluídos como atores de tomada de decisão.

> Tudo é conversado e as ideias são criadas entre todos. Então, não é ele [prefeito] que determina certas coisas. Por exemplo, eu vou determinar que isso, que aquilo tem que ficar aqui e todos têm que aceitar. Não é por ele ser prefeito que faz isso, não [sobre o que acontece no Conselho]. (Sociedade civil – representante da Associação Comercial de Bom Jesus do Itabapoana)
>
> Primeiro, é que dá à comunidade a condição de estreitar o relacionamento com o poder público. Nós tínhamos várias entidades e associações, inclusive me lembro de algumas que eram bastante atuantes [...], que mostravam a relação que deveria ter o poder público com a entidade que visa o bem-estar das pessoas daquele núcleo. E, também, entidades sindicais e outras entidades que faziam parte disso traziam um mapeamento global da cidade. Acho que buscar esse entendimento entre poder público e as entidades é muito interessante, você faz uma imersão na sociedade, traz o problema às secretarias e a gente desenvolve aquilo, que essa é a essência do programa. O CMDS garante essa possibilidade de você ir à sociedade buscar a sua necessidade e desenvolver aquilo em serviço [demonstrando a importância do CMDS]. (Representante do poder público – Campos dos Goytacazes)

Representantes da sociedade civil diretamente afetados pelas políticas públicas e técnicos do Sebrae que acompanhavam o andamento do programa veem sob outra perspectiva a questão da abertura de espaços de decisão. Eles enfatizam que as opiniões da comunidade dificilmente influem nas tomadas de decisão. O canal de comunicação entre os representantes dos órgãos competentes e a sociedade civil parece não estar estabelecido de maneira satisfatória.

> O problema é que a presidência não assume e, também, não deixa ninguém assumir. Onde isso está acontecendo a atuação do conselho é inexistente e

sem representatividade. (Sociedade civil, representante do Sebrae/RJ lotado em Bom Jesus do Itabapoana)

Alguns prefeitos não apoiam o CMDS, mas participam do consórcio dos municípios realizando políticas de desenvolvimento. A ausência da presidência enfraquece o conselho, onde não tem a figura do presidente (ou, no caso da ausência dele, a do vice-prefeito) para comandar... O que está acontecendo aqui e em outros lugares é que o conselho está totalmente em frangalhos, totalmente desarticulado, porque não existe a figura de um líder e o grupo não anda sem liderança. (Sociedade civil – Bom Jesus do Itabapoana)

A partir das diferentes perspectivas apresentadas com a análise sobre a abertura de espaços de decisão, constata-se que a relação entre a comunidade local e o poder público ainda encontra-se enfraquecida. A igualdade de condições para a expressão das vontades da população local e do sentimento de pertencimento ainda não foram construídas com a execução do programa; com isso a *aceitação social, política e técnica* de atores do programa também acaba sendo enfraquecida.

Existem interesses da sociedade civil e uma falta de interesse do poder público, o que compromete diretamente o desenvolvimento do programa. Pois, para que haja resultados positivos, é imprescindível o envolvimento do poder público, o que não está acontecendo em Bom Jesus do Itabapoana. (Sociedade civil – Bom Jesus do Itabapoana)

Mas falta apoio do poder público, que poderia estar implementando ações e projetos que trouxessem benefícios para o município. A vaidade política muitas vezes atravanca o progresso. Poderiam ser oferecidos incentivos fiscais buscando atrair indústrias. Existem duas usinas hidrelétricas que produzem energia, mas o município recebe pouca energia. Vejo a ausência de um programa efetivo de preservação do meio ambiente. Deveriam implementar ações para o desenvolvimento do turismo, pois a região está dotada de excelentes pontos ainda não explorados. Existe um desinteresse político. (Sociedade civil – Bom Jesus do Itabapoana)

Se essa instância fosse mais direcionada para a sociedade civil, com esse objetivo de ser um canal para estar encaminhando propostas, problemas e soluções para o desenvolvimento, talvez funcionasse melhor. (Sociedade civil, representante do Sebrae/RJ lotado em Bom Jesus do Itabapoana – técnico da região noroeste que acompanhava o andamento do projeto nos cinco municípios do Rio de Janeiro)

A comunidade deveria ser ouvida sobre o que ela acha de continuar ou não com esse programa, fazer uma espécie de plebiscito, ouvir as pessoas, os representantes das instituições para saber, porque os representantes repassam o que os seus associados ou as pessoas ligadas a eles sentem. (Sociedade civil – Campos dos Goytacazes)

Mas, ao se aproximar das eleições, ficou claro também outra coisa, que eles [prefeitos] estavam muito mais interessados naquilo que eles estavam envolvidos pessoalmente do que nos assuntos comunitários e dos vizinhos. (Sociedade civil – Campos dos Goytacazes)

As declarações expostas até o momento demonstram um cenário de pouco envolvimento efetivo por parte dos atores políticos locais com a comunidade. Essa distância entre membros da sociedade civil e representantes do poder público constituído ocasiona uma perda de credibilidade do projeto e, consequentemente, as comunidades atendidas por ele subestimam a importância de sua participação no CMDS. Constata-se assim uma divisão de opiniões quando se analisa a *valorização cidadã*, pois alguns já apresentam um desencantamento com o CMDS, enquanto outros continuam otimistas e dispostos a exercer um papel mais ativo, que viabilize a valorização de suas ideias e demandas.

De tudo que se tratar em prol da comunidade, do nosso município, do nosso Executivo, Legislativo e Judiciário. No que depender de mim, meu objetivo é esse, quero levar à nossa sociedade uma parcela do pouco que Deus me deu para levar para a comunidade que precisa, pois não quero morrer levando meu conhecimento. (Sociedade civil – São Francisco de Itabopoana)

Me sinto mal porque não gosto de ficar parada e sempre arrumo uma coisa a mais para ficar fazendo [afirmando satisfação em participar das reuniões do CMDS]. (Sociedade civil – Varre-Sai)

Com muito prazer, se fosse convidada [afirmando interesse caso as atividades do Conselho fossem retomadas]. (Sociedade civil – São Francisco de Itabapoana)

Não estava suficientemente claro, não se conseguiu convencer as pessoas que o Conselho iria servir como um polo propulsor de mudanças. O que havia era um grupo de pessoas descrentes. (Sociedade civil – Campos dos Goytacazes)

Mas o porquê do prefeito não apoiar e não incentivar essa participação comunitária no governo. [...] O prefeito daqui está fechado a esse tipo de instância, está resistente e percebe-se isso pela ausência dele nas reuniões. (Sociedade civil, representante do Sebrae/RJ lotado em Bom Jesus do Itabapoana – técnico da região noroeste que acompanhava o andamento do Projeto nos cinco municípios do Rio de Janeiro)

Pluralismo

Ao se analisar a atuação dos indivíduos em programas de caráter participativo, que fortalecem o exercício da cidadania e o aumento da liberdade de expressão de toda uma comunidade via ações do poder público – como parece ser a finalidade do Projeto Managé –, tendo por princípio a promoção de atitudes democráticas, torna-se necessário estudar o *pluralismo* presente nessas esferas, compreender a multiplicidade de atores que fazem parte deste espaço, ou seja, verificar se há pluralidade de opiniões e de representações. Só a partir da efetivação da multiplicidade de diferentes atores na tomada de decisão das políticas públicas é que se pode afirmar a presença de uma relação isonômica na realidade do programa.

A princípio, ao observar os atores presentes/convidados a integrarem o projeto, percebe-se que a grande maioria dos convidados estabelece algum tipo de vinculação com organizações formalmente estruturadas, a *participação de diferentes atores* relaciona-se mais fortemente com indivíduos de diferentes organizações sociais do que com indivíduos isolados ou de lideranças comunitárias.

A minha presença no conselho se deu ao fato de eu estar representando o Rotary Clube de São Salvador, pois o conselho reúne entidades e eu estava como representante delas. Quando houve a escolha para compor a secretaria do conselho, o prefeito me convidou para ser secretária devido à minha função na Fundenor, pois ele já me conhece há muito tempo e porque o Managé também funciona dentro da fundação. Havia uma proximidade nossa com a equipe e eles me convidaram para ser secretária do conselho. (Sociedade civil – Campos dos Goytacazes)

O conselho está representado por clube de serviços, loja maçônica, instituições de diversas naturezas, eu quero fazer isso assim e o conselho decide. (Sociedade civil – Campos dos Goytacazes)

Primeiro, fui convidada, e segundo, sou presidente de uma organização não governamental de deficientes físicos [porque ela atuava no CMDS]. (Sociedade civil – São Francisco de Itabapoana)

Considerando que o projeto é composto em sua maioria por políticos locais e alguns membros da sociedade civil que exercem influência em organizações sociais formalmente estruturadas, é necessária a preocupação dos atores que integram o CMDS de não pautarem seus discursos e ações por uma prática particularista, que inviabiliza a presença de um espaço que favorece um debate construtivo em prol das demandas da comunidade. A integração de novos atores no CMDS torna-se uma ação importante e viável de ser resolvida para potencializar o desenvolvimento do programa nas regiões. Se há o intuito de privilegiar grupos organizados que tenham interesses similares aos dos representantes do poder público local, essa ação está excluindo a possibilidade de atendimento a diferentes caminhos e soluções para uma comunidade que é heterogênea em sua essência e carente de soluções para seus problemas cotidianos.

Igualdade participativa

Nos relatos analisados até agora não se evidencia a presença de mecanismos para a *escolha de representantes* no processo deliberativo exercido pelo CMDS.

Ressalta o prognóstico de que a escolha para a composição dessas discussões seja de caráter homogêneo e predefinido de acordo com interesses particulares, ao contrário do que preconiza uma efetiva pluralidade de opiniões, em que se faz necessária a participação dos indivíduos em condições iguais de participação, regida por um mesmo direito, possibilitando assim uma isonomia efetiva de atuação nos processos de tomada de decisão.

Tais argumentos ganham força quando se observa o *discurso dos representantes*. Os representantes dos poderes públicos municipais qualificam a participação de todos como de suma importância, defendendo a relevância da contribuição da comunidade para o projeto. Todavia, em um único depoimento de um representante da sociedade civil organizada – último depoimento desta série – verifica-se que a participação não se dá em nível tão satisfatório e que o CMDS talvez não tenha uma pluralidade de agentes participando/opinando/construindo.

> Com certeza. Você está entrosado com a comunidade. A gente não está enganando ninguém, pois procuramos falar sempre a verdade para as pessoas, não prometemos nada que não podemos cumprir e isso é muito importante [ao responder a pergunta: O senhor acha que está exercendo a cidadania?]. (Representante do poder público – Porciúncula)
>
> Sem dúvida alguma é assim, é muito interessante. É importante haver essa parceria, senão não vai [opinião sobre a importância do conselho, e da participação da população no conselho, para o governo municipal]. (Representante do poder público – Bom Jesus do Itabapoana).
>
> É assim, de repente a gente, com o pouco apoio, mas se todo mundo fizer a sua parte aquele pouquinho se torna muito [sobre a participação da população]. (Representante do poder público – Bom Jesus do Itabapoana)
>
> Fico satisfeito em participar, dar minhas ideias, contribuir, debater outras ideias, eu fico, vamos dizer assim, gratificado em relação a poder participar e contribuir para o município, para o projeto. (Representante do poder público – Varre-Sai)
>
> Acho muito bom, só que acho também que existem muitas pessoas que não têm o interesse que deveriam ter em participar de um conselho, não vejo isso nas reuniões. (Sociedade civil – Varre-Sai)

Com algumas das fragilidades expostas com a implementação do projeto, verifica-se que o CMDS passa a ser visto pela sociedade civil de maneira dividida. No critério de *avaliação participativa*, torna-se claro o apoio dos representantes do poder público municipal e de parte da sociedade civil ao CMDS, qualificado como um espaço participativo e satisfatório para os membros da comunidade. Outra parte da sociedade civil, porém, não vê o projeto como uma ação de desenvolvimento para a região, inclusive por contar com representantes do poder público municipal que parecem não apresentar em suas regiões um grau de vinculação com determinados membros da sociedade civil.

As reuniões eram boas [...] e tem a documentação toda aqui. A gente tinha o trabalho de convocar, fazer as atas, pois elas retratavam tudo o que se passava na reunião. As reuniões eram boas, a presença era boa, mas os resultados foram poucos, porque as pessoas vinham, participavam e em cada reunião se planejava uma palestra de algum participante, principalmente da área pública. (Sociedade civil – Campos dos Goytacazes)

Muito interessa porque dali surgiram várias propostas: associação de bairro reclamando que não tinha luz, não tinha água e o prefeito, participando, designava logo o secretário para verificar isso. [...] Acho [...] que o grupo do pessoal do serviço social teve uma participação muito ativa e a gente está aí para, dentro do possível, ver se ele volta a funcionar. (Sociedade civil – Campos dos Goytacazes)

A gente tem que participar, dar a nossa parcela de contribuição, e por isso eu acredito na melhoria. Não sei se o horário é inadequado para algumas pessoas. Na reunião passada não pude participar devido ao horário do meu trabalho, pois estava na rádio de 8h ao meio-dia. Foi uma reunião cedo, às 10h horas, e, por isso, não deu para comparecer. (Sociedade civil – Porciúncula)

A gente sente, hoje em dia, que as pessoas estão muito desmotivadas a participar em reuniões, e isso vem acontecendo há muito tempo. Nas reuniões as pessoas falam, falam e falam e não acontece nada. Acho que tinha que se trabalhar mais o cooperativismo, principalmente em nosso município, que você marca alguma coisa e quase ninguém comparece, então, sinto essa dificuldade. (Sociedade civil – Porciúncula)

Eu acho que é interessante e deveria ser mais valorizado. Provavelmente as ações não aconteceram e não houve o sucesso justamente porque não se acredita muito ainda. Tem que continuar para as pessoas [...] não é desanimar porque não aconteceu do jeito que estava previsto. (Sociedade civil – Porciúncula)

Toda a reflexão feita sobre as categorias de nosso quadro de critérios de análise demonstra que há uma interligação entre as categorias. Por exemplo, se uma categoria não está plenamente desenvolvida em uma determinada região, fatalmente essa fragilidade poderá incidir em outros critérios de análise. Ou seja, se uma categoria não vai bem em determinada região, a possibilidade de contaminação para outras categorias também se torna maior. Isso pode ser verificado na presente análise. Os aspectos negativos encontrados nas categorias *pluralismo* e *igualdade participativa* foram quase que naturalmente transpostos para a categoria *autonomia*.

Autonomia

O único critério analisado a partir dos relatos é o da *possibilidade de exercer a própria vontade*, e aqui notamos que as diferentes instituições, normas e procedimentos que permitem o exercício da vontade política individual ou coletiva também se encontram corroídos. Neste critério evidencia-se o fraco poder de decisão das comunidades nas reuniões e na construção de alternativas para seus problemas cotidianos.

> Se os conselhos tivessem um pouco mais de autonomia para agir... mas como tudo depende do poder público, porque, inclusive, é o poder de decisão, é o poder de dinheiro, é muito difícil. À gente compete só acompanhar, ficar olhando de longe, tentando dar um rumo. A execução mesmo não cabe ao conselho, por mais que as pessoas tenham boa vontade, por mais que os conselhos sejam organizados, mas no final acaba tudo se esbarrando nesses dois problemas: poder de decisão e poder de dinheiro. (Sociedade civil – Campos dos Goytacazes)

O poder público significa 50% e mais a presidência do conselho, e se ele "tirar o time" acabou o conselho, e que instância vai dar continuidade ao processo? A sociedade civil vai reunir como? (Sociedade civil, representante do Sebrae/RJ lotado em Bom Jesus do Itabapoana – técnico da região no roeste que acompanhava o andamento do programa nos cinco municípios do Rio de Janeiro)

Os relatos demonstram que o processo de construção do CMDS está sedimentado em bases frágeis, já que sem a presença marcante do poder local tais iniciativas possivelmente não seriam desenvolvidas. Cabe portanto questionar: a presença marcante do Estado, como observado, pode denotar a característica de uma cidadania imposta pelo Estado?

Bem comum

Para finalizar a análise da região da bacia do rio Itabapoana, observa-se que, nos relatos sobre os *objetivos alcançados*, parte dos representantes do poder público local passam a identificar que nem tudo o que foi pretendido com o programa foi de fato alcançado. Enfim, a relação entre os objetivos planejados e os realizados/alcançados não foi tão otimista como defendiam em relatos anteriores.

> Tinha como objetivo levantar as demandas das comunidades, verificar suas necessidades mais prementes e, também, novas demandas que fossem surgindo. E qual era nossa finalidade? Levantar essas demandas, encaminhá-las ao conselho e este encaminhá-las ao fórum da bacia. Só que nem ao nível do conselho municipal essas demandas foram discutidas. Eu fiz um levantamento, listei o que era comum às comunidades e nunca tinha espaço na pauta de reuniões para tratar as prioridades das comunidades. (Representante do poder público – Campos dos Goytacazes)
>
> Poucos resultados práticos. Houve a escolha de membros para participar de reuniões do fórum regional ou estadual. Eu não vi, ainda, dentro do Projeto Managé, na verdade, algo que, de fato, beneficiasse a população do

município, não só deste mas de vários. (Representante do poder público – Porciúncula)

Se no critério acima alguns gestores locais demonstram que o programa poderia ter sido executado de maneira mais satisfatória, já na *aprovação cidadã dos resultados*, uma parte do poder público local não considera os resultados do projeto de todo ruins, o que demonstra que ainda há membros do poder público que não privilegiam a participação pujante da sociedade civil em espaços de discussão e debates para a construção de políticas públicas, ou que há, da mesma forma, diferentes pontos de vistas sobre a efetivação do projeto no conjunto de representantes do poder público municipal, o que por sua vez denota falta de unanimidade também nessa camada de atores.

Eu acredito que os resultados foram bons. Só não foi melhor porque nem todas as demandas e solicitações foram atendidas pelo prefeito e nem sempre os secretários correspondiam àquilo ali, mas podia ter sido melhor. (Representante do poder público – Porciúncula)

Eu diria que não foi um resultado ótimo, mas foi um resultado bom. Ao menos deu uma dinâmica e deixou um conhecimento que a gente sabe analisar alguma coisa [ao ser perguntado: As reuniões do conselho tiveram algum tipo de resultado?]. (Representante do poder público – São Francisco de Itabapoana)

Na categoria que fecha nossa análise, nota-se que parte dos gestores públicos locais começa a perceber a importância do Projeto Managé, quando evidenciam a preocupação em avaliar o critério de objetivos alcançados e demonstram interesse em executar ações futuras a partir das lições aprendidas com a experiência no CMDS. Ou seja, com um poder público mais responsável e amadurecido em relação a programas de cunho inclusivo, a possibilidade de diálogo com a comunidade parece começar a se erigir nesses municípios.

7 | Microrregião dos Lençóis Maranhenses (MA)

*Carlos Frederico Bom Kraemer e
Jonathan Felix Ribeiro Lopes*

O ESTUDO QUE SERÁ APRESENTADO TEM COMO objetivo discutir as práticas participativas nos processos de decisão das políticas para o desenvolvimento regional dos municípios de Barreirinhas, Humberto de Campos, Paulino Neves, Primeira Cruz, Santo Amaro do Maranhão e Tutoia, situados na microrregião dos Lençóis Maranhenses, no estado do Maranhão (figura 1). O estado é composto por 217 municípios, possui uma área de 331.935,507 km² e população total de 6.569.683 habitantes (IBGE, 2010). O IDH do estado é de 0,636 (Pnud, 2000) e o índice de Gini é de 0,43 (IBGE, 2003).

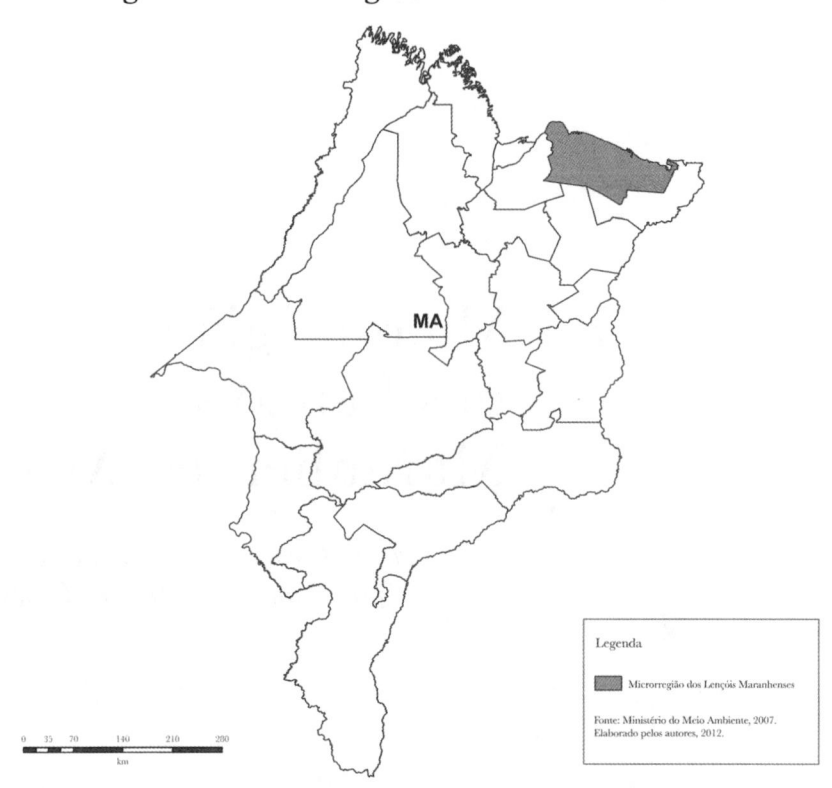

Figura 1 – Microrregiões do estado do Maranhão

Os seis municípios (figura 2) encravados na região dos Lençóis Maranhenses apresentam baixos indicadores socioeconômicos. A principal atividade econômica da região é a agricultura de subsistência, mas o território apresenta forte potencial turístico, já que está assentado em imensos areais, impróprios à agricultura e à pecuária.

Os municípios da microrregião estão sobre área de influência do Parque Nacional dos Lençóis Maranhenses, criado por meio do Decreto nº 86.060, de 02/06/1981. A região é caracterizada por um ambiente geográfico marcado por dunas espalhadas em seu litoral, separadas pelo rio Preguiças. A oeste deste encontra-se a Unidade de Conservação dos Lençóis Maranhenses. A leste fica a zona de Amortecimento. Afastando-se do litoral, em áreas do interior, as dunas começam a incorporar a vegetação agreste. O clima é marcado por duas estações bem definidas, como característico das zonas equatoriais, o que influencia o regime de chuvas e o acúmulo de água nas lagoas, sendo seco no verão – entre julho e dezembro – e úmido no inverno – entre janeiro e julho.

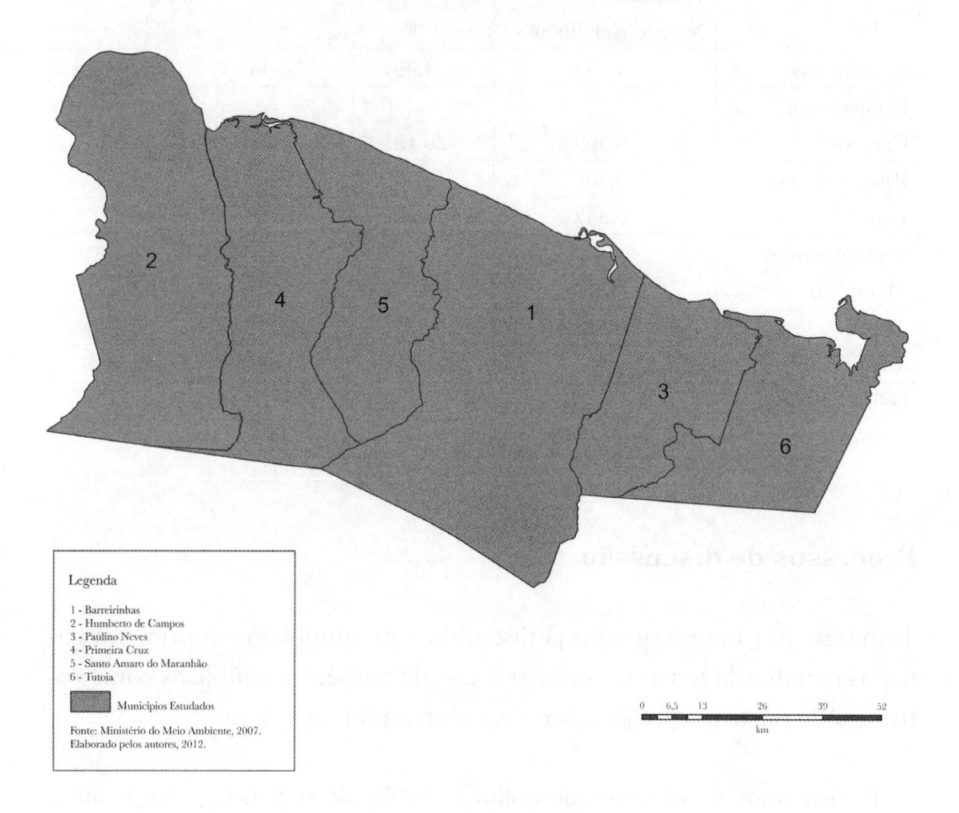

Figura 2 – Microrregião dos Lençóis Maranhenses

Legenda
1 - Barreirinhas
2 - Humberto de Campos
3 - Paulino Neves
4 - Primeira Cruz
5 - Santo Amaro do Maranhão
6 - Tutoia

Municípios Estudados

Fonte: Ministério do Meio Ambiente, 2007.
Elaborado pelos autores, 2012.

Todos os municípios da microrregião foram estudados. A população total desses é de 176.114 habitantes em uma área de 10.679 km², o que corresponde à densidade demográfica de 16,49 hab/km² (IBGE, 2010). Dentre os municípios estudados, Humberto de Campos é aquele que apresentou maior IDH-M: 0,569 (Pnud, 2000).

Tabela 1 – IDH, área e dados populacionais por município estudado

Município	Índice de Desenvolvimento Humano Municipal (2000)	População total (2010)	Área (km²) (2010)	Densidade demográfica (2010)
Barreirinhas	0,552	54.991	3.111	17,67
Humberto de Campos	0,569	26.197	2.131	12,29
Paulino Neves	0,508	14.498	979	14,80
Primeira Cruz	0,557	13.896	1.368	10,15
Santo Amaro do Maranhão	0,512	13.821	1.601	8,63
Tutoia	0,538	52.711	1.489	35,40
Total		176.114	10.679	16,49

Elaborado pelo Pegs.

Fontes: Atlas do Desenvolvimento Humano no Brasil e IBGE/Censo (2010).

Processos de discussão

Tomando por base o quadro já discutido na metodologia, a primeira categoria analisada permite verificar o uso de audiências públicas como estrutura de participação já existente, como na fala seguinte:

> Participamos, no mês passado [julho de 2005], de audiência pública com o Ibama na questão da expansão do polo de grãos na região do Baixo Parnaíba. Foi elencada uma série de denúncias sobre violação de reserva legal dos projetos, uso de herbicidas proibidos pelo próprio Ministério da Agricultura, embalagem de agrotóxicos deixadas a campo que a legislação obriga o recolhimento em vários fornecedores e a questão do desmatamento de nascentes. (Representante do poder público – Barreirinhas)

No entanto, ao mesmo tempo é possível verificar que alguns órgãos públicos de incentivo à discussão não estão operantes, como ilustrado na fala a seguir:

Não. Esses conselhos ainda não foram implementados. Existem conselhos nos municípios, chamados Condema (Conselho Municipal de Defesa do Meio Ambiente). Esses conselhos foram criados no início na década de 1990, mas o que se sabe é que não estão funcionando. (Representante do poder público – Barreirinhas)

Já no critério *espaço de transversalidade*, consegue-se observar diferentes atores articulando-se e participando no desenvolvimento de possíveis ações para o desenvolvimento da região; existe uma articulação entre as esferas do governo federal, estadual e municipal para a construção de projetos para Barreirinhas. Isso se dá por meio da participação do Ministério do Turismo e da Agência Espanhola de Cooperação:

> Já, sim [existe uma ação articulada entre as esferas públicas federal, estadual e municipal]. É a questão desse plano de governo em parceria com o Ministério do Turismo, com a Agência Espanhola de Cooperação técnica que vai disponibilizar projetos e recursos para a implantação de projetos para Barreirinhas e o desenvolvimento econômico do município. São várias linhas de ação dentro do município. A questão da capacitação de pessoal, infraestrutura, também desenvolver esse plano. (Representante do poder público – Barreirinhas)

O Sebrae aparece como um agente importante na articulação entre os atores – neste caso, o poder público – para uma discussão em conjunto, com o objetivo de elaborar projetos em favor do desenvolvimento regional. O interessante é ressaltar a mudança de concepção do Sebrae, pois em um momento anterior os projetos já vinham prontos, como um pacote para ser implementado. Isso mudou, a ideia é que os projetos sejam construídos em parcerias com a participação de diversos atores, podendo, desta forma, atender às demandas e às particularidades locais:

> Já estive reunido com os prefeitos e secretários, expondo a ideia, mas não vamos assumir a responsabilidade pela execução e nem a construção de nenhum projeto. Esses projetos vão ter que ser construídos em parceria, a única forma de todo mundo ter uma gestão participativa e colocar dentro do pro-

jeto o sentimento de quem é nativo dentro do município. Não trabalhamos mais naquela história do pacote, não queremos planejar, fazer treinamento, aquilo, não. A coisa tem que ser construída com todo mundo. [...] eu não consigo entender projeto em que não haja participação de todo mundo, porque o projeto deixa de ser um projeto de amplitude comunitária para ser um projeto individual. (Sociedade civil, representante do Sebrae – Barreirinha)

Um importante espaço de transversalidade é o Comitê de Desenvolvimento Regional Sustentável (DRS), que conta com a participação do poder público municipal, por meio das secretarias de Agricultura e Pesca e de Educação, do Sebrae, do Banco do Brasil, do Ibama e dos próprios pescadores, com o objetivo de articular e organizar as ações dos pescadores da região:

Nós temos o Comitê DRS, que é o Desenvolvimento Regional Sustentável, onde participam o Banco do Brasil, o Sebrae, colônias de pescadores, Secretaria de Agricultura e Pesca, Secretaria de Educação, Ibama. Isso aí é voltado com relação à atividade pesqueira, porque em Barreirinhas os pescadores não estão, vamos dizer assim, organizados. E o DRSI, que é outro formato do DRS no segmento de turismo e essa questão do inglês, na melhoria, na questão da administração naquele setor que a gente quer dar a nossa parcela de contribuição. (Sociedade civil – Barreirinhas)

Nas entrevistas, percebe-se uma dificuldade de maior abertura por parte do poder local em relação às discussões de problemas que podem impactar negativamente o desenvolvimento da região. Apesar disso as ações continuam.

Não é tão fácil [falar com o prefeito], mas eventualmente a gente consegue. E nós estamos agora muito preocupados com a questão da beira-rio, o maior ponto de concentração turística, mas também o ponto mais desorganizado. [...] Isso tudo nós documentamos e discutimos em grupo, um grupo grande de empresários, prefeito, secretários e muita gente e eu acho que está dando resultado. (Sociedade civil, representante do Sebrae – Barreirinha)

Fechando este critério cabe ressaltar a articulação de outro ator já citado que é o Banco do Brasil, que, por meio da Fundação Banco do Brasil (FBB), em parceria com o Sebrae, executa um projeto que tem como objetivo capacitar guias turísticos. Essa qualificação envolve aulas de inglês, utilizando-se do potencial turístico para o desenvolvimento econômico local:

> O banco, através da Fundação Banco do Brasil (FBB), em parceria com o Sebrae e a prefeitura, a gente quer instalar em Barreirinhas um curso de aprendizagem de inglês, com as aulas mais voltadas para o turismo e também para os segmentos de guias turísticos, pessoal de pousada, garçons, bares, lanchonetes, pousadas em geral. (Representante do poder público, Banco do Brasil – Barreirinhas)

Em relação ao critério *pluralidade do grupo promotor*, que tem o interesse de discorrer sobre os atores que lideram as ações das políticas exercidas na região, citam-se os atores já abordados no critério de análise anterior, entre os quais o Ibama, órgão fiscalizador do meio ambiente, responsável por regularizar as construção irregulares nas beiras dos rios da região:

> [...] nós temos o Ibama, a prefeitura, o banco. Porque, afinal de contas, esse projeto [de consultoria em turismo] [...] foi desenvolvido para desenvolver uma região, dentro daquela visão do desenvolvimento sustentável e considerando o foco. (Sociedade civil, representante do Sebrae – Barreirinhas)

No entanto, apesar de diferentes atores estarem participando da discussão na tomada de decisão de políticas públicas, o que é de suma importância para a região, a comunidade, que deveria ter papel de destaque nesses debates, não vem sendo inserida no processo. "Os moradores não têm nenhuma participação naquilo que é o crescimento da cidade, naquilo que é o movimento turístico da cidade. Só são considerados como mão de obra de baixo custo" (sociedade civil – Barreirinhas).

Na fala a seguir pode-se reafirmar esta visão da pouca ou nenhuma participação da comunidade. As ações aparecem verticalizadas, isto é, de cima para baixo, e privilegiam o âmbito do mercado:

A população deve participar do processo de planejamento. As divisas geradas no município não priorizam a população local no que diz respeito à oferta de empregos, saneamento básico, educação e assistência técnica. Geralmente todas as iniciativas ligadas ao turismo são realizadas por empresários maranhenses e de outros estados brasileiros, inclusive do exterior. (Representante do poder público, Embrapa – Barreirinhas)

Ainda na categoria processo de discussão há os critérios *órgãos existentes* e *órgãos de acompanhamento*. O primeiro tem como objetivo verificar a existência ou não de estruturas para a discussão e implementação de possíveis ações a serem desenvolvidas. É importante ressaltar a relevância de se evitar a duplicação de estruturas. Já o segundo critério analisa se os órgãos fazem o acompanhamento de todo o processo de execução de uma política pública, desde sua elaboração, execução até a avaliação, garantindo a coerência e a fidelidade ao que foi deliberado de forma participativa. Desta maneira, como já discutido, cabe destacar o comitê de DRS. As ações desenvolvidas por essa instituição não são destacadas pela população ou aparecem como predatórias, como revela a fala a seguir:

Os órgãos não fiscalizam nada, até porque não têm fiscais e não têm como fiscalizar, e tudo é deixado ao bom coração do povo do lugar [...]. Como acontece na maioria dos casos, o dono só quer ter um lucro, nem liga para o meio ambiente, aí desmata toda a área e constrói o empreendimento dele. (Sociedade civil – Barreirinhas)

Nesse sentido, cabe destacar a ação do poder público local, que tem a prerrogativa de conceder alvarás de funcionamento para qualquer estabelecimento comercial. Assim, a prefeitura deveria estar atenta às normas e legislações pertinentes e investigar situações irregulares. No entanto, isso não parece estar ocorrendo, como se pode perceber na fala de um representante do poder público:

As esferas, cada uma tem as suas competências. A prefeitura concede o alvará de funcionamento, dá uso e ocupação, libera. E por que ela libera? Porque ela vai receber alguma coisa com isso. Só que ela não acompanha as normas e a legislação federal e estadual. Então, quando você vai fazer o seu parecer ambiental, ele responde "eu não tenho a licença mas eu tenho o documento da prefeitura autorizando". Será que a prefeitura não sabe que aquilo é errado? (Representante do poder público – Barreirinhas)

Inclusão

Para esta abordagem o primeiro critério a ser observado é a *abertura dos espaços de decisão*. Nesse sentido, as associações de moradores e de produtores rurais poderiam ter um papel relevante, apontando as necessidades regionais para um melhor desenvolvimento local. Esse processo ocorreria com a participação do poder público, da sociedade civil, dos movimentos sociais e outras organizações populares:

> No município existem mais de 166 Associações de Moradores e Produtores Rurais que têm poderes de reinvidicar suas participações nas discussões e nos processos de planejamento e desenvolvimento do município. Esse processo pode ser chamado de desenvolvimento local e definido como um grande mutirão da comunidade na busca de um projeto para o futuro de seu município, identificando e valorizando os processos e riquezas locais. (Representante do poder público, Embrapa – Barreirinhas)

Mesmo com a existência dessas associações, fundamentais para um desenvolvimento local participativo, não se consegue verificar uma estrutura institucionalizada capaz de integrá-las. Esse processo ainda está se iniciando, pautado na legislação. Como, por exemplo, nas unidades de conservação, onde conselhos precisam ser formados para a deliberação das decisões:

> Em relação às unidades de conservação, a lei determina o seguinte: todas as unidades de conservação deverão ter um conselho. No Parque Nacional dos Lençóis, não sei se o Ibama já constituiu um conselho. Normalmente esse

conselho é consultivo. Já nas APAs esse conselho pode ser deliberativo, ou seja, a população tem participação sobre esses conselhos. Existe uma previsão até o final do ano para que sejam instalados esses conselhos deliberativos da APA de Upaon-Açu – Miritiba e Pequenos Lençóis – que estão relacionados à região para serem implementados. Então, normalmente esses conselhos têm participação do poder público e da sociedade civil, das pessoas que moram em determinadas áreas. Quanto ao Parque Nacional, esse é um conselho consultivo ligado ao Ibama, e a comunidade residente, as pessoas que moram no sítio, tem participação, mas não numa forma deliberativa. Mas é uma forma de prestar algum esclarecimento, alguma contribuição. (Representante do poder público – Barreirinhas)

Como ainda não é verificado algo mais estruturado, os acontecimentos são isolados e a percepção da população é de que não há um movimento de políticas públicas que pretenda a inclusão da sociedade civil na deliberação dessas ações:

Bom, lá em Paulino Neves, onde eu vivo, até o momento não teve ação nenhuma em relação a isso [consulta da população pela prefeitura], até porque o fato de agora a prefeitura ter criado a Secretaria de Turismo, antes ela era vinculada à Ação e nunca foi feita coisa nenhuma. (Sociedade civil – Barreirinhas)

Até agora ainda não chegou nenhum desses órgãos [públicos] para a gente para fundar aquela, fazer uma reunião, pra conversar, pra orientar a respeito disso, nem isso mesmo tem. Então, vai deixar de orientar. (Sociedade civil – Barreirinhas)

Como já exposto, a criação de uma estrutura para ações participativas ainda está se iniciando na região. No entanto, para que essa política siga em frente é importante que haja, por parte do atores, uma maior *aceitação social, política e técnica*. Dessa forma, as autoridades públicas precisam atuar para sensibilizar os demais atores para que possam participar. Como se pode observar com o discurso em relação à preservação ambiental:

Bom. O planejamento seria dos próprios políticos interessados nessa região, os prefeitos, criar uma política de conscientização [de preservação ambiental] pelo próprio povo local porque a gente conta muito com o auxílio do próprio turista, aquela coisa de tentar conscientizar o povo da região. (Sociedade civil – Barreirinhas)

Dando respaldo ao critério anterior verificam-se tentativas por parte da sociedade civil de se organizar para obter uma presença mais ativa nas políticas públicas da região, mas essas ações não conseguem ter uma continuidade. Com isso, de repente o poder público poderia ser o ator catalisador da *valorização cidadã* nesse processo. No entanto, ele deve ser responsável para não utilizar este poder para cooptar as possíveis instituições que seriam organizadas e estruturadas:

> Infelizmente, a comunidade está muito fraca, muito fraca mesmo, não está se organizando. As ONGs que são criadas lá morrem logo. Tentativas de limpeza foram feitas, foram tiradas toneladas de lixo do rio e depois [esse trabalho foi] descontinuado. Surgiram outras ONGs lá no Atins, mas eu não tenho ouvido assim um movimento mais forte. (Sociedade civil, ONG – Barreirinhas)

De qualquer forma, algumas ações isoladas de participação da sociedade ocorrem. Parece ser necessário utilizar essas experiências para tentar criar um projeto para que essas ações possam se multiplicar, desenvolvendo uma cultura participativa:

> [...] participam no segmento pesqueiro, dentro do DRS, nós tivemos a participação do prefeito municipal, do prefeito da colônia, do gerente do Sebrae indicado e representações das próprias classes pesqueiras. Alguns pescadores participaram das nossas reuniões. (Representante do poder público, Banco do Brasil – Barreirinhas)

Pluralismo

Percebe-se nesta categoria, a partir do critério da *participação de diferentes atores*, a presença do poder público no âmbito do poder executivo federal, através do Ministério do Turismo, e também dos executivos estadual e municipal. Podem-se citar ainda o Ibama e o Ministério Público Federal e Estadual. Entretanto, muitas dessas ações acontecem por meio de programas já formatados para serem implementados nas regiões, não existindo uma iniciativa de construção por parte dos atores locais. Parte desses atores envolvidos simplesmente exerce sua função institucional sem o objetivo de dialogar com a comunidade e os possíveis atores envolvidos, sejam organizados ou não. Como pode ser verificado:

> Essas construções, elas são irregulares sob todos os pontos de vista, tanto pela questão da terra como pela questão ambiental. Aí, a partir dessa operação, foi feito o levantamento e todos os proprietários foram notificados a comparecer a uma reunião que envolveu o dono, o gerente aqui do estado, o Ibama, o Ministério Público Federal, o Ministério Público Estadual e a Polícia Federal. E os proprietários foram notificados a apresentar a documentação que tivessem dessa área. (Representante do poder público – São Luís)

Saindo da esfera do governo, cabe destacar o Sebrae, que tem um papel relevante no campo dialógico e na construção de possíveis projetos para o desenvolvimento da região. Porém, observa-se que as parcerias do Sebrae estão vinculadas basicamente a agentes públicos, não se percebendo uma ação mais sistemática junto à sociedade civil, com exceção do empresariado local.

> A gente tem feito algumas parcerias que ainda estão se estruturando com o Sebrae e tem alguns projetos aí do Ministério do Turismo na Confederação Brasil-Espanha. A gente tem o Prodetur [...] a gente tem incluído essas questões referentes ao Parque Nacional dos Lençóis nos projetos, mas ainda estão em fase de negociação, não tem nada de concreto já estabelecido. (Representante do poder público, Ibama – São Luís)

Igualdade participativa

Para analisar as ações das políticas regionais com o intuito de verificar se as tomadas de decisão ocorrem de forma participativa, pautadas na fundamentação teórica de cidadania deliberativa, é preciso estudar de que forma ocorrem as tomadas de decisão. Assim, por meio dos *discursos dos representantes*, percebe-se a necessidade de valorizar os processos participativos, isto é, os ideais de uma democracia deliberativa:

> É necessário realmente que haja uma grande mobilização, tanto da sociedade civil quanto do poder público, no sentido de frear esses impactos ambientais que estão ocorrendo na área de forma grave. (Representante do poder público – Barreirinhas)

Os discursos estão em sintonia com a importância da participação de diversos atores para uma melhor gestão da coisa pública. Isso é relevante para uma maior sensibilização dos representantes. Algumas ações já podem ser observadas no sentido de promover uma gestão participativa:

> Mas dá para desenvolver o turismo já dentro de outro projeto nosso que é a Rede de Desenvolvimento de Empreendedores. Então, estamos puxando essas articulações já bem avançadas [...] já estive lá reunido com os prefeitos e secretários expondo a ideia, mas não vamos assumir a responsabilidade pela execução e nem a construção de nenhum projeto. Esses projetos vão ter que ser construídos em parceria, a única forma de todo mundo ter uma gestão participativa e colocar dentro do projeto o sentimento de quem é nativo dentro do município. Não trabalhamos mais naquela história do pacote, não queremos planejar, fazer treinamento, aquilo não. (Sociedade civil, representante do Sebrae – Barreirinhas)

Para que isso ocorra é importante que diversos atores sociais participem do processo, que consiste na discussão, formulação e implementação de projetos, mas também no acompanhamento e numa *avaliação participativa*. Por meio das entrevistas entende-se que há ações isoladas, mesmo assim aparentemente não inseridas no processo global.

Autonomia

Em tomadas de decisão em conjunto, em uma discussão democrática, é imprescindível que os atores tenham autonomia. Não é uma proposição fácil, pois com distinções em termos de poder político, econômico e de conhecimento a cooptação de um agente por outro é uma realidade que não pode ser ignorada. Nesse sentido, alguns critérios irão nortear esta discussão. O primeiro é a *origem das proposições*, ou seja, como ocorre a construção das iniciativas e de que forma são capazes de atender aos interesses da comunidade, visto que "a população deve participar do processo de planejamento" (representante do poder público, Embrapa – Barreirinhas).

Infelizmente, a população de baixa renda e com menor grau de instrução normalmente é a menos assistida, ficando sem acesso aos debates pertinentes aos seus interesses: "As divisas geradas no município não priorizam a população local no que diz respeito à oferta de empregos, saneamento básico, educação e assistência técnica" (representante do poder público, Embrapa – Barreirinhas).

No critério *perfil da liderança* deveria prevalecer uma condução descentralizada das políticas públicas, e mais uma vez deve-se ressaltar que as ações ainda estão em processo embrionário, não sendo possível verificar algo mais sistematizado. Toma-se como exemplo uma ação por parte do Estado, que tentou construir uma política participativa, a respeito do Plano Maior; no entanto essa política não teve continuidade:

> Bem, do Estado houve o Plano Maior. Realmente eles estudaram, conversaram, reuniram a comunidade. Eu soube disso, fui convidado, mas não pude participar. Mas também descontinuou, parou. Não houve continuidade. (Sociedade civil – Barreirinhas)

Como se trata de uma região cuja principal vocação é o turismo, e que conta com muitas belezas naturais, a questão ambiental é de grande relevância. Assim, ganha destaque a figura do Ibama, responsável por autorizar a construção de empreendimentos com mínimo impacto ambiental, o que muitas vezes vai de encontro à visão puramente econômica do empresariado e da própria prefeitura. Logo, o diálogo torna-se imprescindível: "As dificuldades referentes ao Ibama e ao meio ambiente, a gente está chegando num acordo. Estamos tentando todos os parceiros para viabilizar os novos projetos" (representante do poder público – Barreirinhas).

Bem comum

A última categoria analisada tenta abordar o retorno à comunidade local das políticas públicas executadas de forma republicana. Nesse sentido, o turismo aparece como o principal instrumento para o fomento de um desenvolvimento sustentável na localidade: "Eu tinha uma vida muito carente. Nos três anos que estou aqui a minha vida melhorou bem" [em relação ao turismo] (sociedade civil – Vassouras).

No entanto, não se pode afirmar, de forma consistente, a existência de políticas que tenham trazido um retorno coletivo para a comunidade local. Soma-se ainda o risco da apropriação indevida de territórios, sem nenhum planejamento, o que pode trazer impactos ambientais graves para a região: "mais grave eu acho a falta de respeito dos 100 m à beira do rio, ninguém está a menos de 20, a maioria está em cima e fazendo porto" (sociedade civil – Barreirinhas).

As entrevistas demonstram ainda uma outra problemática na execução de políticas públicas na região: trata-se da falta de continuidade diante das trocas de governo.

> Por conta de uma briga política de eleições, foi facilitada uma invasão na entrada da cidade para prejudicar o político que estava lá. Foi uma coisa muito desordenada e muito rápida, até na construção das casas mesmo. Então, precisava ter esse gerenciamento, esse planejamento adequado e uma política forte para você conseguir estruturar e divulgar e fazer a participação da comunidade, entender que tem que ter uma participação ordenada. Com a invasão, a entrada da cidade, toda ela, já tem casas de alvenaria, mas não tem nada de saneamento básico. Então, como é que fica isso agora? (Representante do poder público – Barreirinhas)

Problemas de integração entre os atores aparecem dessa forma, atuando diretamente como elementos que impedem avanços significativos no desenvolvimento da região. Ou seja, a configuração de arranjos institucionais participativos faz-se necessária para que diferentes vozes estejam presentes na busca de bens coletivos.

8 | Região do Corede Médio Alto Uruguai (RS)

Andréa Zamin Saad e Anderson Felisberto Dias

Os Conselhos Regionais de Desenvolvimento (Coredes) do Rio Grande do Sul, criados oficialmente pela Lei nº 10.283 de 17 de outubro de 1994, são um fórum de discussão e decisão a respeito de políticas e ações que visam ao desenvolvimento regional. Seus principais objetivos são a promoção do desenvolvimento regional harmônico e sustentável; a integração dos recursos e das ações do governo na região; a melhoria da qualidade de vida da população; a distribuição equitativa da riqueza produzida; o estímulo à permanência do homem na sua região; e a preservação e a recuperação do meio ambiente. Neste e no próximo capítulo serão apresentados os dados analisados em três Coredes gaúchos: o do Médio Alto Uruguai, o do Noroeste Colonial Gaúcho e o de Celeiro.

A região Médio Alto Uruguai está localizada no extremo norte do estado do Rio Grande do Sul, fazendo divisa com o estado de Santa Catarina. Possui 193.402 habitantes, distribuídos numa área de 5.258,0 km², configurando uma densidade demográfica de 36,78 hab/km² (FEE, 2004). O Corede, que leva o mesmo nome da Região, Corede Médio Alto Uruguai, é composto por 23 municípios, dentre os quais seis foram estudados: Iraí, Frederico Westphalen, Planalto, Alpestre, Ametista do Sul e Cristal do Sul, demonstrados na figura 2.

Figura 1 – Coredes do estado do Rio Grande do Sul — Médio Alto Uruguai

Legenda

Corede Médio Alto Uruguai

Fonte: Ministério do Meio Ambiente, 2007.
Elaborado pelos autores, 2012.

Figura 2 – Corede Médio Alto Uruguai

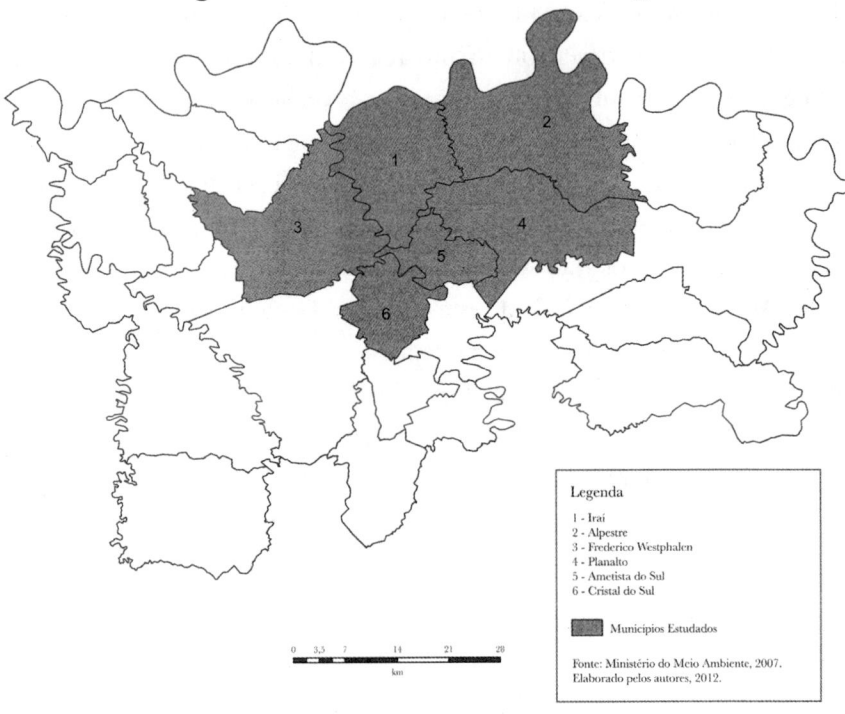

Legenda

1 - Iraí
2 - Alpestre
3 - Frederico Westphalen
4 - Planalto
5 - Ametista do Sul
6 - Cristal do Sul

Municípios Estudados

Fonte: Ministério do Meio Ambiente, 2007.
Elaborado pelos autores, 2012.

Tabela 1 – IDH, área e dados populacionais por município estudado

Município	Índice de Desenvolvimento Humano Municipal (2000)	Área (km²) (2010)	População total (2010)	Densidade demográfica (2010)
Alpestre	0,714	329	8.027	24,40
Ametista do Sul	0,754	93	7.323	78,74
Cristal do Sul	0,704	98	2.826	28,84
Frederico Westphalen	0,834	265	28.848	108,86
Iraí	0,778	182	8.078	44,38
Planalto	0,741	230	10.524	45,76
Total		1.197	65.626	54,82

Elaborado pelo Pegs.

Fontes: Atlas do Desenvolvimento Humano no Brasil (2000) e IBGE/Censo (2010).

Processo de discussão

Ao se observar o processo de *discussão das políticas públicas* na região, percebe-se que a primeira dificuldade para o entendimento da importância do bem comum está na concepção de cidadania que há na região. Essa falta de discernimento do que é cidadania, do papel do cidadão numa sociedade e do conhecimento das funções dos poderes constituídos, principalmente do poder legislativo, causa alguns obstáculos importantes ao desenvolvimento local. Isso é perceptível na opinião de gestores e cidadãos.

> Cidadania é quando a gente consegue ser aquilo que é, sem ninguém implicar [...] (Beneficiário – Iraí).
> Acho que cada um tem a sua parte na sociedade, eu vou ao clube, à igreja, trabalho [...] (Beneficiário – Planalto).
> O povo acha que o vereador pode conseguir tudo, até casa para ele morar [...], acham que elegem o vereador e este tem de pagar, pra eles, até a conta de luz, de água etc. (Gestor público – Cristal)

> Na verdade isso é uma política antiga de compra de voto. (Gestor público – Alpestre)

Porém, ao interrogar alguns representantes do Legislativo no intuito de saber se é desenvolvida alguma ação de conscientização e de orientação para a população, através de campanhas ou publicidade, informando sobre a função dos vereadores, a resposta que veio à tona foi lapidar: não.

> Com relação ao conhecimento da população sobre o papel dos vereadores, pode-se dizer que uns 90% não sabem qual é a nossa função. No interior [zona rural] é ainda pior, o povo quer que o vereador seja intermediário para conseguir uma máquina ou algum outro bem com a prefeitura. Em uma pesquisa universitária realizada aqui no município foi constatado que 70% da população não sabem qual o papel dos vereadores [...], mas nunca foi feito nada para informar a população sobre isso, já tivemos a ideia, mas ficou só no papo. (Gestor público – Planalto)

Na verdade, o que se percebe é que essa questão de dependência da população em relação ao vereador retroalimenta o sistema eleitoral. Pois se o vereador age como interlocutor e consegue (politicamente) benefícios exclusivos, ele ganha voto, como se diz. Por esse motivo, não há muito interesse por parte do Legislativo em informar a população, o que gera ainda mais alienação social e pode ser considerado como aspecto negativo da cidadania. Um fator importante que também contribui para essa alienação é a falta de educação, de cultura participativa e o individualismo ainda muito presente no cotidiano dos cidadãos.

> Normalmente as pessoas são individualistas. Se não tivermos o discernimento sobre as necessidades e razões das pessoas, isso acaba por comprometer a gestão das políticas públicas, pois geralmente as pessoas buscam apenas seus interesses. Eu acredito que isso desfavorece a gestão. Estamos procurando mudar constantemente essa postura, que é decorrente da questão cultural. (Gestor público – Iraí)
>
> A população continua esperando pela ajuda do poder público. Existe muito paternalismo, assistencialismo por parte dos governos, tanto estadual

como nacional, daí as pessoas ficam sempre esperando pelas políticas sociais. Existem algumas formas de melhorar o município, mas para isso é preciso que a população passe a buscar e deixe de lado o assistencialismo. (Gestor público – Frederico Westphalen)

Com relação à participação das pessoas nos projetos e programas elaborados pelo poder público, estas não participam, reclamam, dizem que não está bem, colocam que deveria ser diferente; quando as pessoas são chamadas e convidadas para participar, são poucas as que participam. (Gestor público – Cristal)

Contudo, não se pode generalizar e atribuir o problema da maior participação na gestão do desenvolvimento somente ao comportamento do cidadão e do Legislativo. O Executivo também tem uma grande responsabilidade nesse processo, pois se observa que grande parte dos gestores está despreparada para atuar nos seus respectivos cargos. Isso se dá por várias razões, entre as quais se destaca a presença de política partidária e a falta de capacitação para o exercício das atividades, além da troca constante de cargos e da falta de treinamento dos recursos humanos efetivos.

Os administradores públicos deveriam ter mais cursos de capacitação para conhecer o que é de fato desenvolvimento, pois a maioria deles não sabe o que é desenvolvimento e como podem agir para promover o mesmo, deveriam ir para uma sala de aula, e primeiro entender o que é e o que se busca com o desenvolvimento. (Beneficiário – Alpestre)

Não é crítica a prefeito, vereador e gestor, mas a cada eleição há uma ruptura no processo, quando o prefeito que foi eleito não for do mesmo partido do prefeito anterior é visível, é claro e notório que nós vamos ter uma ruptura do processo e isso não pode acontecer. Porém, nem todos são assim, depende muito da cabeça e da visão do gestor. (Sociedade civil – Planalto)

Na indicação da composição de cargos públicos não eletivos, como no caso de secretários municipais, existe a presença marcante de indicação política e comprometimentos assumidos durante a campanha eleitoral, deixando vulnerável todo o sistema administrativo e de desenvolvimento local. Na maioria dos casos, esses gestores desenvolvem suas atividades e fazem seus planejamentos a partir desses comprometimentos assumidos e acabam tratando o cidadão de forma distinta, dependendo do partido a que estão vinculados, ou, ainda, criando um comprometimento para eleições futuras.

A falta de conhecimento técnico, aliada à carência de cursos de capacitação na área, é outro entrave para a gestão pública. Na realidade, a pessoa que ocupa um cargo de chefia, comando de setor ou departamento, sem experiência e conhecimento na área, não consegue, a curto prazo, se inteirar de todas as normas, leis e regras inerentes à função. Por isso, é fácil perceber a falta de compreensão de alguns conceitos, princípios e teorias importantes da administração pública que deveriam nortear a gestão.

Inclusão

A tendência ao individualismo em detrimento do coletivismo deve ser entendida no contexto cultural, econômico e social em que os cidadãos da região estudada estão inseridos. Para sobreviver neste mundo globalizado, as pessoas muitas vezes se tornam egoístas e acabam pensando somente em seu bem-estar, esquecendo valores como ética e solidariedade. Da mesma forma, é perfeitamente compreensível que não haja referência em relação à criação de redes nos municípios, já que essa é uma cultura nova e ainda não difundida regionalmente. Porém, o fato de não ter havido nenhuma referência do cidadão em relação ao desenvolvimento sustentável é um tanto curioso, tendo em vista a grande discussão acerca desse paradigma do desenvolvimento, desencadeado a partir da década de 1990. Além disso, constatou-se que grande parte dos entrevistados está envolvida indiretamente em ações promovidas pelo poder público que visam ao desenvolvimento sustentável. Isso leva a crer que há uma falta de entendimento do conceito de desenvolvimento sustentável, apenas.

Em relação ao conceito de poder público, os principais aspectos mencionados nas falas evidenciam que há canais de interlocução abertos entre os agentes sociais, políticos e de mercado. Contudo, valores tradicionais paternalistas ainda estão fortemente imbricados nesse contexto.

Percebe-se que a falta de continuidade administrativa, de projetos orientados para o desenvolvimento, assim como a falta de capacitação e de comprometimento dos funcionários públicos com a gestão pública são alguns dos principais problemas presentes nos municípios.

Além disso, a falta de capacidade de investimento próprio aumenta a dependência de recursos estaduais e federais e obriga os municípios a implantarem programas compensatórios como forma de sustentabilidade local.

A crescente difusão do enfoque participativo prevê a inclusão da sociedade civil como um agente fundamental no processo democrático. Essa abordagem dominante enfatiza a importância da articulação entre os agentes sociais e políticos para as ações relacionadas à promoção do desenvolvimento.

Como consequência disso e tendo em vista que o Estado passou a transferir responsabilidade e recursos para ONGs e associações, para que as mesmas supram a demanda pública, houve um maior interesse por parte da organização civil em se estruturar para barganhar tais repasses financeiros. Nos municípios estudados, os grupos organizados em associações possuem características semelhantes, pois quase todos se formaram tendo em vista interesses econômicos. Em contrapartida, percebe-se o enfraquecimento de entidades representativas, como é o caso da Câmara de Diretores Lojistas (CDL) e da Associação do Comércio e Indústria (ACI) em todos os municípios estudados, exceto em Frederico Westphalen, assim como a decadência de vários clubes de serviços atuantes até pouco tempo atrás.

> A ACI discute pouco essas questões [desenvolvimento local], pois esteve em período de decadência, não consegue nem reunir os empresários, a discussão até acontece, mas não se sai dela. Não existe nenhum tipo de discussão entre o poder público e a ACI com relação aos problemas que existem no nosso município. Estamos tentando mudar essa realidade agora. (Sociedade civil – Cristal)

Com relação à participação tanto da sociedade civil como da população em geral, pode-se dizer que houve um desgaste das pessoas que desenvolviam os movimentos sociais, porque não se tem lucratividade, existem muitas críticas e não incentivos e apoio, pelo individualismo e egoísmo da população. O governo é o grande culpado por isso, pois as pessoas só participam se terão algum benefício próprio. Os problemas políticos geralmente comprometem o desenvolvimento e a participação da população. (Sociedade civil – Iraí)

Quanto à participação da sociedade civil [nas políticas públicas], acredito que exista grande individualidade entre as entidades, geralmente envolve questões políticas. É desenvolvido um trabalho individualizado, cada entidade busca seus próprios princípios. (Sociedade civil – Frederico Westphalen)

A questão das rivalidades políticas é um aspecto que, de fato, atrapalha muitas vezes o andamento das atividades participativas, implica o desenvolvimento local e regional, geralmente ocorre uma disputa entre as pessoas de partidos adversos. Isso afasta as pessoas dos clubes, das associações. (Sociedade civil – Cristal)

Percebe-se através desses depoimentos que até hoje não existe um entendimento pleno da importância e do poder de interferência da sociedade civil nas decisões das políticas públicas locais e regionais.

Pluralismo

A gestão pública descentralizada rompe com as práticas de planejamento tecnocrático e autoritário, possibilitando o desenvolvimento a partir da interlocução entre os agentes propiciada pelos espaços públicos. Os municípios estudados, sem exceção, aderiram a esse novo contexto ou forma de gerenciar devido à ânsia dos gestores pela conquista de maior autonomia administrativa e financeira e na busca do desenvolvimento social e econômico para seus municípios e para a região.

Hoje precisamos aderir aos programas para viabilizar o município [...], o governo não impõe, mas deixa excluído de recursos quem está de fora. Mesmo sabendo que os programas não irão funcionar como deveriam, pois eles vêm empacotados e com recursos carimbados [...], precisamos implantar, é o único jeito. Não podia ser assim, os municípios e as regiões são diferentes, imagina comparar o nosso município com um outro lá do Mato Grosso ou do Amazonas, é piada! Como vai existir um único programa que resolva os diferentes problemas sociais? (Gestor público – Frederico Westphalen)

O governo federal está segurando a grande parte do dinheiro, os municípios têm que dar conta do recado com a menor fatia do bolo. Só que ninguém bate na porta deles. Em municípios pequenos as pessoas batem na nossa casa, no sábado, no domingo, não tem dia. Elas querem ver resolvidos os seus problemas e não adianta a gente explicar que não é competência do município ou que não tem recurso para esse fim. (Gestor público – Planalto)

Na área da saúde é ainda pior, quando falta remédio que o governo deveria mandar [para doenças especiais] as pessoas cobram da gente ou então vão para o promotor denunciar o prefeito. Se a gente compra esse remédio, que não é da farmácia básica, tem a lei que nos executa, é muito complicado. Os municípios estão ficando inviabilizados. (Gestor público – Ametista do Sul)

Contudo, esse processo de descentralização desencadeado a partir dos governos Federal e Estadual não foi suficiente, por si só, para garantir a alavancagem do desenvolvimento local e regional. Percebe-se que a gestão descentralizada, integrada, colegiada e participativa ainda é incipiente e os empecilhos são significativos e diferenciados. Por um lado, a resistência por parte do poder público no fomento da gestão participativa ainda é forte; por outro lado, os cidadãos não se sentem preparados para deliberar, tendo em vista a falta de cultura participativa e de conhecimento para enfrentar os desafios do processo.

> Percebo que os conselhos municipais, de forma geral, ainda sofrem interferência do poder público, que quer torná-los simples coadjuvantes nesse processo. Os conselhos estão se tornando homologadores de decisões prontas. Eu tenho visto nesses conselhos pouca gente que luta contra essa pretensão do poder público. No Conselho [...] também enfrentamos isso, mas ainda conseguimos nos impor e enfrentamos vários problemas ao longo do tempo,

apesar dos avanços. Acredito que isso tenha sido favorecido pelos cursos de capacitação de conselheiros promovidos pelo Conselho Regional. (Gestor público – Cristal)

Acho importante os espaços públicos e fico chateado porque muitas vezes as pessoas não acreditam no poder que têm e acabam deixando a decisão na mão de pessoas que direcionam conforme seus próprios interesses. Entretanto, acho que não podemos desistir, ainda acredito nos conselhos, vejo que está havendo uma mudança de comportamento ao longo dos tempos, esses conselheiros estão tendo uma maior consciência dos atos. Dentro do Conselho [...] tenho procurado incentivar a participação dos representantes de bairros, pois ainda vivemos com a cultura de que o vereador é o intermediário entre o poder Executivo e a população, desvirtuando a função do Legislativo. Queremos que essa população veja o conselho como intermediador e não os vereadores, buscando uma maior consciência política. (Gestor público – Frederico Westphalen)

Eu nunca vou nessas coisas [audiências públicas, conferências, fóruns etc.] porque não entendo disso. Meu negócio é outro, não adianta perder tempo. (Sociedade civil – Cristal)

A falta de continuidade administrativa pela presença marcante de conflitos de ordem política, sobretudo ideológica, e o amadorismo na gestão também influenciam negativamente todo esse processo democrático e de desenvolvimento.

O principal fator de desagregação da população é a divisão política em que as pessoas não colaboram e não participam porque são de partidos políticos contrários. (Beneficiário – Frederico Westphalen)

Falta à administração municipal arrumar um foco para se direcionar. O município precisa definir algo para a partir daí ter ações, tem que pensar para a frente. Tudo depende da participação da iniciativa privada, mas é pouca coisa, falta para a sociedade uma direção, falta base, visão. Essa falta de articulação com certeza pode ser por rixa política. Na verdade tem que ser quebrado esse negócio é por isso que o município não vai para a frente. Não há continuidade, cada prefeito inventa uma coisa nova e muitas vezes não continua o projeto do anterior. (Gestor público – Alpestre)

A descentralização, da forma como ocorreu, não garantiu que os programas e projetos de governos contemplassem satisfatoriamente os anseios da população e as necessidades peculiares locais e regionais. A população, os gestores e a sociedade civil aparentemente ainda não estão preparados para gerenciar num sistema democrático, e a maneira como este foi implantado não permitiu a flexibilidade de gerenciamento e de tomada de decisão por parte dos municípios, engessando a administração pública.

Percebe-se esse desequilíbrio dentro da própria sociedade civil, o que causa, de certa forma, exclusão em seu âmago. Embora exista um anseio por participação social nas decisões sobre políticas públicas municipais, as pessoas não se sentem preparadas para exercer sua cidadania, e muitas inclusive desconhecem seus próprios direitos e deveres, e acabam se excluindo do processo participativo por não se considerarem aptas a opinar.

> Os membros do conselho são acomodados, não têm posicionamento, ideias próprias para se pronunciar frente à tomada de decisões, na maioria das vezes estas são tomadas por poucas pessoas que opinam. Muitas vezes as pessoas se pronunciam depois que a reunião acaba, posicionando-se quando não é necessário. Muitos não têm noção do que deve acontecer dentro de um conselho. As pessoas são indicadas para ocuparem cargos nos conselhos e na maioria das vezes não sabem quais serão as suas funções e atribuições. (Sociedade civil – Frederico Westphalen)
>
> A participação da sociedade civil e dos cidadãos nas reuniões de conselhos e outras está totalmente desmotivada, falta consciência [e pessoas nessas] reuniões, atividades. (Sociedade civil – Cristal)

Outros se limitam a acatar as demandas sugeridas por um número reduzido de pessoas, em geral aqueles culturalmente mais instruídos, que possuem um poder de persuasão maior e que são interessados diretos nos assuntos pertinentes. Dessa forma, as políticas públicas acabam sendo direcionadas para o interesse de uma parte restrita da população, desvirtuando a legitimidade do processo participativo e emperrando o avanço no desenvolvimento do município.

Contudo, há um consenso entre os entrevistados de que o papel da sociedade civil foi e está sendo fundamental para assegurar certos direitos, principalmente direitos sociais que são discutidos nos espaços públicos. Apesar de a sociedade civil organizada apresentar aspectos positivos, capazes de promover o desenvolvimento e fomentar a cidadania nesses municípios, observou-se que as instituições não dispensam tempo, em suas reuniões ordinárias, para debater os assuntos referentes às políticas públicas, da mesma forma que não costumam levantar ideias e alternativas para o desenvolvimento local e regional. São praticamente as mesmas pessoas que participam nos conselhos municipais existentes.

> Essas questões de desenvolvimento eu já tentei discutir dentro da associação, mas não dá certo. Há um desinteresse geral, a maioria não participa, nem mesmo das reuniões, só se tem janta e se é gratuito, se tem de discutir alguma coisa importante são sempre os mesmos que aparecem. (Sociedade civil – Ametista do Sul)
> No fim tu participa de muitas coisas e não acaba rendendo o que se espera e [os conselhos] basicamente acabam funcionando porque têm que funcionar. (Sociedade civil – Cristal)

Além disso, percebe-se uma falta de comprometimento, de estímulo e de credibilidade da sociedade civil para com as demandas públicas, fato esse agravado por constantes atos de corrupção envolvendo agentes públicos.

> O povo está desanimado pela corrupção, não acredita mais no poder público. É preciso fazer um trabalho para resgatar ou despertar o interesse pela participação e envolvimento das pessoas na gestão pública para promover o desenvolvimento. Hoje, tem 10 pessoas que olham para a frente e 25 olham para trás, não acreditando, as pessoas estão desmotivadas. (Sociedade civil – Planalto)

Igualdade participativa

No contexto de democratização e por pressão da sociedade civil mais organizada, surgiram os espaços públicos de discussões e de encontro entre o poder público, o mercado, a sociedade civil e o cidadão. Porém, apesar da existência desses espaços públicos, os municípios, de uma maneira geral, carecem de entrosamento dos poderes constituídos, entidades, associações, clubes, cooperativas e os cidadãos, faltando uma efetiva ação conjunta que possa refletir a vontade de todos os engajados na busca pelo desenvolvimento local e regional.

> As associações, os clubes, os sindicatos trabalham por si, competindo entre eles mesmos, até em nível regional é assim. Acho que tem uns 10 projetos de desenvolvimento para a nossa região, a Emater tem, o Codemau tem, as prefeituras têm, e assim por diante. Há uma competição onde todos perdem por falta de integração. (Gestor público – Alpestre)
> Muitas vezes são abertos espaços de discussão e as pessoas não participam, é difícil mobilizar, mas no decorrer, quando começam a participar e se sentem parte do contexto, se torna mais fácil. Muitas vezes participam na hora de reclamar quando algo não deu certo. Quando existe o oferecimento de algum benefício direto às pessoas, ocorre maior participação, quando está direcionado ao interesse da população. (Gestor público – Cristal)

Contudo, essa abertura de interlocução é um referencial na ruptura com um modelo centralizado, autoritário e excludente vivenciado no Brasil tempos atrás. A nova institucionalidade tende a transformar e qualificar a gestão pública a partir da ampliação dos canais de representatividade dos setores organizados. Nesse processo, cabe destacar o surgimento e fortalecimento de numerosos conselhos consultivos e deliberativos em várias instâncias de gestão. Assim, constata-se que a contribuição dos espaços públicos é fundamental para o fortalecimento de uma gestão democrática, íntegra e compartilhada, favorecendo qualitativamente a gestão das políticas públicas. O desafio posto é que estes espaços sejam, de fato, públicos e abertos e que se deixe de lado o cunho político-partidário. Porém, isso exige uma mudança de comportamento, ou seja, um processo de aprendizagem e de mudança cultural da população a fim de neutralizar as práticas de dominação e manipulação.

Autonomia

Ao analisar os aspectos da sociedade civil e as questões relativas aos espaços públicos, é possível visualizar algumas das variáveis mais presentes nas falas dos entrevistados e no comportamento dos agentes envolvidos. Percebe-se que nos municípios estudados a criação dos conselhos se deu a partir do plano federal. Isso demonstra que os conselhos não foram instituídos por iniciativa local, como mecanismo de fortalecimento da participação da sociedade, mas pela obrigatoriedade. De qualquer forma, a sedimentação dos conselhos obrigatórios nos municípios abriu espaços para demandas de novos conselhos, geralmente ligados à defesa de direitos de grupos específicos. Assim como também abriu espaços para a criação de conselhos de controle social referentes a determinados programas como Bolsa Escola, Bolsa Alimentação, Alimentação Escolar, entre outros.

Do ponto de vista formal, a questão da representatividade no âmbito dos conselhos se resolve, nesses municípios, por meio da abertura de canais para as instituições que queiram participar, e estas por sua vez indicam seus membros para atuarem como conselheiros, representando, dessa forma, a sociedade civil. Da mesma maneira, o governo e, em alguns tipos de conselhos, os prestadores de serviços também indicam seus representantes. Contudo, isso não é garantia de legitimidade, nem de cidadania deliberativa, tampouco de representatividade dos anseios da sociedade civil e do cidadão, pois ficou claro nas entrevistas que grande parte dos conselheiros não interage nem debate as demandas do conselho com a entidade que representam.

> A gente tem autonomia pra decidir as coisas dentro do conselho sem ficar perguntando a ideia dos outros membros da entidade. Quem está lá [no conselho] faz aquilo que achar melhor, nunca ficamos conversando sobre isso nas nossas reuniões, imagina! (Sociedade civil – Frederico Westphalen)
>
> Ah, pra te falar bem a verdade eu não sei o que acontece no conselho e pra que serve o conselho da [...], nem lembro quem é o nosso representante, acho que é o [...]. (Sociedade civil – Ametista do Sul)

> Eu não tenho conhecimento sobre conselhos municipais, nunca participei disso [...]. De que adianta ficar se envolvendo nessas coisas? Codemau?! Nunca ouvi falar. (Beneficiário – Alpestre)

Isso contraria a dimensão da representação, que visa fazer chegar ao maior número de organizações da sociedade civil o que está sendo discutido e decidido no interior dos conselhos e, inversamente, fazer chegar ao conselho as propostas da sociedade civil. Na verdade, quando o conselheiro atua conforme seu pensamento e vontade, essas questões não são consideradas, assim como não são atingidos os segmentos e setores não organizados da população. Portanto, assim como é possível observar a incorporação da diversidade de organizações sociais e conselhos municipais, também é fácil perceber a sua limitada capacidade de articular interesses e demandas dos segmentos da sociedade civil com o poder público e vice-versa. A maioria da população não está diretamente vinculada ou associada a nenhuma organização social, ou desconhece a existência dos conselhos, principalmente os de âmbito regional, ou não sabe qual é a função deles.

Contudo, e apesar da consciência dos gestores e conselheiros da falta de publicização dos conselhos, quase nada tem sido feito durante os últimos anos para mudar essa realidade. Cita-se apenas uma mobilização realizada em 2001, chamada de Ronda da Cidadania, promovida pelo governo do estado do Rio Grande do Sul em parceria com as prefeituras municipais, o Ministério Público, o poder Judiciário e conselhos, entre outros. Essa ação tinha como objetivo informar a população sobre seus direitos e deveres e sobre a atuação e função de cada órgão público, entretanto pouco se falou sobre os conselhos, e as pessoas ainda não sabem que podem participar das reuniões como interlocutores.

Porém, através dessa pesquisa foi possível encontrar alguns conselhos que, mesmo numa dinâmica e configuração não ideal, conseguem ser eficazes e atuantes. Destacam-se o Conselho Municipal de Saúde de Frederico Westphalen, os conselhos Agropecuários de Alpestre e Frederico Westphalen e os conselhos de Educação em todos os municípios estudados.

De forma geral, os conselhos não estão sendo efetivos, ainda o melhor conselho que está atuando e que já atuava anteriormente é o da educação, as pessoas têm maior comprometimento com a educação, cobram, discutem, estão mais atentas às questões voltadas à educação. (Gestor público – Cristal)

Pergunta-se, portanto: a que se deve esse fato? Acredita-se que esse maior interesse por assuntos relacionados à educação e a consequente maior participação nos conselhos é favorecida pela valorização curricular dos professores membros desses conselhos. Observou-se que a visão setorializada ainda prevalece sobre a visão global. Não existe diversidade de participação nos conselhos, ou seja, cada conselho mantém os representantes do seu segmento e quase não há interação nem comunicação entre eles. Essa observação parece paradoxal, pois alguns agentes políticos e sociais pertencem a vários conselhos estabelecidos no município. Além dessa questão, outras dificultam o processo democrático, como: a informação privilegiada para representantes do governo; falta de mecanismos de sensibilização da sociedade civil; pouca transparência no repasse das informações; falta de recursos financeiros e de liberação para participação em cursos de capacitação e eventos promovidos pelos conselhos em nível regional, estadual e nacional.

As capacitações de conselheiros através do Conselho Regional ajudam muito. Entretanto, sabe-se que os governos não apoiam muito essas capacitações, prova disso é a falta de rubrica orçamentária para isso. Ano passado tivemos que tirar dinheiro do bolso para participar da Conferência Estadual e da Conferência Nacional da Saúde. Vejo que o município e a região ficaram prejudicados pela falta de participação dos delegados na Conferência Nacional, que é a instância máxima de deliberação e que proporciona conhecimento para poder deliberar em nível local. O Executivo não está dando a devida importância aos conselhos, pois entende que seja um órgão fiscalizador e controlador não indesejável, como órgão controlador incômodo. O Legislativo, por sua vez, vê os conselhos como concorrentes nesse processo [...]. (Sociedade civil – Alpestre)

Quanto à autonomia dos conselhos em relação ao poder público, ficou empiricamente comprovado que, na maior parte deles, praticamente não há conflitos e contrapontos às ideias dos representantes do governo, fato esse que serve como questionamento acerca da legitimidade do processo, pois a dimensão do conflito lhes é inerente, como a própria democracia. Ao ser questionado sobre as discussões realizadas no conselho, um conselheiro responde muito naturalmente, [...] no nosso conselho a gente não discute, o secretário apresenta as contas e fala as coisas que acha importante fazer e a gente aprova, as reuniões são bem rapidinhas. (Sociedade civil – Planalto)

Além disso, foi possível perceber que controvérsias podem levar à exclusão por interesses políticos. Grande parte dos representantes das entidades tem alguma ligação político-partidária com o gestor local, fato que torna vulnerável e viciado o processo democrático. Ainda existem vários conselheiros que ocupam cargos de confiança do poder Executivo e fazem parte dos mais diferentes tipos de conselhos, atuando, inclusive, como presidentes em alguns deles. Para exemplificar, cita-se o caso de um secretário municipal da Saúde que é presidente do Conselho da Assistência Social; de uma assistente social (contratada pelo poder público) que é presidente do Conselho de Segurança Alimentar; de um prestador de serviço na área da saúde (contratado pelo poder público) que é presidente do Conselho Municipal da Saúde, entre outros tantos casos que poderiam ilustrar essa situação e que comprovam que o poder público detém o poder e controle de grande parte dos conselheiros, que, por sua vez, são coniventes com essa situação.

Com relação aos conselhos, acredito que a maioria não funciona como deveria funcionar. Eles não se reúnem para discutir os problemas, tem conselhos com 16 membros, e quando são realizadas as reuniões compareçem apenas quatro ou cinco membros, não se discute nada, geralmente se reúnem para fazer uma ata, quando precisam realizar algum projeto, geralmente para homologar alguma decisão, pela necessidade do documento ser assinado. (Sociedade civil – Cristal)

Eu era secretária da Educação em [...] e participava do Conselho Municipal de Saúde como representante do governo [...]. Como eu conhecia a legislação e o funcionamento da Secretaria de Saúde, por já ter ocupado o cargo de secretária por cinco anos, questionei sobre algumas despesas da secretaria e a forma de contratação de prestadores de serviços [médicos] numa das reuniões do conselho [...]. Para minha surpresa, no outro dia, minha subordinada da Secretaria de Educação me comunicou que o prefeito, com conivência do presidente do conselho (que era prestador de serviço contratado pela prefeitura), a havia nomeado para me substituir no Conselho de Saúde. Fui literalmente excluída por ousar questionar o poder público municipal e ainda ouvi do prefeito: ah, de que lado você está afinal? (Beneficiário – Alpestre)

Em relação ao Comudes, percebe-se claramente que esse conselho foi mais um imposto pela ordem legal e que não está cumprindo com seus princípios e objetivos.

O Conselho Municipal de Desenvolvimento [Comudes] surgiu em virtude da votação das prioridades eleitas em termos de verbas em nível estadual. Vem a ser benéfico para o município se fizer um trabalho com o poder público para saber as necessidades de desenvolvimento do município, mas se for só assim, para votação da consulta popular, não adianta nada. Ele é um conselho novo e falta discutir com a sociedade sobre a importância dele e fazer com que a população se empenhe junto com o conselho para que as coisas aconteçam. (Sociedade civil – Ametista do Sul)

Entende-se que essa forma de atuação não é efetiva e não fomenta o desenvolvimento local. Percebe-se isso na fala do presidente do Codemau. Em se tratando de conselho no âmbito regional, algumas discussões vêm sendo realizadas sobre aspectos ligados ao desenvolvimento socioeconômico da região, agregando diversas entidades e associações através de reuniões promovidas pelo Codemau. Contudo, pela fala de alguns gestores, percebe-se que não existe continuidade nos projetos realizados pelo Codemau e o andamento das demandas é lento ou não acontece, o que causa um certo desinteresse dos municípios em participar dessas decisões e de reuniões promovidas para esse fim.

Bem comum

Percebe-se que os conselhos e instituições regionais estão começando a notar a importância da interinstitucionalidade e da interlocução entre os agentes para a resolução de problemas comuns e o alcance do bem comum. Entretanto, essas iniciativas ainda são incipientes, realizadas de forma isolada e descontínua, com poucas deliberações de ações conjuntas e articuladas até o momento. Na verdade, essas reuniões e debates estão servindo mais para sensibilizar autoridades e sociedade civil da importância desse entrosamento regional do que para o efetivo fomento ao desenvolvimento. Contudo, podem ser considerados um grande avanço, tendo em vista a ausência da cultura participativa nas últimas décadas e o fato de o individualismo e a consciência local ainda prevalecerem sobre o coletivo e o regional.

Apesar disso, é importante sinalizar a mudança de enfoque na gestão das políticas públicas a partir da existência dos conselhos. Este novo paradigma da modernização política, como considerado por alguns estudiosos, foi reforçado pela ascendência das tendências neoliberais e culmina no estreitamento dos laços entre as esferas públicas, sociais e do mercado. Porém, para que os conselhos representem, de fato, um avanço com relação ao monopólio do uso dos recursos públicos por parte dos governos, é fundamental que se abram mais à participação e publicização das suas atividades. Parte-se do pressuposto de que um conselho que se abre a variadas formas de participação e consegue, além da difusão da pauta, estimular a interlocução dos conselheiros com as respectivas entidades e com população em geral contribui de forma substancial para uma mudança na qualidade de vida das pessoas em seu território. Porém, nessa investigação, não foi possível comprovar efetivamente esse pressuposto, apesar de existirem alguns conselhos mais atuantes e efetivos, como nos exemplos anteriormente citados. Percebe-se que o poder público ainda exerce um grande domínio sobre as deliberações dos conselheiros, principalmente no âmbito municipal. Por isso, o grande desafio posto é que esses espaços de interlocução entre agentes, principalmente os conselhos, sejam efetivamente públicos, tanto no seu formato quanto nos resultados, que não sejam pautados unicamente por questões políticas e pela agenda do governo.

Cabe ressaltar que a democracia participativa somente terá credibilidade para a sociedade se for capaz de produzir resultados concretos, ou seja, se de fato impulsionar o desenvolvimento econômico e social do local e da região, o que não vem ocorrendo nesses municípios.

9 | Região dos Coredes Noroeste Colonial e Celeiro (RS)

Anderson Felisberto Dias

NESTE CAPÍTULO SERÃO ANALISADOS OS DADOS REFERENTES aos municípios pertencentes à região Noroeste Colonial do Rio Grande do Sul, que compreende 32 municípios e ocupa uma área de 9.911,3 km², com uma população total de 306.086 habitantes em 2004 (Trennepohl & Macagnan, 2008).

A região engloba os Coredes do Noroeste Colonial e Celeiro. No momento da coleta de dados, realizada entre o segundo semestre de 2007 e o início do semestre de 2008, a região congregava um único Corede, o do Noroeste Colonial. Em 10 de janeiro de 2008, através do Decreto nº 45.436, são criados dois novos Coredes, dentre os quais o de Celeiro, resultado do desmembramento da Região Noroeste Colonial, conforme pode ser observado na figura 1.

Figura 1 – Coredes do estado do Rio Grande do Sul

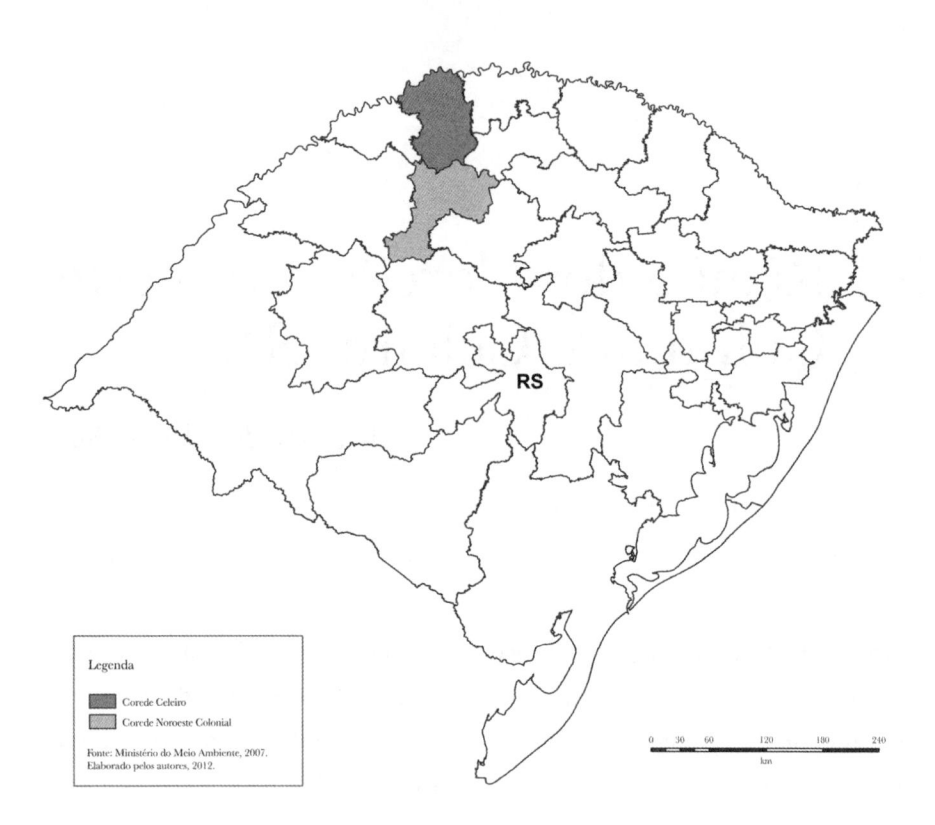

Legenda
- Corede Celeiro
- Corede Noroeste Colonial

Fonte: Ministério do Meio Ambiente, 2007.
Elaborado pelos autores, 2012.

Dos 32 municípios que compõem os Coredes Noroeste Colonial e Celeiro, seis foram pesquisados: Condor, Joia e Nova Ramada – Corede Noroeste Colonial; Braga, Santo Augusto e São Valério do Sul – Corede Celeiro. Os municípios estão indicados na figura 2. Com uma área somada de 2.661 km², correspondem a 26,85% da área total do Noroeste Colonial Gaúcho. Possuem uma população conjunta de 38.693 habitantes.

REGIÃO DOS COREDES NOROESTE COLONIAL E CELEIRO (RS)

este Colonial e Celeiro

Legenda

Corede Noroeste Colonial
1 - Condor
2 - Joia
3 - Nova Ramada

Corede Celeiro
4 - Braga
5 - Santo Augusto
6 - São Valério do Sul

Municípios Estudados

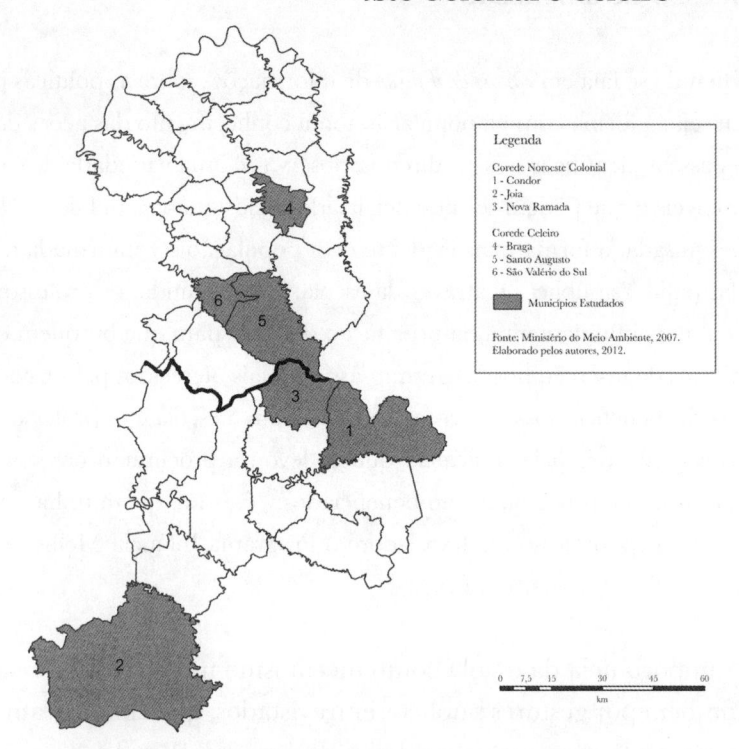

Fonte: Ministério do Meio Ambiente, 2007.
Elaborado pelos autores, 2012.

Tabela 1 – IDH, área e dados populacionais por município estudado

Município	Índice de Desenvolvimento Humano Municipal (2000)	Área (km²) (2010)	População total (2010)	Densidade demográfica (2010)
Corede Noroeste Colonial				
Condor	0,793	465	6.552	14,09
Joia	0,774	1.236	8.329	6,74
Nova Ramada	0,770	255	2.437	9,57
Corede Celeiro				
Braga	0,703	129	3.702	28,70
Santo Augusto	0,766	468	13.970	29,85
São Valério do Sul	0,715	108	2.647	24,51
Total		2.688	37.637	14,00

Elaborado pelo Pegs.
Fontes: Atlas do Desenvolvimento Humano no Brasil (2000) e IBGE/Censo (2010).

Processo de discussão

Quando se fala em *canais de difusão* de informações sobre as políticas públicas, ou seja, a forma como a população toma conhecimento das ações do Estado e passa a identificar os seus direitos, observa-se uma variedade de canais disponíveis e que podem ser potencializados pelos gestores públicos. Na região pesquisada, a forma mais evidente de a população ser informada a respeito das políticas públicas é através da escola. Nesse sentido, os professores exercem papel fundamental na orientação dos pais para que busquem os mecanismos de inserção nos programas assistenciais oferecidos pelo Estado. Muitos dos beneficiários entrevistados apontaram a escola e os professores como os responsáveis pela indicação que os levou a procurar o credenciamento nos programas nos quais são beneficiados: "é assim: quem tinha criança na escola daí a professora falava [sobre o Programa Infância Melhor e o Bolsa Família]" (beneficiário – Braga).

A importância da escola como mecanismo mobilizador é reconhecida também por gestores públicos entrevistados, que enfatizaram que ela é "um grande elo nas comunidades do interior. [Para] fazer a comunidade interagir, trazer os pais" (gestor público – Joia). A escola é não só um espaço eficiente para informar a população, mas também é capaz de mobilizar a comunidade para a participação nas discussões da gestão pública:

> Quando você envolve a escola é boa [a participação], se fizer uma reunião na escola você tem 80% de pais, então a gente começou a se utilizar da escola, se você fizer em um pavilhão, vai quatro. (Gestor público – Condor)

Outro ator recorrentemente citado pelos entrevistados é o agente de saúde, que tem o papel fundamental de visitar as famílias e levar à população esclarecimentos sobre os programas:

> Nem sabia sobre o programa [PIM], fiquei sabendo porque as agentes passaram de casa em casa explicando. (Beneficiário – Condor)

Alguns programas de saúde a gente conhece pelo trabalho dos agentes comunitários. (Beneficiário – Braga)

Os postos de saúde estavam fazendo [cadastro no Programa Saúde da Família], daí cada enfermeira tem um bairro, daí elas fazem o cadastro assim, cada agente de saúde eles fazem, né. (Beneficiário – Braga)

O que se observa por parte do poder público é que formas ativas de informar a população parecem surtir mais efeitos, visto que muitos beneficiários desconhecem a estrutura dos programas assistenciais e normalmente não tomam a iniciativa de procurar a administração pública para cadastro nesses programas. Nesse sentido, os agentes de saúde parecem ser um canal eficiente para estabelecer um elo entre a administração pública e a população. Por outro lado, a assistência social nas prefeituras pode ser considerada uma forma passiva de interface, já que depende, basicamente, da iniciativa do indivíduo de buscar auxílio. Alguns casos, no entanto, demonstram uma mudança de postura da população na busca de auxílio, como um dos gestores entrevistados destaca ao se referir a um programa agropecuário:

Olha, eu conheço o gado do município, e mais ou menos tem uma tabela ou, então, quando o agricultor precisa ele entra em contato, então a gente vai nas propriedades. Hoje o pessoal chama bastante, mudou um bocado. (Gestor público – São Valério)

Buscar o estreitamento da relação entre o poder público e a comunidade pode ser um caminho para aumentar o acesso dos cidadãos às informações sobre as políticas públicas. Uma alternativa para a intensificação dessas relações é a utilização dos meios de comunicação, sobretudo o rádio, que demonstra uma forte penetração em pequenos municípios como os pesquisados. Diversos entrevistados apontaram o rádio como a forma pela qual obtiveram informações sobre as políticas públicas. Algumas administrações municipais parecem ter percebido a eficiência dessa forma de comunicação e a utilizam frequentemente:

Nós temos um programa informativo semanal, então é colocada, digamos, uma nota na rádio. Os interessados, aí no geral do município, em adquirir mudas de alevinos [...] vai lá, se inscreve na secretaria, aí a secretaria faz o meio de campo referido e depois a pessoa paga. (Gestor público – São Valério)

As relações interpessoais podem ser colocadas como um dos canais de acesso à informação mais presentes em localidades como as pesquisadas. O pequeno número de habitantes nesses municípios contribui para o estabelecimento de contatos pessoais que favorecem a troca de experiências, além das relações familiares, como no caso citado pelos entrevistados: "Fiquei sabendo dos programas [Bolsa Família, Troca-Troca e Cesta Básica] por uma prima. Vi que tinha direito e me inscrevi" (beneficiário – Braga); "Eu fui e me cadastrei [no Bolsa Família], [...] todo mundo falava: vai lá e cadastra. Eu dizia: não sei, a maioria nunca dá certo! E daí pensei: mas é uma ajuda, né. Daí peguei e fui" (beneficiário – Braga).

Com relação à *qualidade da informação*, embora tenham sido identificados canais de difusão, nem todas as administrações públicas parecem utilizá-los de forma eficiente. O que se percebe é que há, por parte dos beneficiários, certa escassez de informações, devido, principalmente, à dificuldade de entendimento de regras e estrutura dos programas, indicando a necessidade de uma adaptação da informação para que possa ser eficientemente compreendida pela população. Nesse sentido, os agentes de saúde, mais uma vez, aparecem como uma alternativa interessante para a decodificação da informação, como pode ser visto no depoimento de um dos beneficiários ao falar das formas de obtenção de informações do Programa Saúde da Família:

Provavelmente que eu acho que a gente fica mais, mais à vontade. Não se preocupa enquanto tá tudo bem, né. Se não tivesse o agente talvez eu não fosse tão cuidadosa, porque tem coisas que eu nem teria ideia. (Beneficiário – Braga)

Mesmo reconhecendo a importância de atores dentro da estrutura administrativa do município – como os agentes de saúde, os professores e as assistentes sociais, dada a sua interação com a comunidade –, os dados revelam a necessidade de treinamento para que esses agentes possam efetivamente contribuir para a transmissão de informações claras e diversificadas sobre as políticas públicas. A colocação a seguir sugere que, por vezes, o desconhecimento por parte desses atores é percebido pela população:

> Conheço por cima. Não há muita informação, divulgação pela rádio ou pelas agentes de saúde, ela mesma era agente de saúde e não sabia de quase nada, apenas da [informação] básica, não divulgavam para não ter que disponibilizar os valores para o povo. (Beneficiário – Joia)

É importante destacar que a falta de clareza na informação pode ser interpretada pela população, conforme apontado acima pelo entrevistado, como uma estratégia do poder público de dificultar a fiscalização desses programas, o que não pode ser desconsiderado na medida em que a legitimidade das ações pode depender da transparência da gestão dos recursos destinados aos municípios.

Existem, ainda, problemas com relação à qualidade dos cadastros das pessoas contempladas por programas assistenciais que impõem restrições quanto à renda, como o Programa Bolsa Família. Um dos gestores entrevistados destaca essa realidade: "até, inclusive, os primeiros que se beneficiaram de repente mentiram no cadastro e tavam recebendo pessoas de bens [pessoas com renda superior à estipulada]" (gestor público – São Valério). A afirmativa pode ser ratificada a partir do depoimento de um beneficiário que afirma receber o auxílio, mesmo não se enquadrando nos critérios estabelecidos: "minha renda é maior que o que pedem para poder ganhar a bolsa, mas como a prefeitura não me ajuda em nada, também não vou devolver" (beneficiário – Joia).

Nas políticas públicas analisadas, foram identificados *espaços de transversalidade* que congregam vários setores de forma que diversos pontos de vista sejam integrados. Uma das características dos programas citados, inclusive, é a sua transversalidade, já que prevê na estrutura a interação entre diversos órgãos da administração pública, seja no âmbito federal, municipal ou estadual. Nos municípios, especificamente, para a implementação de um mesmo programa, várias secretarias são normalmente envolvidas, como no caso do Programa Bolsa Família e do Programa da Saúde da Família, que integram as secretarias da Assistência Social, da Saúde e da Educação: "A gente tem uma parceria muito grande com todas as secretarias do município, porque uma não funciona sem a outra, no programa do PIM são as três secretarias, Saúde, Educação e Assistência Social" (gestor público – Condor). Essa diversidade de perspectivas sobre a mesma problemática pode, de fato, contribuir para uma abordagem mais ampla na solução das demandas, principalmente se considerarmos a necessidade de um deslocamento de ações meramente assistencialistas para aquelas que buscam efetivamente contribuir para a autonomia da população. Assim, ressalta-se que as as contrapartidas exigidas por esses programas – no caso do Bolsa Família, por exemplo, no âmbito da educação (frequência escolar e capacitação) e da saúde (vacinação) – convergem para o estabelecimento de uma independência gradual da população de ações estritamente assistenciais.

Além da estrutura transversal dos programas citados, a região do Noroeste Colonial demonstra iniciativas interessantes que podem ser tomadas como exemplo para outras regiões do país. Nesse sentido, foram identificadas ações intermunicipais estabelecidas a partir de consórcios que congregam diversos municípios em áreas como agricultura, saúde e tratamento de resíduos. Pode-se citar como exemplo o Citresu – Consórcio Intermunicipal de Tratamento de Resíduos Sólidos e Urbanos –, que é um consórcio formado por 11 municípios da região Celeiro e tem como objetivo dar destino final e tratar adequadamente os resíduos sólidos urbanos. Percebe-se, ainda, uma forte atuação de conselhos e associações intermunicipais, configurando espaços de discussão que envolvem não só distintas esferas da gestão pública como atores da sociedade civil.

Inclusão

No que se refere à inclusão, ao se verificar os processos, mecanismos e instituições que configuram *abertura dos espaços de decisão* que favorecem a articulação dos interesses dos cidadãos ou dos grupos, de forma que haja igualdade de participação na tomada de decisão, percebe-se que alguns programas preveem em sua estrutura momentos de participação da população, como o Programa Bolsa Família, por exemplo. Entretanto, a participação está restrita aos critérios do próprio programa, que condiciona a continuidade dos auxílios ao atendimento de requisitos como a presença em reuniões.

Considera-se que, nesses casos, a contribuição da população torna-se incipiente, dado que a motivação se restringe à manutenção do auxílio monetário. Não se pode, no entanto, desconsiderar a importância desse mecanismo, mesmo que limitado, por proporcionar ao cidadão uma possibilidade de obtenção de informações e um espaço para interação com o poder público, como pode ser evidenciado a seguir: "nós vamos discutir com o pessoal, porque a gente tem que ver também o que eles têm mais interesse, com os próprios usuários do Bolsa Família" (gestor público – Braga).

Destaca-se que, na região estudada, os conselhos municipais parecem exercer papel fundamental como mecanismo de abertura para a participação popular nas políticas públicas. Não desconsiderando as restrições relativas à efetiva representatividade na composição desses conselhos, julga-se que esses espaços constituem iniciativa eficiente e capaz de atender ao anseio da comunidade, se devidamente utilizados. Os dados coletados evidenciam que os conselhos municipais na região são bastante atuantes, sobretudo os da agricultura, saúde e assistência social. A importância desse mecanismo de participação pode ser observada na fala de um dos gestores municipais entrevistados:

> Se é um programa, primeiro a gente vai ver se tem recurso para fazer, em segundo lugar entram aí os conselhos municipais, que são o grande fórum de discussão de todos os projetos que são implantados com os recursos do município [...]. E aquilo que é deliberado dentro do conselho é o que vai ser aplicado. (Gestor público – Condor)

Os conselhos municipais, embora considerados primordiais para a abertura da participação, parecem limitados no que se refere ao engajamento dos indivíduos isoladamente. Por exigir a organização prévia para que haja a adequada representação, esse mecanismo nem sempre consegue agregar o beneficiário diretamente, sendo mais evidente a participação de grupos em que o engajamento seja uma prática recorrente. Entretanto, observou-se que outras estratégias podem ser empregadas no sentido de alcançar esses indivíduos distantes dos espaços de discussão, como as reuniões estabelecidas diretamente com a população em que "as decisões são tomadas em conjunto, com o público que é beneficiado, se tenta trabalhar com eles também" (gestor público – Condor). Mesmo que para tratar questões pontuais, o deslocamento da discussão e da decisão dos gabinetes dos gestores para um espaço de interação demonstra uma iniciativa, mesmo que por vezes incipiente, de democratização da gestão. O depoimento a seguir ilustra essa prática: "Geralmente nós fizemos reuniões, como exemplo o projeto de rede de água no interior, foi feita uma reunião e discutido com a comunidade, a gente convoca, explica o motivo e é bem participativo" (Gestor público – Condor).

A própria estrutura dos programas pode beneficiar a interação a partir do momento em que exige o diálogo entre diferentes setores da administração pública e o esforço conjunto para que sejam implementados: "Todas as decisões de qualquer secretaria são juntas, a partir daí tomamos o rumo, isso que é o bom, ninguém decide nada sozinho" (gestor público – Condor).

As entrevistas demonstram uma dualidade no que se refere à *valorização cidadã* da relevância da participação na discussão das políticas públicas. A participação da população, de forma geral, é muito mal avaliada por parte dos gestores em virtude da ausência de representantes nas reuniões: "A população não mostra muito interesse em participar dos projetos desenvolvidos no município, não demonstra motivação em melhorar a sua condição de vida participando destes programas" (gestor público – Joia). Entretanto, em alguns municípios a comunidade parece estar reconhecendo cada vez mais a importância de ocupar os espaços disponibilizados para discussão: "mas ultimamente eles têm melhorado bastante, estão evoluindo. As pessoas estão se conscientizando mais [da necessidade de participar]" (gestor público – São Valério). Outro depoimento ainda mais otimista destaca o aumento desse interesse:

A população tem demonstrado grande interesse, a gente diz isso com toda a certeza, pois qualquer evento que nós realizamos o público tá sempre presente, em participar da vida ativa da administração, estando disposto a ajudar em qualquer evento, nós tivemos sábado passado um encontrão do Clube de Mães que superou as expectativas, indiferente em que programa está, se a administração faz o chamamento, o público vem. (Gestor público – Condor)

Observou-se que parte da população reconhece a importância de se envolver nas discussões estabelecidas nesses programas, como ressaltado por um entrevistado: "Claro, reunião quando eles chamam, nós vamos! Reunião a gente sempre participa, nós tamos sempre a par das coisas que acontecem" (beneficiário – São Valério). Entretanto, como mencionado anteriormente, essa participação acontece em virtude do condicionamento exigido por alguns programas, podendo restringir a efetiva contribuição, já que ela não ocorre de forma voluntária e alguns beneficiários a veem como algo penoso e por ter um caráter punitivo no caso de ausência. Um dos entrevistados ilustra o sentimento de parte da população: "Até que vai [bastante gente]. Só que a maioria diz que vão lá [na reunião] só ouvir abobrinha. Eles não levam a sério o que o pessoal fala" (beneficiário – Condor).

Nesse sentido, parece necessário que o poder público entenda o potencial desses momentos enquanto capazes de aproximar a população da administração e desenvolva estratégias para despertar o interesse do cidadão de forma que sua participação se torne cada vez mais efetiva e substancial. Vale destacar que a população precisaria vislumbrar o compartilhamento de seus objetivos com os da administração pública para então despertar o interesse e o aproveitamento desses momentos, não só para se informar sobre as decisões tomadas, mas também para reivindicar seus interesses. Um gestor entrevistado demonstra clareza quanto a esses aspectos: "Eu acho que a primeira coisa a gente avalia pela participação das pessoas. A avaliação é uma coisa dinâmica, porque se elas não gostam do que a gente tá fazendo também elas não vão participar" (gestor público – São Valério).

Pluralismo

Quanto à *participação de diferentes* atores nos processos participativos de tomada de decisão, uma das características do pluralismo, enfatiza-se que a caracterização dos *atores* que participam das discussões das políticas públicas analisadas, principalmente através dos conselhos, permite inferir que há uma intenção de privilegiar a diversidade na composição desses grupos, ou seja, há previsão de participação nos conselhos de representantes do poder público e da sociedade. Nos conselhos citados, foi identificada a representação de diversos grupos sociais, tais como: agricultores, associações de moradores, clubes de mães e de idosos, igrejas, cooperativas, sindicatos patronais e de trabalhadores, associações comerciais e industriais, universidades e representantes do poder público.

Concretamente, percebe-se que em alguns segmentos sociais a participação parece mais efetiva do que em outros. Os que mais se destacam são sobretudo os agricultores e suas representações, a escola através dos clubes de mães, os grupos de idosos e as igrejas. Nesse sentido, chama a atenção o fato de que o nível de organização da sociedade civil parece impactar diretamente na representatividade desses grupos dentro dos conselhos. Ressalta-se a inexistência de organizações não governamentais, cujo espaço normalmente é ocupado por outros tipos de organizações como os clubes de mães:

> Instituída hoje no município nós não temos nenhuma ONG, o que nós temos é os CPMs [Clubes de Pais e Mães] das escolas, que têm uma vida ativa dentro das comunidades, cada escola, tanto municipal quanto estadual, tem o seu CPM e que atua, que trabalha sem fins lucrativos. Temos 13 clubes de mães aqui no município, são programas desenvolvidos no interior, que trabalham na comunidade, ajudam na merenda escolar, atuam no interior, são as nossas "ONGs" do interior. Temos também as igrejas, que participam ativamente da nossa administração, até a gente tem uma vez por mês uma reunião de idosos, que é uma tarde de louvor, e a gente tem uma parceria bem boa com as igrejas. (Gestor público – Condor)

É importante observar que a participação individual do beneficiário parece não ser recorrente, entretanto em algumas áreas como a saúde esse tipo de participação pôde ser observada: "Sim [há participação dos beneficiários], mas é muito reduzida. No Conselho Municipal de Saúde é onde isso melhor funciona, onde os beneficiários realmente atuam" (gestor público – Joia).

Quando se analisa o *perfil dos atores* envolvidos e a sua capacidade de efetiva representação, percebe-se que para alguns gestores há um equívoco ao considerar natural a interferência da administração pública na condução do processo tomando como base a incapacidade de organização da própria sociedade: "O Conselho da Agricultura é formado, praticamente, de agricultores. É o secretário que é o líder nato, né, os demais são agricultores, cada comunidade tem seu representante, não sei se são 14 ou 15 membros, mas mais ou menos isso" (gestor público – Condor). Não desconsiderando os equívocos dessa afirmação, já que, havendo necessidade, a capacidade desses representantes da sociedade deveria ser treinada, e esse argumento não poderia inviabilizar a imparcialidade do poder público na condução desse processo, a dificuldade de fazer com que a população assuma a condução dos processos deliberativos não pode ser negligenciada. Um dos gestores alerta para essa dificuldade: "Não é muito fácil também, porque o nível cultural deles é meio, eles têm dificuldades, então a gente acaba se envolvendo mais do que o previsto" (gestor público – Condor). Ter a consciência da necessidade de não direcionamento das atividades é importante para que os espaços de discussão não atendam a interesses individuais ou de grupos específicos, e sim contemplem toda a população.

Igualdade participativa

Percebe-se no *discurso dos representantes* do poder público da região pesquisada uma expressa intenção de propiciar e valorizar a participação da população na condução das políticas públicas analisadas. Em alguns casos a perspectiva da importância da participação parece ampliada, no sentido de considerar que o que é público deve ser discutido compartilhadamente:

É esse o objetivo que nós tamos buscando: participação na audiência pública. Se tu usar de tal programa, o que que tu tá sentindo que tá faltando para ti ali? Isso tudo, tudo é possibilitado nas audiências públicas. (Gestor público – São Valério)

Por outro lado, observou-se que outros gestores encaram a participação, assim como destacado anteriormente com relação aos beneficiários, apenas como contrapartida aos benefícios dos programas:

Na verdade eles participam até porque a gente faz algum tipo de cobrança, nós temos que ter a participação do interessado, da pessoa, porque nós temos que fazer avaliação nele, se ele não for na avaliação, não tem como ele receber [o benefício], então a gente pede que tem que ter a contrapartida deles. (Gestor público – Joia)

Uma constatação que não pode ser negligenciada se refere ao fato de que a participação pode ser vista como uma forma de legitimação da decisão, já que, ao ser deliberada em conjunto, isentaria o poder público da responsabilidade de suas consequências: "existem enes [conselhos], mas é bom que tira aquela grande responsabilidade do prefeito. Daí eu tenho errado, não: foi o Conselho" (gestor público – São Valério).

No que se refere à *avaliação participativa* dos programas e de seus resultados, observou-se que a maioria prevê momentos em que ajustes podem ser feitos, e os momentos utilizados para isso são as reuniões previstas para acompanhamento ou reuniões dos conselhos. A formatação prévia de muitas políticas públicas, principalmente as estabelecidas pelo âmbito nacional, no entanto, limita a possibilidade de adequação dos programas às especificidades locais.

Autonomia

Ao se analisar a autonomia com que as políticas públicas são implementadas, observa-se que há certo engessamento da administração municipal para aplicar recursos que já venham predestinados através dos programas federais: "o grande problema nosso é o recurso livre, a gente tá lutando pra aumentar o recurso livre, desvinculado. O recurso próprio ainda é muito pequeno, como IPTU e IPVA" (gestor público – Condor). Assim, pode-se entender que há uma atitude de conformidade e de normalidade perante a verticalização das iniciativas na esfera pública, em que os programas oriundos do governo federal ou do município são os condutores naturais de proposições dos interesses da comunidade.

Os gestores, de certa forma, admitem a dependência financeira em relação aos programas federais e suas respectivas diretrizes: "Pode entrar um outro presidente lá e achar uma outra forma. Ficam os municípios pendurados no pincel" (gestor público – São Valério). Há, entretanto, a tentativa de minimizar essa dependência através de um discurso de engajamento por parte do poder público local na resolução dos problemas cotidianos da comunidade, priorizando setores e beneficiários.

Considera-se que a carência dos investimentos públicos frente à demanda justifica a conformidade com as propostas, mesmo que outras prioridades possam ser identificadas e exijam uma intervenção urgente:

> Não é que foi um péssimo negócio, tudo é importante, mas tinha outras coisas que naquela hora seriam coisas mais importantes [...] às vezes tu quer aplicar, por exemplo, na agricultura, mas às vezes tu não consegue. (Gestor público – São Valério)

Assim, as especificidades de cada região muitas vezes ficam condicionadas aos programas federais sem que suas demandas possam ser individualmente atendidas:

> Como os municípios têm realidade diferente, acho que os investimentos poderiam ser mais bem alocados se pudéssemos escolher, juntamente com as partes interessadas, a área a ser investida. (Gestor público – Nova Ramada)

Essa posição é recorrente e constitui uma das maiores dificuldades dos municípios:

vem o recurso, mas esse é só pra medicamento e o município às vezes com outros problemas, mas não pode, tendo medicamento sobrando. Seria melhor, a gente iria desenvolver muito mais, a gente iria usar a liberdade e montar determinados programas, porque hoje vem um pacote fechado lá de Brasília que três ou quatro pensaram e pronto. (Gestor público – Condor)

A liberdade da administração municipal, portanto, está restrita à adesão ou não aos programas federais:

Hoje é quase lei que tu tem que fazer, tem metas a cumprir dentro da área de saúde. [...] embora tu fazendo certinho, vem mais recurso ainda. E de repente a gente tá perdendo dinheiro porque de repente não tá sendo aplicado conforme a lei manda, né. (Gestor público – São Valério)

Nesse sentido, ou o município se enquadra aos critérios exigidos e à determinação da destinação do recurso, ou dispensa o recurso. Esse dilema pode ser evidenciado a seguir:

É, nós tivemos um, por exemplo, que seria na área de cultura, teria que se investir em grupos de teatro, ou nessa área assim, e a gente acabou dispensando, pois hoje não tínhamos nada já iniciado nesse sentido. Aqui nós temos CTG, academia. Ali, teríamos que repassar esse dinheiro, teria que repassar para o CTG então, pra nós não interessava e a Prefeitura teria que fazer todo o trabalho da contrapartida, de um recurso que beneficiaria um grupo, um pequeno grupo, quando a nossa necessidade é muito maior. (Gestor público – Santo Augusto)

Na estrutura de alguns programas, no entanto, há certa liberdade na escolha de aplicação de alguns recursos, como no caso da educação:

Muita coisa na área da educação, por exemplo, formação é onde podemos escolher o que precisamos para o nosso professor, porque ali vem formação de professores ou de profissionais na área de educação, então nós é que vamos desenvolver. (Gestor público – Santo Augusto)

Ou no caso da agricultura:

> Isso foi um processo [...] a primeira ideia quando surgiu. Bom, vamos pra leite? Vamos pra maquinário? Tinha um dinheiro circulando, afinal, do RS Rural, pra investir no quê? Aí acabou a ideia de leite vencendo, depois de diversas reuniões, e aí passou. (Gestor público – São Valério)

No caso de recursos cuja decisão de destinação fica a cargo do município, observa-se que há maior abertura para a intervenção da população, mesmo que de forma pontual:

> A construção da casa do diretor da Escola Rui Barbosa, que foi desejo da comunidade, então a comunidade escolheu o que fazer, seria com recurso da Educação, construiu a casa do diretor, estabeleceu ela, e assim foi feito. Foi inteiramente uma iniciativa popular. (Gestor público – Santo Augusto)

Nesse sentido, a população pode ser consultada para determinar o destino do recurso. Existem ainda casos em que as iniciativas são definidas a partir de deficiências identificadas pela administração local, o que pode ser considerado uma forma mais direta de atender às necessidades do município, desde que a gestão tenha condições e interesse em identificar quais as prioridades que devem ser atendidas:

> Também visando uma vontade em si de toda a comunidade, empresas, instituições que necessitam hoje de profissionais treinados na área de informática e que muitos alunos não teriam condições em fazer um curso, por tempo, disponibilidade de distância, [...] então o projeto multimídia visa atender essa exigência, tanto do mercado quanto da faculdade. (Gestor público – Santo Augusto)

Nos depoimentos dos gestores, há ênfase nos procedimentos e na desvinculação da ideia de que o poder local exerceria apenas uma postura assistencialista perante a comunidade. Ou seja, os gestores têm a intenção de não macular a imagem dos órgãos públicos locais. Por outro lado, há de fato instituições que propiciam a participação. No entanto, ter apenas a presença de tais instituições não garante o exercício da vontade política do indivíduo ou da coletividade. É necessário que haja interesse da comunidade e incentivo a essa postura, que a voz da comunidade possa ser ouvida e que ela possa de fato influenciar as decisões dos gestores públicos locais.

Bem comum

Avaliar o efeito das políticas públicas no sentido de identificar o alcance do bem comum e a contribuição para o bem-estar social requer considerar que a abrangência dos programas impacta de diversas formas a população. Assim, a diversidade de aspectos envolvidos em um mesmo programa precisa ser considerada, mesmo que seus resultados não sejam necessariamente mensurados. Alguns gestores demonstraram clareza quanto a essa complexidade:

> Alguns projetos vão ter retorno a curto, médio e longo prazo, por exemplo: a eletrificação rural. Você começa a mudar lá dentro da estação, lá na saúde você começa a ter resultados, eles não aparecem agora, mas depois vai aparecer. Contribui na qualidade de vida direto: como é que tu vai avaliar um aluno que tá sem energia elétrica em casa, sem água? (Gestor público – Condor)

Observa-se, a partir dos depoimentos, que os *objetivos* dos programas analisados podem ser considerados como atingidos em sua maioria, sobretudo os de caráter assistencialista:

> Eu acho que esses programas sociais eles amenizam sim, no caso, a questão problemática social. Ameniza porque na verdade tá sendo garantido os mínimos sociais, que é a questão daquela proteção social básica. (Gestor público – Braga)

Foram evidenciadas expressões que corroboram com essa análise tanto por parte da gestão quanto das pessoas beneficiadas. Nesse sentido, o Programa Bolsa Família, por exemplo, foi destacado como capaz de transferir renda para a população: "Ele é um diferencial. Queira ou não queira, tu chega no final do mês tem ali um X de recurso que traz um movimento dentro do comércio" (gestor público – São Valério). Avaliação semelhante é feita pelos beneficiários:

> A renda do Bolsa Família eu pago a luz e a água e algumas despesas mais urgentes da casa, pois a minha renda entra pouco a pouco durante o mês, assim eu pago aquelas com o prazo mais curto e alguma necessidade urgente. (Beneficiário – Joia)
>
> A gente não tem mais aquelas dificuldades que a gente tinha: eu não conseguia nem dormir direito, sem dinheiro pro leite do piá [...]. Isso devia ter vindo bem mais antes. (Beneficiário – São Valério)
>
> Ajuda bastante. Com a seca de dois, três anos atrás a situação piorou bastante, e receber o Bolsa Família preenche esse espaço. (Beneficiário – Condor)

Em programas em que há a transferência de renda, os resultados parecem ser percebidos mais rapidamente pela população, ou seja, ela avalia como positivo o auxílio recebido. Entretanto, os beneficiários parecem não perceber a amplitude dos objetivos desses programas, já que muitas vezes vinculam seus resultados somente ao aumento da renda. Mesmo que a abordagem desse tipo de política esteja sendo modificada no sentido de não se restringir ao assistencialismo, mas sim ampliar a atuação através de capacitação que permita a autonomia progressiva do beneficiário, levando-o a um patamar de renda que permita seu desligamento do programa, nenhum dos entrevistados relatou a participação em cursos que visassem a sua capacitação, denotando que, apesar de prevista a capacitação, os seus efeitos parecem ainda incipientes na realidade de muitos municípios. Um dos gestores entrevistados ilustra esse aspecto.

> Logo que o Bolsa Família começou, ele não deixava claro que a pessoa teria que se capacitar para sair da dependência dele, e inclusive nem vinha recurso para a prefeitura oferecer cursos, era apenas a transferência de renda para os beneficiados. Hoje o programa tem o Índice de Gestão Descentralizada onde os municípios são avaliados no sentido da gestão do programa. O município tem que oferecer as capacitações. (Gestor público – Santo Augusto)

Dois aspectos chamam a atenção no que se refere aos programas analisados: a dificuldade de controle dos cadastros dos beneficiários para que os requisitos dos programas sejam atendidos, principalmente os limites de renda e condições socioeconômicas, e o risco de acomodação da população frente às políticas assistencialistas. Como mencionado anteriormente, os dados demonstram que famílias que não se enquadram no limite máximo de renda estabelecido por programas de transferência de renda como o Programa Bolsa Família acabam sendo contempladas, como é o caso de um dos beneficiários entrevistados: "pois essa minha renda é maior que o que pedem para poder ganhar a bolsa, mas como a prefeitura não me ajuda em nada, também não vou devolver" (beneficiário – Joia).

Outro aspecto importante é a acomodação por parte da população atendida por políticas assistencialistas, ocasionando um efeito indesejado. Relatos como o mostrado a seguir apontam para o comodismo dos beneficiários, que deixam de trabalhar devido à garantia de recebimento do benefício no final do mês: "Ahh, mas tem [pessoas que se acomodam], principalmente no bairro vizinho. Tão recebendo o Bolsa Família, simplesmente não trabalham, só esperam aquilo ali. E vivem mal, né." (beneficiário – Joia). Por outro lado, também é possível observar o desejo de uma parcela dos beneficiários de políticas assistencialistas de um dia deixar de precisar do benefício:

> No meu caso gostaria muito de poder trabalhar pra poder ajudar, mas como tenho duas crianças pequenas não dá. Se tivesse condições de não precisar, daria para outras famílias que precisam, né. (Beneficiário – Condor)

A percepção sobre a limitação desse tipo de política pública é inclusive identificada por um dos entrevistados, que considera essas ações paliativas:

> Acho que não me ajuda em nada [no longo prazo], pois se no lugar de ficar me dando dinheiro disponibilizam-se creches, transportes, cursos profissionalizantes, preparo para o futuro meu e das crianças ganharia mais do que os R$ 90 atuais. (Beneficiário – Joia)

Parte 3

10 | O Programa de Desenvolvimento Sustentável dos Territórios Rurais pela ótica da cidadania deliberativa

Felipe Barbosa Zani

1. Introdução

A participação de múltiplos atores sociais nas diversas fases que compõem o ciclo das políticas públicas, desde a sua elaboração até o momento da avaliação, tem sido uma abordagem cada vez mais experimentada pela administração pública, rompendo com o modelo descendente (top-down) que tradicionalmente marca a atuação governamental, baseado em processos decisórios verticalizados e centralizados.

A lógica da participação está claramente inscrita no campo das políticas públicas de desenvolvimento territorial, cujo processo pressupõe a conjunção de esforços articulados entre sociedade civil e Estado. O projeto de desenvolvimento deve ser coletivo, envolvendo plenamente as forças sociais locais, cujo processo é indissociável da ideia de gestão social.

O Programa de Desenvolvimento Sustentável dos Territórios Rurais (Pronat), articulado pelo Ministério do Desenvolvimento Agrário a partir do Plano Plurianual 2004-2007, é delineado nesse contexto. Aponta, dentre suas diretrizes gerais, a valorização de ações que estimulem a participação de diversos atores sociais no processo do desenvolvimento sustentável e a adoção de mecanismos de planejamento ascendente como estratégias de fortalecimento dos processos de descentralização de políticas públicas, estimulando a autogestão dos territórios. Pretende-se que os espaços participativos territoriais possam gradativamente apropriar-se da promoção do desenvolvimento rural.

Nos documentos que norteiam a proposta é evidente o reconhecimento de que a concretização destes pretensiosos eixos de ação, tendo em vista os traços tradicionais que marcam o cenário político do país, requer a maciça presença do Estado, no sentido de fortalecer a capacidade de intervenção autônoma dos atores sociais, capacitando-os técnica e politicamente, de fortalecer as redes sociais, de animar os processos de concertação e articulação interinstitucional, convergindo as ações dos variados atores nos diferentes níveis – municípios, estados e União.

A despeito das virtudes geralmente conferidas à abordagem participativa das políticas públicas, Parés e Castellà (2008) chamam a atenção para a proliferação de diversas experiências participativas nas últimas décadas, que tanto podem efetivamente contribuir para o aprofundamento democrático local ou somente aumentar a quantidade de casos. Eles defendem, portanto, o estudo reflexivo e a avaliação destas experiências como instrumento de melhoria e aprendizado dos espaços participativos. Favareto (2009), por seu turno, revela que o entusiasmo que marcava algumas experiências internacionais de desenvolvimento territorial vem sendo substituído por avaliações que enfatizam um lado negativo dos processos de participação.

Assim, este trabalho analisa o grau de congruência entre o modelo de participação social proposto no âmbito do Programa de Desenvolvimento Sustentável dos Territórios Rurais[1] com relação à ideia de cidadania

---

[1] No transcurso do Plano Plurianual 2008-2011, calcado nas diretrizes previstas para o Programa de Desenvolvimento Sustentável dos Territórios Rurais, o governo propõe o Programa Territórios da Cidadania, cujo destaque recai sobre a integração de políticas públicas a partir do planejamento territorial (Favareto, 2009), o que concretamente significou, em 2010, o envolvimento e articulação de mais de 20 ministérios. Portanto, os Territórios Rurais fornecem as bases teóricas para os Territórios da Cidadania, uma das principais e, quiçá, a mais inovadora política de desenvolvimento territorial rural em execução no Brasil.

deliberativa, ligada ao processo de discussão pautado nos princípios da inclusão, do pluralismo, da igualdade participativa, da autonomia e do bem comum.

Por se tratar de uma política com contornos inovadores, e considerada a necessidade de uma intervenção ativa do Estado para seu êxito, foram analisados, além da concepção da política, os esforços governamentais envidados para a adequada consecução da política pela Secretaria de Desenvolvimento Territorial, órgão vinculado ao Ministério do Desenvolvimento Agrário, responsável direto pela execução do Programa.

2. Enlaces entre participação social e políticas de desenvolvimento

O avançar do processo democrático no país é acompanhado pelo fortalecimento da ideia de que é preciso alargar cada vez mais os espaços de participação popular direta nas diversas etapas do ciclo das políticas públicas.

Embora prevaleça, no campo das políticas públicas, o tradicional modelo descendente (top-down) em que os tecnocratas, legitimados pela racionalidade técnica, monopolizam a definição das políticas públicas, os Estados são incitados a progressivamente adotar o modelo ascendente (bottom-up), baseado na interseção da administração pública com a sociedade num processo circular mediado por relações recíprocas de poder e negociação (Saravia, 2009). Este novo modelo propõe um governo capaz de implementar, a partir de negociações com as forças sociais locais, políticas públicas formatadas segundo as peculiaridades, demandas e prioridades de cada região e população (Bava, 2002).

Farah (2000) observa que, nos últimos anos, os governos subnacionais têm introduzido mudanças significativas na gestão das políticas sociais, estabelecendo novas formas de gestão, novos processos decisórios e novas formas de provisão dos serviços públicos. Essas modificações foram impulsionadas tanto pelo processo de descentralização de competências, atribuições e recursos quanto pela dinâmica democrática e pela maior proximidade dos governos locais com as necessidades da sociedade.

A autora afirma que muitos programas governamentais conferem importância destacada à participação cidadã na formulação, implantação e no controle e avaliação das políticas públicas, o que representa uma mudança na relação entre Estado e sociedade civil, com a inclusão de novos atores no campo das políticas públicas.

Este é o caso das políticas públicas de desenvolvimento local cujas ações, segundo Dowbor (1996), não devem ser monopolizadas pelo Estado. Antes, ao poder público caberiam as tarefas de articulação e facilitação do projeto de desenvolvimento, que serão exitosas somente se apropriadas pela sociedade. No caso específico do desenvolvimento rural, Sepúlveda et al. (2003) explicam que, até o final dos anos 1970, os modelos de gestão previstos para estas políticas eram verticalizados, tendo a participação entrado em pauta a partir da década de 1980, visando democratizar o processo de tomada de decisão.

Os sucessivos fracassos das iniciativas centralizadoras voltadas ao combate à pobreza rural, além das novas tendências verificadas nos domínios do campo – crescimento das atividades rurais não agrícolas, esfacelamento da dicotomia rural/urbano, crescimento das preocupações com a sustentabilidade ambiental etc. –, importaram na adoção das iniciativas de desenvolvimento territorial rural, para cuja implementação é fundamental a participação dos diversos atores dos territórios (Sepúlveda et al., 2003; Schejtman & Berdegué, 2004).

Dentre as diversas justificativas que concorrem para explicar a importância da participação popular nos projetos de desenvolvimento, Bandeira (1999) destaca as principais linhas argumentativas. Em primeiro lugar, o envolvimento dos atores poderia assegurar a eficiência e a sustentabilidade da política, argumento mais difundido. Nesta linha, a participação, além de conferir assertividade às ações, aumentaria a identificação dos segmentos sociais com a proposta empreendida. Pode também contribuir para incrementar a transparência e o controle social sobre as ações governamentais, promovendo a governança local. Além disso, a participação estaria vinculada à acumulação de capital social bem como à formação e à consolidação das necessárias identidades territoriais, facilitando a concertação social e, consequentemente, fortalecendo a competitividade sistêmica da região.

Em síntese, o autor verifica a presença de dois aspectos principais nestas justificativas: a participação como instrumento para a articulação dos atores sociais e viabilização do aprendizado coletivo, ou ainda como elemento intrínseco ao sistema democrático.

Com o objetivo de "promover o planejamento, a implementação e a autogestão do processo de desenvolvimento sustentável dos territórios rurais e o fortalecimento e dinamização da sua economia", é concebido, dentro do Plano Plurianual 2004-2007, o Programa de Desenvolvimento Sustentável dos Territórios Rurais, vinculado ao Ministério do Desenvolvimento Agrário – MDA. Sua origem remonta ao Pronaf Infraestrutura e Serviços, linha do Programa Nacional de Fortalecimento da Agricultura Familiar (Pronaf) desenvolvida entre 1997/2002, que priorizava o desenvolvimento municipal e abria espaço para a representatividade das comunidades e dos produtores por meio dos conselhos municipais de Desenvolvimento Rural (Leite et al., 2008).

A partir do Programa Territórios Rurais, o governo esperava colaborar com a ampliação das capacidades humanas, institucionais e de gestão participativa dos territórios; promover e apoiar a construção e implementação de Planos Territoriais de Desenvolvimento Sustentável; apoiar a articulação de arranjos institucionais em torno dos programas e projetos dos territórios, para promover o desenvolvimento harmônico de regiões habitadas majoritariamente por agricultores familiares e beneficiários da reforma e do reordenamento agrário (Brasil, 2009).

Na formulação do Pronat, território

> é um espaço físico, geograficamente definido, geralmente contínuo, compreendendo cidades e campos, caracterizado por critérios multidimensionais, tais como o ambiente, a economia, a sociedade, a cultura, a política e as instituições, e uma população, com grupos sociais relativamente distintos, que se relacionam interna e externamente por meio de processos específicos, onde se pode distinguir um ou mais elementos que indicam identidade e coesão social, cultural e territorial. (Id., 2003:22)

A principal diferença desta concepção quando comparada às abordagens tradicionais para o desenvolvimento do campo seria a ampliação do rural para além do agrícola, incorporando outros setores e atividades econômicas instaladas no território. Assim, o território não se restringe unicamente ao campo, espaço habitualmente dedicado à produção primária, mas envolve também pequenas cidades e aglomerados populacionais, bem como seus respectivos atores (Brasil, 2005d).

No âmbito dos Territórios Rurais a ideia de desenvolvimento territorial é indissociável da noção de gestão social (id., 2005d). Isto porque "a gestão social se constitui num referencial incontornável para conferir sustentabilidade ao processo de desenvolvimento sustentável" (id., 2005b:10), uma vez que, envolvendo o conjunto de atores presentes no território, pode assegurar que as atividades colocadas em prática sejam aderentes ao cotidiano das pessoas, instituições e economias locais.

A importância da gestão social é comprovada pela centralidade dos colegiados de participação social no desenho da política. As funções desses espaços envolvem a sensibilização, articulação e coordenação do Plano Territorial de Desenvolvimento Rural Sustentável, priorização dos projetos pretendidos no âmbito do território, articulação de arranjos institucionais responsáveis pela sua elaboração e implantação, e monitoramento e avaliação do processo de desenvolvimento territorial (id., 2009).

Desta forma, o Programa Territórios Rurais, além da opção pelo recorte territorial que se diferencia das unidades administrativas estabelecidas pela Constituição Federal de 1988, inovou também ao escolher elaborar a política pública partindo da articulação das dinâmicas sociais locais, favorecendo a participação social, afastando-se da tradição centralizadora e planificadora que caracteriza o padrão de intervenção estatal (Bonnal & Maluf, 2007). Portanto, ao abandonar esta lógica vertical e descendente, a implementação do processo de desenvolvimento vincula-se diretamente a estratégias integradoras e democráticas e à capacidade das iniciativas de contar com as forças sociais dos territórios (Torrens, 2007).

O enfoque territorial adotado no âmbito desta política destaca os atores sociais como agentes das políticas – gestão social –, a cooperação público-privado e confere um novo papel ao Estado, responsável pela construção da democracia e da institucionalidade rural (Brasil, 2009).

> "Na ideia de gestão social [no contexto dos Territórios Rurais] pretende-se que os agentes sociais, a sociedade civil, o poder público estejam presentes em todos os momentos, que vão desde a mobilização e a sensibilização daqueles que precisam ser envolvidos, até o posterior acompanhamento e controle social sobre as ações pactuadas. [Portanto, demanda] a construção de pactos de concertação social [...], a construção de institucionalidades que representem espaços de compartilhamento do poder e das responsabilidades e, finalmente, mecanismos de controle social sobre as ações previstas no plano" (id., 2005d:11)

Nesse sentido, a Secretaria de Desenvolvimento Territorial – SDT/ MDA, responsável direta pelo Pronat, definiu como sua missão

> apoiar a organização e o fortalecimento institucional dos atores sociais locais na gestão participativa do desenvolvimento sustentável dos territórios rurais e promover a implementação e integração de políticas públicas. (Ibid., 2005b:4)

A concretização do potencial democrático armazenado nos espaços participativos, contudo, não é tarefa fácil. Bava (2002) ressalta que a efetiva incorporação da participação popular aos governos depende de

> mudanças radicais na forma de governar, impulsionando uma regulação social e política mais solidária e participativa; reconstruindo e ampliando o espaço público e a legitimidade do mandato político, articulando democracia representativa e participativa. (Id., p. 75)

3. A concretude da participação social no Brasil

A observação dos espaços públicos de participação popular demonstra a diversidade de mecanismos que bloqueiam a partilha efetiva de poder na relação Estado-sociedade. De um lado, verificam-se aspectos próprios da estrutura do Estado como o predomínio da razão técnico-instrumental, dificuldade de acesso às informações, falta de preparo da burocracia, formalismo, carência de recursos, entre outros. Na ótica da sociedade civil, a exigência de conhecimentos técnicos e políticos para intervenções mais qualificadas parece o entrave mais substancial (Dagnino, 2002).

O balanço da literatura temática realizado por Tatagiba (2002) sobre os resultados alcançados pelos conselhos gestores de políticas públicas – que, juntamente com o Orçamento Participativo, certamente constituem-se nas experiências mais expressivas de participação popular[2] – também aponta para a recusa do Estado em partilhar o poder de decisão, resistindo ao intento social de participação integral nas políticas públicas. Assim, mais que espaços deliberativos, propositivos, os conselhos apresentam-se como instâncias eminentemente reativas.

Em seus documentos, o MDA reconhece os fatores que podem ser dificultantes ao êxito da proposta de desenvolvimento territorial sustentável. As regiões com maiores índices de analfabetismo e que sofrem com processos de exclusão social, de migração e de desqualificação dos serviços públicos são as mesmas carentes de desenvolvimento. O enfoque territorial implica, todavia, o desenvolvimento endógeno e a autogestão, mas são exatamente essas regiões as que possuem capital social pouco desenvolvido. Além disso, o crescimento e institucionalização do capital social são vistos como ameaça ao poder político local que, evidentemente, se opõe. As fragilidades das administrações municipais, principais vetores do desenvolvimento descentralizado, completam o quadro de dificuldades (Brasil, 2003).

O Conselho Nacional de Desenvolvimento Rural Sustentável – Condraf –, visando a subsidiar o delineamento das políticas relacionadas ao desenvolvimento rural, realizou uma pesquisa para levantar os principais avanços e obstáculos apontados pela literatura para a efetivação da gestão

---

[2] Dados do Instituto Brasileiro de Geografia e Estatística (IBGE) de 2001 indicam a existência de aproximadamente 27 mil conselhos de políticas públicas no Brasil, abrangendo 99% dos municípios brasileiros, numa média de 4,9 conselhos por município.

social especificamente voltada para os assuntos do desenvolvimento rural (Brasil, 2005a).

Os obstáculos observados dizem respeito à atuação restrita dos conselhos municipais de Desenvolvimento Rural, criados majoritariamente como resposta à exigência legal para o repasse de recursos. Assim, as atividades do conselho se voltam para questões meramente burocráticas relacionadas ao cumprimento de exigências para o recebimento e utilização de recursos. Além disso, observou-se a baixa qualificação técnica e política dos conselheiros, a rara presença de representantes de mulheres e jovens, pouca interação entre os atores envolvidos, representação majoritariamente formal, entre outros.

Leite et al. (2008) elencam uma série de fatores que atravancam o alcance dos objetivos pretendidos para os Territórios Rurais. Citam, por exemplo, o esvaziamento das reuniões dos colegiados territoriais, decorrentes da falta de recursos que permitam aos representantes participar, ou mesmo dos conflitos mantidos por representantes de diferentes segmentos; a ausência de práticas consistentes de avaliação e monitoramento dos projetos elaborados pelo colegiado; e a fragilidade da base informacional que alimenta o processo de decisão das instâncias de participação.

Todavia, como assevera Bava (2002:82), seria ingênuo esperar que, "como num passe de mágica, aqueles que nunca decidiram passem de imediato a disputar com sucesso, em pé de igualdade, com os representantes governamentais". Assim, destacar os limites apresentados pelos colegiados de participação não significa desprezar os avanços logrados pela prática da gestão social adotada pelas políticas de desenvolvimento territorial rural.

O estudo produzido pelo Condraf (Brasil, 2005a) aponta alguns dos avanços obtidos pelos conselhos municipais de Desenvolvimento Rural reconhecidos pela bibliografia pertinente. Em primeiro lugar, verificam-se indícios de democratização da política propriamente dita. Foram desencadeados processos inéditos de discussão sobre os rumos do desenvolvimento rural, ampliação dos espaços de participação dos agricultores, com a inserção, embora tímida, de segmentos anteriormente excluídos da dinâmica local. Essas situações constituem-se em experiências de aprendizado importantes para o aprofundamento da vivência democrática ensaiada pela população rural. Quanto à articulação entre atores, a despeito do viés setorial que marca a política, destacam-se o fomento das parcerias entre poder público e segmentos sociais.

Além disso, devem ser considerados os ganhos mais diretos da gestão social nos territórios, que dizem respeito ao fortalecimento do controle social exercido pelas organizações locais sobre a aplicação dos investimentos públicos, em decorrência do perfil mais democrático e descentralizado para a gestão dos recursos (Favareto, 2009).

4. A cidadania deliberativa como parâmetro de avaliação de espaços participativos

Fica claro, portanto, que a simples existência de espaços participativos não assegura o efetivo compartilhamento de poder entre o Estado e a sociedade. Considerando a importância do envolvimento dos atores sociais nas políticas de desenvolvimento local, é primária a preocupação em "distinguir a legítima participação da mera manipulação, formas válidas de cooperação Estado-sociedade da simples cooptação ou, o que é mais grave, da pseudoparticipação" (Tenório & Rozemberg, 1997:5).

Favareto (2006:122) observa "uma lacuna teórica na associação entre participação e desenvolvimento". Se no caso das políticas sociais, com público-alvo e foco definidos, existem fortes evidências de que a participação torna a política mais eficiente, no caso das políticas de desenvolvimento essa relação é "muito mais complexa, pois são muitos os segmentos envolvidos e os interesses em conflito. E nesse caso, os processos participativos podem aumentar o poder de veto, mas não necessariamente de coesão entre agentes locais".

A participação, no entendimento de Tenório (2007b), é o procedimento para a prática da cidadania deliberativa, conceito que se propõe explorar neste trabalho para a avaliação da estrutura normativa dos processos decisórios participativos prevista no âmbito do Programa Territórios Rurais.

Fundamentado nas proposições desenvolvidas por Jürgen Habermas, Tenório (2007b:12) argumenta que, em linhas gerais, cidadania deliberativa significa dizer que "a legitimidade das decisões políticas deve ter origem em *processos de discussão*, orientados pelos princípios da *inclusão*, do *pluralismo*, da *igualdade participativa*, da *autonomia* e *do bem comum*" [grifos do autor].

Com base na ideia de cidadania deliberativa, Tenório (2007a:105) propõe que se pense o desenvolvimento local com o envolvimento dos cidadãos, como "ação coordenada entre a sociedade e o poder público municipal, instituída por meio de um processo participativo e democrático, em prol do bem-estar social, econômico, político e cultural de um dado território".

Tenório et al. (2008), tendo em vista a proposta de cidadania deliberativa, definem e discorrem acerca das categorias que devem nortear a avaliação das instâncias participativas. Os *processos de discussão* devem ocorrer em espaços intersubjetivos e comunicativos, visando ao entendimento mútuo, validados pela igualdade de direitos entre os partícipes. Dentre outros, devem ser considerados (a) os mecanismos de comunicação compartilhados pelos potenciais participantes dos espaços, que possibilitem o efetivo fluxo de informação entre eles, sem relegar (b) a qualidade da informação partilhada; (c) a pluralidade do grupo promotor que, ao dividir a liderança do processo com outros atores, confere maior transparência ao mesmo; (d) o aproveitamento de órgãos/estruturas participativas existentes; (e) e a criação de órgãos, necessariamente plurais, que acompanhem a efetivação das deliberações em consonância com o que foi decidido pelo grupo.

O princípio da *inclusão* significa considerar, no processo deliberativo, os interesses coletivos do conjunto ampliado da sociedade, sobretudo daqueles atores tradicionalmente excluídos dos diversos sistemas de deliberação. Pressupõe (a) a abertura de espaços de decisão que fomentem a articulação dos interesses da sociedade, cujo êxito relaciona-se ao (b) reconhecimento político, social e técnico de sua necessidade e à (c) intensidade do clamor por participação oriundo dos cidadãos.

A categoria *pluralismo* amplia o olhar centrado nas representações dos grupos privilegiados em determinado contexto ao considerar também a diversidade de atores envolvidos no processo de decisão das políticas públicas. Considera, portanto, (a) a participação de diferentes representantes no processo, sejam associações, movimentos sociais, instituições privadas, participantes direta ou indiretamente; e (b) o perfil dos atores, refletido no discurso dos representantes, que deve estar em sintonia com os anseios de sua base representada.

A *igualdade participativa* diz respeito à capacidade equitativa dos diferentes participantes de interferir no processo deliberativo. Pondera (a) a maneira como os representantes foram escolhidos; (b) a necessidade de processos de avaliação participativos, que se convertem em oportunidades de aprendizado coletivo para os envolvidos.

O princípio da *autonomia* é tratado pelo "direito de escolha e/ou não aceitação das condições políticas, econômicas ou sociais vigentes", o que implica a "apropriação indistinta do poder decisório pelos diferentes atores nas políticas públicas" (Tenório et al., 2008:13). A autonomia é analisada a partir (a) da congruência das deliberações às reais demandas da população; (b) da possibilidade de intervenção das administrações locais nas questões territoriais; (c) da capacidade de mobilização, da legitimidade e da abertura ao diálogo apresentadas pelas lideranças envolvidas; e (d) das reais possibilidades de exercício da vontade política.

Por fim, o *bem comum* "representa os benefícios tangíveis ou intangíveis para a comunidade ou localidade oriundos da política pública. O bem comum representa a capacidade de realizar integração social baseada no consenso" (Tenório et al., 2008:14). Terá sido atingido se (a) a participação da sociedade impactar as políticas públicas de modo a induzir as transformações desejadas; e (b) se os envolvidos avaliarem positivamente o processo participativo, tendo por critério sua relação com a democracia e seus valores.

5. Metodologia

Para a análise da aderência entre a concepção teórica do Programa de Desenvolvimento Sustentável dos Territórios Rurais e a noção de cidadania deliberativa, bem como para o exame dos esforços governamentais no sentido de concretizar as ações propostas, foi realizada pesquisa documental em distintas fontes institucionais.

No tocante à concepção da política, foram pesquisados os documentos disponíveis no portal virtual da SDT/MDA, a saber: Referências para um Programa Territorial de Desenvolvimento Rural Sustentável; Marco Referencial para Apoio ao Desenvolvimento de Territórios Rurais; Referências para a Gestão Social dos Territórios Rurais; Plano Territorial de Desenvolvimento Rural Sustentável – Guia para o Planejamento; e Referências para a Gestão Social dos Territórios Rurais – Guia para a Organização Social.

Esses materiais compõem as séries "Documentos Institucionais" e "Documentos de Apoio". Os primeiros apresentam os conceitos centrais que norteiam a estratégia de apoio ao desenvolvimento territorial oferecida pela SDT/MDA. Já os Documentos de Apoio traduzem estes conceitos em métodos, técnicas e instrumentos referenciais.

Deve-se ponderar que esses materiais estabelecem preceitos gerais de ação, de modo que seu uso deverá "considerar, dentre outros aspectos, a diversidade de realidades, os estágios de desenvolvimento e as necessidades específicas dos Territórios Rurais no Brasil". Seus usuários "não poderão se eximir, portanto, de assumir responsabilidades por opções que só podem ser feitas à luz da realidade específica de cada território" (Brasil, 2005c:6).

Estas informações foram tratadas por meio da análise de conteúdo de grade fechada. As categorias de análise foram construídas a priori, com base na literatura pertinente. Para tanto, foram consideradas as proposições de Tenório et al. (2008) acerca de uma série de critérios de avaliação dos processos decisórios participativos deliberativos, relacionando a definição de cidadania deliberativa expressa por Habermas com os critérios de avaliação da participação cidadã desenvolvidos pelo Instituto de Governo e Políticas Públicas da Universidade Autônoma de Barcelona (Igop), presentes nos trabalhos de Castellà, Jorba, Marti e Parés.

Em relação à implementação da política, a análise pautou-se nos Relatórios de Gestão da SDT/MDA anos-base 2006 e 2007, e nos quatro

Relatórios Anuais de Avaliação do Plano Plurianual do período 2004--2007. A opção de restringir a análise ao quadriênio de vigência do PPA justifica-se pela certa estabilidade no desenho da política dentro do mesmo Plano Plurianual, uma vez que a maioria das mudanças, recomendadas inclusive em todas as quatro avaliações anuais, só poderia ocorrer no plano subsequente, PPA 2008-2011.

Para a análise das atividades executadas pela SDT, foram adotados dois parâmetros principais: coerência (tipo de ações propostas em relação à formulação da política) e intensidade das ações (grau de atendimento das metas previstas).

A análise pautada em dados secundários, a partir de documentos institucionais, sem recorrer à pesquisa de campo, incorre numa limitação evidente, a de que não existem garantias da efetiva concretização das propostas levantadas nos documentos. Entretanto, a apreciação da formulação de uma política pública fornece evidências suficientes para entender seu desenho e suas expectativas. Ademais, o sucesso de uma política relaciona-se diretamente à sua concepção.

Em decorrência dessa escolha metodológica, algumas categorias do quadro analítico abaixo não puderam ser exploradas, pois demandam dados primários, como a aprovação cidadã dos resultados, discurso dos representantes ou valorização cidadã.

6. Territórios Rurais: a concepção da política pelo olhar da cidadania deliberativa

No âmbito do Programa de Desenvolvimento Sustentável dos Territórios Rurais, a participação é entendida a partir da ideia de gestão social, concebida como o envolvimento dos diversos atores do território em todas as fases da política de desenvolvimento, desde a mobilização dos agentes até a avaliação das ações implementadas (Brasil, 2005b). "Em síntese, a gestão social diz respeito fundamentalmente a um processo político de tomada de decisões de forma compartilhada entre o Estado e a sociedade" (id., 2006b:7).

Segundo as Referências para a Gestão Social de Territórios Rurais (MDA, 2005c), não basta, contudo, somente ampliar o leque de agentes territoriais envolvidos, mas envolver plenamente as forças sociais do território. A participação não deve ficar restrita aos mecanismos formais de consulta e fiscalização típicos de diversas experiências recentes, tampouco encerrar-se na etapa de concepção da política. A proposta de gestão social tratada neste programa alarga, portanto, a amplitude com a qual a participação tem sido normalmente apropriada pelos variados atores nos espaços participativos.

Se é verdade que a participação é uma condição incontornável para o estabelecimento de verdadeiros processos de desenvolvimento rural sustentável, é igualmente verdade que ela precisa [...] envolver preocupações e entraves que vão além da abertura de espaços para a concertação social. (Brasil, 2005d:12)

Nestes termos, os documentos normativos apontam que a concretização de um verdadeiro processo de gestão social depende, dentre outros fatores, da descentralização política e administrativa. Em outras palavras, "em primeiro lugar, é preciso um ambiente marcado pela descentralização política e administrativa" (id., 2005d:11). O ciclo da gestão social proposto no programa adota por princípio a descentralização, como forma de aproximar a gestão das políticas da *alçada* de atuação *dos atores* locais. O guia de *Referências para um Programa Territorial de Desenvolvimento Rural Sustentável* (2003) destaca a necessidade do fortalecimento dos municípios como condição para que possam assumir integralmente suas responsabilidades, na mesma linha da ideia da *autonomia* contida na definição adotada para cidadania deliberativa.

Apesar da diretriz de fortalecimento das gestões municipais, o programa parte de uma abordagem territorial, dado o entendimento de que a escala municipal, por um lado, é deveras restrita para iniciativas da envergadura das políticas de desenvolvimento e que, por outro lado, a escala estadual é muito ampla para dar conta da heterogeneidade local (id., 2005b).

A proximidade social ocasionada pelo recorte territorial favorece a articulação dos serviços públicos. Assim, um dos eixos estratégicos definidos pela SDT é a promoção da *implementação* e da *integração de políticas públicas*,[3] isto é, cabe à referida secretaria promover a convergência vertical – iniciativas municipais, territoriais, estaduais e federais – e horizontal – diferentes instituições que atuam no mesmo nível –, ultrapassando os limites setoriais conformados pelas ações do Ministério do Desenvolvimento Agrário (Brasil, 2005d). Consequentemente, os canais institucionais de gestão social dos Territórios Rurais deverão constituir-se em verdadeiros *espaços de transversalidade* entre as políticas públicas oriundas dos diversos atores em diferentes níveis.

A abordagem territorial também favorece os vínculos de solidariedade e de cooperação, que podem alicerçar o capital social, conceito no qual os processos de gestão social também precisam se apoiar, seja porque o capital social presente nos territórios pode assegurar a coesão dos atores envolvidos em torno das propostas deliberadas, seja pela possibilidade de ampliar os recursos disponíveis a serem usufruídos na política de desenvolvimento (id., 2005b).

Nos locais onde o capital social é frágil ou inexistente, faz-se necessário desenvolvê-lo, por meio do resgate dos laços históricos entre as pessoas e os grupos sociais nos territórios, e por meio de ações de empoderamento da sociedade. Nesse sentido, a SDT aponta como outro eixo estratégico a *organização* e o *fortalecimento dos atores sociais*, apoiando não só as ações de incremento da capacidade técnico-gerencial dos atores, mas também as que favoreçam seu empoderamento (id., 2005b).

O documento Referências para a Gestão Social de Territórios Rurais (2005c:12) aponta o empoderamento da sociedade como elemento indispensável à prática da gestão social, o que tende a fortalecer o *exercício da vontade política* dos atores. Deve mirar os atores habituais das dinâmicas de desenvolvimento, mas sem esquecer aqueles "agentes marginalizados e com dificuldades de acesso às arenas decisórias", promovendo a *abertura dos espaços de decisão* (id., 2005d).

---

[3] De fato, no programa Territórios da Cidadania, desenvolvido posteriormente com base nos Territórios Rurais, o destaque recai fortemente sobre a exigência de articulação de políticas públicas, de diferentes ministérios, na esfera territorial.

O próprio exercício da gestão social, ao mesmo tempo que depende do empoderamento da sociedade, também pode ser instrumento para empoderá-la ante o aprendizado decorrente da articulação com outros agentes, o acesso a informações e a delegação aos atores locais de atribuições relativas às políticas públicas (Brasil, 2005d).

Supõe-se que essas relações de confiança, de colaboração e de identidade compartilhadas pelos atores locais evoluam gradativamente para espaços mais estáveis e autênticos de consulta, articulação e deliberação, valendo-se de níveis mais elevados de articulações horizontais e verticais, que consolidem os avanços alcançados e canalizem as demandas sociais.

O empoderamento dos atores territoriais deve contribuir para o aprofundamento democrático nesses espaços,

> aperfeiçoando as relações vigentes entre o Estado e a sociedade, o que implica uma revisão dos deveres e das obrigações, papéis e atribuições, formalmente instituídas, enfatizando as convergências de interesses que conduzam à articulação de ações. (Id., 2005b:11)

Isto certamente passa pela *aceitação social, política e técnica da participação* pelos atores envolvidos, algo que depende muito mais dos interesses e do histórico dos grupos do que da própria vontade do Estado. Essa análise é compartilhada no Guia para a Organização Social (2006), quando afirma que a participação de entidades extraterritoriais para apoio, assessoramento e prestação de serviços especializados no sentido de fortalecer a gestão social dos territórios deve ser uma decisão dos atores envolvidos no processo.

A estratégia para apoiar o desenvolvimento dos territórios rurais traçada pela SDT não condiciona a criação de nenhum espaço ou instância específica. Entende que tais espaços podem assumir diferentes estruturas formais – fóruns, conselhos, agências e outros – cujo grau de formalidade e capacidade deliberativa, gerencial e normativa dependerão das vivências e características de cada território (Brasil, 2005b). Ademais, "a forma de institucionalizar a gestão social dos territórios deve obedecer, sobretudo, ao histórico de êxitos e fracassos do território" (id., 2005d:14).

O MDA, ciente da existência de inúmeras ações voltadas para o desenvolvimento sustentável, pautadas inclusive em referências semelhantes àquelas adotadas para o Programa Territórios Rurais, afirma enfaticamente, nas *Referências para um Programa Territorial de Desenvolvimento Rural Sustentável* (2003), que as experiências existentes ou em andamento nos territórios deverão ser apropriadas e apoiadas, desde que assim desejem seus partícipes. Prevê ainda, no mesmo documento, a possível fusão de alguns conselhos cujos temas devam ser tratados na perspectiva territorial, reforçando a tese dos *espaços de transversalidade*.

A Resolução nº 52 do Condraf estimula, em seu art. 6º, a *relação* do colegiado territorial *com outros processos participativos* – conselhos ou institucionalidades territoriais – de forma a promover o intercâmbio de experiências, inclusive acerca dos procedimentos operacionais (Brasil, 2006b).

Em síntese, o espaço designado como fórum responsável para a condução da gestão social da política de desenvolvimento não deve ocorrer em paralelo ou concorrência com outros, acarretando a perda de tempo e recurso. Deve-se optar pela utilização dos *órgãos existentes* – Consad (Consórcio de Segurança Alimentar e Desenvolvimento Local), Fórum Territorial etc. Nas situações em que inexista qualquer estrutura similar, sugere-se a implantação das Ciats (Comissões de Instalação das Ações Territoriais), que deverão evoluir para uma estrutura institucional mais complexa e duradoura, como os Codeteres – Colegiados para o Desenvolvimento dos Territórios –, providos de estatuto e de regimento interno (id., 2005d).

Embora não proponha qualquer instituição específica, a SDT dispõe de algumas referências para que os espaços possibilitem o processo de gestão social, de tal sorte que nos territórios cujos espaços não contemplem estas diretrizes, criem-se novas instâncias (id., 2005b).

Apoiando-se nas resoluções nº 48 e nº 52 do Conselho Nacional de Desenvolvimento Rural Sustentável, o Guia para a Organização Social (id., 2006b) apresenta algumas recomendações relevantes quanto ao formato da instância de gestão social dos Territórios Rurais, para que fomentem a *abertura do espaço de decisão* aos interesses da sociedade. Entretanto, não existe uma norma rígida para a composição dos colegiados territoriais, que podem ter diferentes conformações de acordo com os desejos dos atores sociais, mas somente algumas recomendações avençadas pelas respectivas resoluções.

Nas resoluções do Condraf consta a indicação de que pelo menos metade das vagas do espaço deliberativo seja ocupada por representantes sociais vinculados à agricultura familiar, em suas diversas manifestações – índios, negros, quilombolas, artesãos e outros. As cadeiras restantes seriam ocupadas por representantes governamentais dos três poderes, incluindo universidades, instituições de extensão rural e também as organizações paragovernamentais como o Sebrae, desde que estejam vinculados à temática. Por fim, sugere-se ainda a presença de representantes da sociedade civil não diretamente relacionados à agricultura familiar. Reforçando a ideia do *pluralismo*, a resolução recomenda que a composição das instâncias colegiadas deve ser diversa e plural, fortalecendo a gestão social por meio das distintas concepções e visões carregadas pelos atores sociais.

Ressalta ainda a necessidade de que sejam observadas as questões de gênero, etnia, geração e raça, constituindo-se esta preocupação em diretriz programática da SDT (2006). Embora seja evidente o reconhecimento da importância conferida à *participação de diferentes atores*, o destaque conferido aos agricultores familiares pode, contudo, limitar a multiplicidade de atores, a despeito das vantagens que tal arranjo representaria para uma política de desenvolvimento rural. Nesta linha, Zani (2010) avalia que a inclusão de representantes dos empresários no colegiado territorial não é explicitamente mencionada, embora o pluralismo seja parcialmente valorizado ao longo dos documentos normativos. Por outro lado, há inconteste valorização das representações vinculadas à agricultura familiar.

O número de membros nos colegiados territoriais deve ser consensuado entre os atores que participarem da gênese do espaço, desde que assegurada a representatividade equilibrada entre os subgrupos e municípios envolvidos. Sugere-se que a *forma de escolha dos participantes* inclua a indicação dos representantes pelas suas respectivas organizações (Brasil, 2006b). As resoluções e os demais documentos não dispõem acerca do *perfil dos atores*, isto é, sobre suas experiências prévias em instâncias democráticas, respeitando a autonomia dos grupos sociais.

O documento que traz as Referências para a Gestão Social de Territórios Rurais (2005c) destaca alguns perigos a serem evitados nos espaços de participação, diretamente relacionados ao *perfil das lideranças* mobilizadas: o democratismo, quando o ímpeto desmedido em aprofundar a participação acaba por imobilizar as ações; o centralismo, que consiste na extrema concentração de poder em poucas pessoas ou organizações; ou o populismo, quando os partícipes são levados a crer em projetos com os quais as lideranças não se comprometem.

Espera-se que a participação dos agentes territoriais nos colegiados gestores, preferencialmente em consonância com as diretrizes apontadas pelo Condraf, acabe por produzir um Plano Territorial de Desenvolvimento Rural Sustentável (**PTDRS**), verdadeiro acordo social entre os diversos agentes envolvidos, que deve ser um instrumento de gestão do desenvolvimento territorial, de caráter multidimensional e multissetorial, reunindo iniciativas que extrapolem a alçada de ação do MDA (Brasil, 2005b), intensificando a transversalidade. Como destaca o Marco Referencial para Apoio ao Desenvolvimento de Territórios Rurais (id., 2005b), deve ser diversificada a *origem das proposições* para a composição do plano, garantida pela efetiva participação da maioria dos atores sociais envolvidos com o desenvolvimento do território.

O plano também deverá prever mecanismos de monitoramento e avaliação, subsidiando a revisão tempestiva da execução das atividades deliberadas pelos atores sociais e consolidadas no Plano Territorial ao realimentar permanentemente a gestão social das ações territoriais, em tempo de não comprometer os esforços envidados (id., 2005b). Para isso, devem ser periódicos tanto o monitoramento quanto a avaliação das ações. Propõe-se um sistema de monitoramento e avaliação que canalize as informações e as transforme em insumos para a constante melhoria das ações, o que não implica necessariamente a composição de um *órgão de monitoramento*. A proposta para monitoramento e avaliação é medir a eficiência e a eficácia da política de desenvolvimento (id., 2005d), o que não garante a priori a verificação da coerência entre as propostas deliberadas participativamente e as ações concretamente realizadas, como sugerido nos critérios de avaliação.

O documento institucional que contém as Referências para a Gestão Social de Territórios Rurais (Brasil, 2005d) reconhece a relevância do monitoramento e da *avaliação participativa*, metodologia que pode evitar questionamentos acerca dos pressupostos e dimensões assumidos nos processos avaliativos, além de aumentar o comprometimento com os resultados obtidos. Recomenda-se, ademais, que para a construção metodológica da avaliação sejam mobilizados os agentes que estejam participando desde o início das atividades de desenvolvimento.

Está prevista a implementação do Sistema de Monitoramento e Avaliação (SMA) contendo dois níveis de análise: um vinculado aos indicadores diretamente relacionados ao desempenho das dimensões do desenvolvimento sustentável apoiadas pela SDT, e outro vinculado aos indicadores que apontem mudanças mais amplas, como as que se dão na qualidade de vida das populações dos territórios. O SMA será alimentado pelo Sistema de Informações Territoriais (SIT) que, por meio da estratégia de agregação de diferentes dados, permitirá análises mais complexas (id., 2005b).

Os dados e informações geradas por esses e outros mecanismos, voltadas para a estrutura e a evolução dos territórios, bem como para as políticas e programas neles desenvolvidos, mesmo quando seu registro e processamento estiverem centralizados, deverão ser constantemente disponibilizados aos diversos públicos, especialmente aos territórios (ibid., 2005b). Os documentos, contudo, não indicam quais seriam os *canais de difusão* destas informações. Apenas ressaltam a necessidade de criar um ambiente marcado pela fluidez e densidade de informação (id., 2005d), sem também discorrer acerca da *qualidade* dessa *informação*.

7. Do papel para a realidade: esforços para a execução do Programa de Desenvolvimento Sustentável dos Territórios Rurais

Para promover o desenvolvimento sustentável nos moldes propostos pela política dos Territórios Rurais, considerando especialmente os aspectos ligados à cidadania deliberativa, o governo articula suas ações de apoio em torno de três principais eixos de atuação: capacitação de agentes de desenvolvimento, elaboração de PTDRS e apoio à gestão dos PTDRS.

A atividade de Capacitação de Agentes de Desenvolvimento busca fortalecer o capital social nos territórios, bem como desenvolver as competências necessárias para a gestão social, ao capacitar diferentes atores locais por meio do envolvimento de outras instituições além do MDA.

No período 2004-2007 foram realizadas quase 100 mil capacitações (o que não necessariamente corresponde ao mesmo número de agentes, visto que estes podem fazer mais de um curso), superando a meta prevista em todos os anos, à exceção de 2005. Foram realizadas ações de estruturação da Rede Nacional de Entidades Parceiras[4] e da Rede Nacional de Colaboradores;[5] parcerias com instituições de ensino superior e outros programas (ex: Programa Saberes da Terra) para o oferecimento de cursos de especialização afins à temática; organização de edições do Encontro Nacional da Rede de Colegiados Territoriais; além do fortalecimento de ações no campo da educação e cultura, em parcerias com outros ministérios, movimentos sociais e sindicatos. Este expressivo resultado, principalmente em relação ao número de capacitações, parece ser explicado pelas parcerias com outras entidades públicas e da sociedade civil, que conseguiram mobilizar os agentes de desenvolvimento (Brasil, 2006a).

Trabalhada em conjunto com a capacitação dos agentes de desenvolvimento, a atividade de Elaboração de PTDRS visa desenvolver nos atores locais competências para a concepção, implementação e gestão dos Planos Territoriais por meio de oficinas estaduais e territoriais organizadas por consultores e organismos não governamentais contratados

---

[4] A Rede Nacional de Entidades Parceiras é composta pelo grupo de instituições parceiras que executam, nos territórios rurais e por intermédio de contratos de repasse ou convênios específicos, atividades na área de mobilização, sensibilização, capacitação e planejamento, dentre outras (MDA, 2007:9).

[5] A Rede Nacional de Colaboradores é uma rede de pessoas e instituições, pré-selecionadas pela SDT por sua formação e experiência, que podem ser acionadas para atender a demandas específicas dos territórios, nas áreas de planejamento, mobilização e capacitação em temáticas relacionadas ao desenvolvimento territorial, além de contribuírem na formulação conceitual e na análise crítica da abordagem territorial (MDA, 2007:9).

pela SDT, que abordam as diversas fases do planejamento. Como cada território apresenta um cenário peculiar (grau de mobilização de atores, estágio de desenvolvimento, nível de fortalecimento do capital social) e passou a ser apoiado pelo MDA em momentos diferentes, a SDT disponibiliza consultorias específicas de acordo com as necessidades particulares de cada um deles.

Nos quatro anos em análise foram elaborados 104 planos nos 120 territórios rurais apoiados pelo MDA, afora os planos que ainda não estavam concluídos. Estes documentos, além do diagnóstico territorial, contêm os principais eixos norteadores do desenvolvimento territorial e a visão de futuro do território. Embora tenham ficado aquém da meta traçada nos quatro anos, a SDT considerou os resultados satisfatórios, tendo em vista que o PTDRS é concebido numa ótica participativa e apresenta dinâmicas diferentes em cada território (Brasil, 2008).

Dentro da ação Apoio à Gestão de Planos Territoriais de Desenvolvimento Rural Sustentável estão previstas atividades para consolidar e fortalecer os espaços de gestão social e os arranjos institucionais necessários à efetiva implementação dos PTDRS e dos respectivos projetos territoriais. Assim, propõe-se apoiar o fortalecimento institucional, o desenvolvimento de mecanismos de monitoramento e avaliação das atividades e inclusive do PTDRS, o desenvolvimento de mecanismos de comunicação e informação, o intercâmbio de experiências entre territórios rurais, e outros.

O objetivo final dessa ação é engendrar colegiados territoriais consolidados, que adquirem tal status quando possuem personalidade jurídica própria e funcionam regularmente, conforme seus atos constitutivos. As etapas precedentes são as do "colegiado territorial formalizado", quando se apresenta um relatório contendo nome da instância criada, objetivos e composição inicial, além de acordo de entendimentos assinado entre o território e a SDT, e a do "colegiado territorial estruturado", que possui regimento interno, núcleos diretivos e técnico constituídos, além de articulador e entidade territorial. Mesmo os colegiados consolidados continuam na mira das ações da SDT, visando à qualificação do processo de planejamento e gestão social do desenvolvimento territorial.

Em 2007 eram 115 colegiados territoriais constituídos, abrangendo quase o universo de territórios rurais existentes naquele ano, sendo 70 consolidados, resultado considerado satisfatório pela SDT (Brasil, 2008).

Outras ações da SDT, externas aos três eixos abordados, também se relacionam ao fortalecimento da cidadania deliberativa, como tratada neste estudo, na esfera de atuação dos territórios rurais. A SDT desenvolveu e implementou o Sistema de Informações Territoriais, que disponibiliza dados demográficos, econômicos e sociais sobre os territórios rurais. O pressuposto basilar é de que o acesso à informação, além de imprescindível ao planejamento e gestão, constitui-se ferramenta de empoderamento (id., 2007a).

Outra atividade foi a organização do Salão Nacional dos Territórios Rurais no ano de 2006, englobando atividades como oficinas de boas práticas, conferências, seminários e painéis temáticos, e a realização do Encontro Nacional dos Colegiados Territoriais, quando, a partir da avaliação da política dos Territórios Rurais, foram feitas diversas proposições posteriormente discutidas no âmbito do Condraf.

8. Considerações finais

A análise da proposta do Programa de Desenvolvimento Sustentável dos Territórios Rurais revela uma política inovadora e teoricamente coerente, tanto pelos conceitos por meio dos quais se estrutura – território, capital social, gestão social, redes sociais, arranjos institucionais – quanto pela apropriação e tentativa de superação do histórico de acertos e equívocos na gestão participativa das políticas públicas brasileiras, especialmente as políticas de desenvolvimento rural, no que tange, por exemplo, aos frequentes entraves apresentados à participação social, ou mesmo à redundância do aparato institucional.

A proposta de gestão social do Pronat, que alarga a prática comum da participação social, guarda forte congruência com a noção de cidadania deliberativa desenvolvida neste estudo. Isto porque busca a pluralidade, pressupondo a participação de múltiplos atores, ainda que focalize especialmente os agricultores familiares; a inclusão; a autonomia, partindo da importância da descentralização administrativa; e a igualdade participativa, por meio de um processo de discussão deliberativo.

Uma vez que a proposta não prevê a constituição de nenhuma instância específica para a gestão social dos territórios rurais, mas tão somente indica diretrizes que deverão guiar a estruturação do colegiado territorial, não é possível assegurar a priori o grau de adesão aos preceitos da cidadania deliberativa.

Não se ignoram as críticas desferidas ao programa pelos autores que se dedicam a analisar aspectos concretos de sua implementação, embora eles também reconheçam os avanços introduzidos pelos territórios rurais. Dentre os estudiosos do tema, destaca-se Favareto (2009:8), autor que ressalta o caráter retórico pelo qual tem sido apropriada a abordagem territorial que, no âmbito dos territórios rurais, não conseguiu superar o recorte setorial, nem evitar que "a maior participação não represente apenas maior empoderamento de determinados segmentos e, por aí, a mera captura de recursos, em vez da aplicação mais eficiente e capaz de engendrar dinâmicas virtuosas de desenvolvimento do território como um todo".

Abramovay (2005), por sua vez, ao comparar os Territórios Rurais com outros programas internacionais semelhantes – Leader, no caso europeu, e Empowerment Communities/Empowerment Zones, no caso norte-americano –, faz ressalvas ao processo centralizado de formação dos territórios como é o exemplo brasileiro, o que pode significar a ausência de importantes forças econômicas, sociais, políticas e culturais no âmbito do programa. O autor comenta ainda a composição dos espaços de participação social, de corte eminentemente setorial, além dos critérios de avaliação dos projetos desenvolvidos.

Não obstante os comentários acima, a análise proposta neste trabalho pode indicar em que medida os entraves observados na execução da política são explicados pelo seu desenho formal, se os aportes teóricos figuram unicamente no campo da retórica e se os equívocos no desenvolvimento do programa advêm unicamente de problemas operacionais em sua execução.

Para lograr sucesso numa proposta tão audaciosa, a SDT, em parceria com consultores, colaboradores, organizações não governamentais e outros ministérios, prevê diversas ações de apoio, geralmente voltadas para a capacitação dos atores. Como estes apoios devem ser demandados pelos próprios territórios, sua disponibilização depende diretamente da informação e capacidade que possuem os colegiados locais para pleiteá-los.

Os relatórios de gestão e de avaliação do PPA deixam claras algumas dificuldades da SDT para efetivar suas linhas de ação, que vão desde o contingenciamento sistemático dos recursos orçamentários, embora não gerem descontinuidade no fluxo de recursos liberados, até limitações estruturais da própria secretaria, que conta com um quadro reduzido de funcionários. O desempenho da SDT também é prejudicado pela baixa capacidade gerencial de entidades dos territórios rurais, dificultando a celebração de convênios e contratos. O alcance dos objetivos do Programa de Desenvolvimento Sustentável dos Territórios Rurais certamente passa pela equalização desses entraves.

A proposta da política de extrapolar a mera criação de espaços institucionais de participação, prevendo também ativa atuação estatal no sentido de capacitar e fortalecer os atores visando à sua adequada inserção nas instâncias deliberativas, parece indicar a existência de um projeto governamental participativo e democratizante que, se compartilhado com os anseios dos atores de cada território, poderá confluir naquilo que Teixeira, citado por Dagnino (2002), denominou de "encontro participativo", potencializando e conferindo sustentabilidade ao projeto de desenvolvimento.

11 | Participação e qualidade democrática: uma proposta de critérios de qualidade

Carola Castellà e Marc Parés

Introdução

Com este capítulo pretendemos dar um passo além no aprofundamento dos resultados, frutos de anos de trabalho e reflexões entre os(as) companheiros(as) do Grupo de Investigação sobre Participação Cidadã e Movimentos Sociais do Instituto de Governo e Políticas Públicas (Igop) da Universidade Autônoma de Barcelona, assim como das pesquisas que realizamos e dos artigos e livros que publicamos (Parés, 2009; Jorba et al., 2007).[1]

---

1 Além das publicações citadas ao longo do artigo, é preciso destacar três projetos de relevância primordial para a realização de todo este processo de reflexão:
MARTI, J.; CASTELLÀ, C.; JORBA, L. *Seguiment de convenis i ajuts a ens locals per a plans de participació ciutadana i foment de la participació impulsades amb el suport de la Direcció General de Participació Ciutadana de la Generalitat de Catalunya – 2005*. Barcelona: Igop/UAB, 2006.
PARÉS, M.; CASTELLÀ, C.; LÓPEZ, M.; SKIRMUNTT, M.; MARTÍ, J.; ESCRIBÀ, A. *Anàlisi, avaluació i seguiment de les experiències participatives impulsades amb el suport de la Direcció General de Participació Ciutadana de la Generalitat de Catalunya – 2006*. Barcelona: Igop/UAB, 2007.
PARÉS, M.; POMEROY, M.; DÍAZ, L. *Guía prático para la evaluación de procesos participativos*. Barcelona: Igop/UAB/OIDP, 2007.

Concretamente, a proposta de critérios que iremos expor nasce do trabalho realizado a partir de uma encomenda do Observatório Internacional da Democracia Participativa feita ao Igop em 2006. O trabalho resultou na redação do *Guia prático para a avaliação de processos participativos* (*Guía práctico para la evaluación de procesos participativos*), o ápice de um intenso trabalho de reflexão e experimentação entre diferentes cidades que integram este observatório. Por outro lado, este artigo também se enriquece com os trabalhos de Anduiza e Maya (2005) e de Jorba et al. (2007).

O objetivo deste capítulo é apresentar uma série de critérios de qualidade democrática pensados para avaliar processos participativos. Entretanto, esta proposta não pretende ser um sistema integral, completo e fechado, que esgote em si o debate dos critérios. Propomos oferecer um conjunto de critérios, indicadores ou aspectos possíveis de serem avaliados nos diferentes processos participativos objetos de estudo sem esquecer que cada processo participativo tem características e objetivos próprios. Neste exercício, definimos cinco aspirações normativas (cada uma pertencente a um dos cinco grandes campos de estudo com os quais estruturamos os processos, a saber: a coordenação do processo, os participantes, em torno do que se participa, como se participa e o resultado desse processo) que fazem referência aos aspectos que, acreditamos, deveriam caracterizar a qualidade democrática de um processo participativo. Desse modo, para cada aspiração normativa definimos uma série de dimensões que permitem avaliar a qualidade da participação e que, a posteriori, se concretizam em indicadores comuns que vão nos permitir refletir sobre esses critérios, que poderão, da mesma forma, ser aplicáveis a processos de natureza bem diferente.

Por isso esta proposta está exclusivamente focada em processos participativos que têm como objetivo incidir de maneira direta na definição de uma ou várias políticas públicas (desse modo, não esgota o conceito de participação política nem todos os mecanismos, ferramentas, formas e metodologias em que ela pode se manifestar). Por outro lado, entendemos que, dependendo da tipologia de cada processo participativo, do contexto e das características de cada município, teremos à disposição um ou outro tipo de informação, e por isso será possível aplicar uma ou outra série de critérios, seja durante todo o processo, ou de maneira exclusiva em algumas de suas fases.

2. A qualidade no debate da democracia participativa

Ao longo das últimas décadas, municípios de todo o mundo desenvolveram experiências muito diferentes de democracia participativa com o objetivo de encontrar novas formas de governar sociedades cada vez mais complexas.

Em uma época de grandes mudanças sociais e políticas, a política amplia sua área de atuação e comporta dois efeitos fundamentais. O primeiro deles é a maior dificuldade no exercício de canalizar todas as demandas cidadãs através dos instrumentos tradicionais da democracia representativa diante da grande diversidade de temas e atores. O segundo efeito é, por outro lado, oportunidade e motivação crescentes no ato de participar na esfera da tomada de decisões coletivas de importância e relevância emergentes. Expansão e complexificação, dois efeitos paralelos. Efeitos que podem provocar a dificuldade (ou impossibilidade) de realizar um acompanhamento exaustivo de todos e cada um dos debates políticos – além de gerar certa sensação de confusão devido ao surgimento de novos níveis na administração e ao fenômeno geral do governo em múltiplos níveis – dão lugar a uma realidade política na qual as responsabilidades políticas não são facilmente atribuíveis a um único governo (Font, 2001).

Nesse contexto, o conceito de "participação cidadã" adquire maior protagonismo, junto à ideia de capital social.[2] A partir desse debate, toma-

---

[2] Este conceito adquiriu ultimamente grande relevância na literatura das ciências sociais, tanto de economia como de sociologia ou ciência política. Em sua origem convergem diferentes construções teóricas: a contribuição de James Coleman (1990) com sua proposta de formular uma teoria geral da ação social que pretendia estabelecer uma ponte entre a sociologia e a economia a partir da revisão da teoria da *escolha racional* de Becker; a proposta de Pierre Bourdieu que inclui o capital social como uma das "formas de capital", diferenciando-o do capital cultural e do econômico; a inclusão do capital social na teoria de redes realizada com base nas análises de Mark Granovetter (1985); e a conhecida teoria do capital social institucional elaborada por Putnam (1993), na qual, a partir da pergunta "Por que alguns governos têm sucesso e outros fracassam?", o autor defende que a existência (ou ausência) de pautas de comportamento cívico é a chave para entender a qualidade da democracia representativa e o nível de bem-estar econômico.

ram força as correntes de pensamento que afirmam ser necessário contar mais com a sociedade na hora de tomar decisões coletivas, apesar das dificuldades que isso implica.

O surgimento desses espaços participativos foi claro em âmbito local. Sem dúvida, a curto e médio prazo, a escala de governo local facilitou o desenvolvimento de instrumentos participativos na medida em que abriu a porta para o diálogo e para a interação em um nível de governo marcado pela proximidade. Além disso, a proximidade dos cidadãos com os temas tratados faz com que aqueles tenham maior predisposição a se envolver e participar (Parry et al., 1992). O governo local sempre se considerou o cenário privilegiado onde é possível realizar experiências de participação cidadã e, não por acaso, é esse o nível de governo em que mais se avançou em termos de motivar a participação cidadã.

No presente trabalho, partimos da convicção de que é preciso contar com os cidadãos na hora de tomar decisões coletivas e, por isso, é necessário habilitar espaços de participação cidadã para a tomada de decisões públicas. Entendemos a participação cidadã como "qualquer atividade dirigida a influir direta ou indiretamente nas políticas públicas" (Font & Blanco, 2003:17).

> Trata-se de que os cidadãos tenham capacidade de influir por meio de instrumentos formais ou informais no processo de proposta, tomada de decisões e execução de políticas públicas. A participação cidadã transcende de fato os limites do estritamente político e coloca os cidadãos nas esferas de decisão e execução do público a partir do cotidiano, ou seja, desde sua experiência diária e da proximidade com o processo de tomada de decisões nos bairros. (Bruquetas et al., 2005:16)

Assim, como se observou na introdução, este capítulo dedica-se à esfera da participação em nível local, e, mais concretamente, à definição dos aspectos que devem ser levados em conta para definir a qualidade dos processos de participação cidadã que têm influência na elaboração de políticas públicas.

Uma das primeiras reflexões que surgem na hora de falar de participação cidadã fica clara na seguinte pergunta retórica: Qual a necessidade de participação se já existe democracia? Nesse sentido, é preciso dizer que o que começa a ser questionado é a sustentabilidade da democracia em alguns momentos de mudança acelerada dos parâmetros econômicos e sociais nos quais estávamos instalados nos últimos 200 anos. Este problema é mais grave quando se constata um déficit de eficácia em seus mecanismos decisórios diante de problemas cada vez mais complexos e delimitados.[3] Como assinala Subirats (2001), podemos afirmar que existem um déficit de legitimidade e outro de funcionalidade.

Do ponto de vista da participação, as críticas mais significativas feitas ao sistema democrático representativo se concentraram em: problemas, seleção e composição das elites representativas (a grande distância entre representantes e representados); excessiva rigidez e ritualização dos atuais canais de representação, que dificultam a participação real dos cidadãos anônimos na vida política (eleições a cada quatro anos, falta de mecanismos de prestação de contas etc.); partidos políticos como únicos catalisadores da participação política (relegando a um papel marginal outras fórmulas participativas, como, por exemplo, a iniciativa legislativa popular ou os referendos); e, finalmente, dificuldades existentes para personalizar as opções (déficit marcado pelo fato de, nas eleições, os eleitores se limitarem a escolher grandes pacotes ou agrupamentos de temas e ideologias), fato que provoca um aumento do sentimento de distanciamento da cidadania em relação à política (Subirats, 2001).

Diante dessa visão crítica dos mecanismos de representação e participação atuais, a perspectiva da democracia participativa propõe a implementação e o uso de instrumentos de democracia direta e/ou de deliberação que permitam aumentar a participação popular, os mecanismos

---

[3] Neste contexto, alguns autores viram em *governance* um conceito para visualizar novas formas de fazer política (Pierre & Peters, 2000). Ao longo das últimas duas décadas, este conceito foi utilizado para entender a nova forma de exercer as aptidões de governo em instituições tradicionais (renovadas) como as locais e organizações e cenários novos como os da União Europeia (Hooghe & Marks, 2001). O conceito também foi usado para entender novas formas de gestão em rede dos assuntos públicos (Kooiman, 1993; Kickert, 1997) ou para definir com maior precisão as complexidades crescentes das relações inter ou intragovernamentais (Rhodes, 1997; Marsh, 1998).

de controle e os canais de decisão por parte da população. Nos últimos tempos introduziu-se no debate político a necessidade de abrir novos canais de participação que permitam a intervenção do conjunto dos cidadãos nos assuntos públicos. Esta necessidade surge da consideração de que democracia[4] significa deliberação, reflexão e conhecimento sobre o que deve ser feito e, por isso, se queremos que as pessoas participem e entendam as limitações da atuação do governo, é preciso que se criem ambientes de debate e de decisão para que os cidadãos possam participar na tomada de decisões de maneira complementar, conjuntamente com as instituições.

Mesmo assim, existe, evidentemente, uma série de dificuldades e efeitos perniciosos que devemos levar em conta em relação ao incremento da quantidade e da qualidade da participação popular e direta nas decisões públicas: acentua-se a lentidão na tomada de decisões; o aumento dos custos (em termos de tempo e de recursos); a falta de valor agregado à decisão em si; o excesso de particularidades da questão em debate; o fato de se concentrar no curto prazo; a erosão da legitimidade e da autoridade que podem sofrer as instituições representativas e os partidos políticos que as estimulam diante do fato de poder implicar desconfiança em relação a sua capacidade de representação e defesa dos interesses gerais.

Sem esquecer que existe outra linha de argumentos utilizados contra a aplicação e promoção dos canais de participação cidadã e contra o incremento da quantidade e da qualidade da participação política dos mesmos que centralizam suas dúvidas em torno do grupo de cidadãos convidado hipoteticamente a se incorporar aos processos de tomada de decisões: o fato de os cidadãos não quererem participar; e quando participam, o fazem de forma inconstante (por isso não se pode garantir um funcionamento regular das instâncias participativas); as pessoas dispostas

---

[4] Etimologicamente, democracia é uma palavra de origem grega (*démokratia*) que significa a força (*kratos*) do povo (*demos*). Na verdade, o debate acadêmico sobre a saúde da democracia é bem antigo. A literatura acadêmica tradicionalmente tem se preocupado em construir um espaço público democrático que canalize o ideal de uma vida política presidida pelo diálogo e pela argumentação. Por isso, o interesse em desenvolver uma política democrática que possa fazer frente aos desafios impostos pela sociedade a cada momento já aparece nos trabalhos clássicos, como os de Arendt (1958), Habermas (1962) ou Barber (1984).

a participar são sempre as mesmas (assimetrias: de conhecimento e informação, de envolvimento e experiência); muitas vezes os que participam representam apenas a si mesmos e a seus próprios interesses etc.

Apesar dessa grande lista de ceticismos e dúvidas sobre os supostos benefícios dos mecanismos de participação direta dos cidadãos, para aqueles que defendem prosseguir na investigação e experimentação de novos mecanismos de participação há dois desafios que devem ser enfrentados como caminhos de consolidação da democracia e de sua capacidade de solução dos conflitos gerados pela convivência coletiva: o primeiro consiste em demonstrar que participação e eficiência são dois conceitos cada vez mais complementares (e não contraditórios); o segundo desafio é buscar e experimentar instrumentos, caminhos ou mecanismos de participação que evitem ou pelo menos reduzam os riscos existentes e minimizem as dificuldades anteriormente citadas. Desse modo,

> queremos deixar claro que temos a convicção de que apenas construindo mecanismos democráticos que permitan decidir com rapidez e eficácia, mas também que permitam realmente envolver a sociedade, escutar suas opiniões e levá-las em conta nas decisões a serem tomadas, será possível manter a viabilidade de certas instituições democráticas que se converteram em material sensível. (Subirats, 2001:41)

É nesse ambiente que devemos situar o surgimento na Catalunha, a partir de 2005, do debate em torno da qualidade dessas experiências participativas nos municípios catalães. Debate que, ao mesmo tempo, se insere em uma discussão mais ampla sobre a qualidade da democracia participativa.

Assim, vamos abordar neste exercício a intenção de definir o conceito de qualidade democrática exclusivamente em referência aos processos de participação política. Posteriormente, avançaremos no difícil exercício de definir uma série de aspirações normativas e critérios que vão nos permitir avaliar se um processo participativo tem mais ou menos qualidade democrática. Entretanto, antes de começar a definir o que queremos dizer quando falamos de qualidade democrática nos processos participativos, devemos ser capazes de responder a duas questões. Primeiro, o que entendemos por avaliação? Segundo, o que é um processo participativo?

O que entendemos por avaliação?

Entende-se por avaliação um processo sistemático de obtenção de informação destinado a emitir juízos de valor a partir de critérios estabelecidos. Por isso, é necessário um planejamento prévio que nos oriente para o que olhar, em que direção, e como fazê-lo. Além disso, também implica refletir sobre os objetivos, determinar os critérios a utilizar, definir que tipo de informação será necessária e como será obtida; e finalmente determinar quem serão as pessoas responsáveis pela avaliação e que papel terão no processo. Evidentemente, as finalidades almejadas pela avaliação e as diferentes maneiras de entendê-las vão condicionar as características de cada um desses itens. Nesse sentido, seria preciso fazer uma reflexão mais ampla sobre as diferentes abordagens existentes na literatura política do conceito de avaliação.

Para poder falar de avaliação, em primeiro lugar é preciso definir o que se quer avaliar. Conforme dissemos anteriormente, a participação cidadã pode ser realizada em diferentes escalas territoriais e em diferentes níveis de governo (local, municipal, estadual etc.). Apesar disso, nos últimos anos, foi na esfera local que se destinaram mais esforços para promover iniciativas inovadoras que vão além das formas clássicas de participação (eleitoral, atuação coletiva a partir dos movimentos sociais etc.).

Se nos concentrarmos na escala local, é possível identificar diferentes formas em que se apresentam (Parés, 2009):
a) sistemas estáveis de participação (todos os que constituem uma forma de organização permanente da participação em um município: órgãos consultivos, câmara municipal etc.);
b) processos participativos (planos, projetos e atuações submetidos à participação da cidadania através de um processo durante um período de tempo determinado com a finalidade de promovê-la);

c) mecanismos de participação (instrumentos pontuais utilizados para a participação cidadã como oficinas, consultas populares etc. com objetivo mais limitado);
d) participação não institucional (mobilizações e ações promovidas a partir da cidadania, mais ou menos organizada, à margem das instituições, com o objetivo de atuar na esfera pública).

Evidentemente, todas estas formas de participação cidadã na esfera local estão sujeitas a avaliação. E o tipo de avaliação vai variar em função da forma de participação, da temática submetida à participação e de seu alcance, ou o contexto social e político no qual se realiza.

Neste capítulo vamos nos concentrar na avaliação de processos institucionais de participação cidadã, embora muitas das reflexões que faremos aqui possam ser úteis para outras formas de participação popular. Por outro lado, como a participação é um meio para definir e realizar determinadas ações e mudanças vinculadas às esferas nas quais se participa, o impacto dessas mudanças sobre a realidade social também está, evidentemente, sob avaliação. Mas aqui vamos nos concentrar na avaliação dos processos participativos em si.

O que é um processo participativo?

Entendemos por processos de participação cidadã aqueles que têm como objetivo planejar concretamente as políticas locais. Concretamente, os processos organizados orientados para a tomada de decisões que contam com uma série de princípios inovadores: proximidade (reforço da participação nas esferas de proximidade, em políticas inovadoras e em temáticas tradicionalmente muito centralizadas), participação (envolvimento da participação cidadã na discussão de políticas do município através de fórmulas inovadoras), visão estratégica (discussão de modelos e objetivos a médio e longo prazo, definição de realizações públicas) e transversalidade (concepção transversal dos problemas públicos e promoção de políticas transversais para chegar aos resultados).

Os processos participativos podem ser classificados segundo seu foco: se se dirigem a coletivos específicos (por exemplo, infância, juventude, terceira idade); se tratam de assuntos mais ou menos específicos (educação, sustentabilidade); se estão ligados a territórios ou comunidades específicas (projetos comunitários ou planos conjuntos); ou se tratam de temas mais globais (por exemplo, planos de atuação municipal). Eis alguns exemplos de processos participativos:

Projetos educativos de cidade, que são processos de "planejamento de ações a médio e longo prazo para o desenvolvimento educativo de um município, entendendo a educação como um processo contínuo e integral, que vai além do âmbito educativo das regras e que também inclui a formação de valores" (Font & Blanco, 2003:49).

a) *Os projetos comunitários de bairro* que pretendem promover o desenvolvimento de uma determinada comunidade (bairro ou distrito) a partir da participação ativa da mesma comunidade (entendendo-se a comunidade como todos os que vivem ou trabalham no território).

b) Um *plano conjunto* é o programa de atuação das administrações em um território determinado que se caracteriza pela vontade de superar os obstáculos setoriais e atuar de maneira conjunta e coordenada sobre problemas do território.

c) Os *projetos estratégicos locais* são processos que têm como objetivo o planejamento de estratégias de desenvolvimento socioeconômico a médio e longo prazo em um território determinado. Caracterizam-se por serem elaborados através da participação de diferentes agentes do território; têm uma fase de diagnóstico, um plano de ação e um plano de acompanhamento (Font, 2001).

d) Os *orçamentos participativos* têm por objetivo a participação da cidadania na elaboração dos orçamentos municipais, estabelecendo as prioridades orçamentárias do governo local, a fiscalização e o gasto (Font, 2001).

e) Finalmente, um *plano de atuação municipal* (PAM) participativo é o processo participativo que se promove com a finalidade de elaborar um documento (PAM) que reúna as principais linhas de atuação de um governo durante a legislatura.

Os processos participativos costumam se organizar em diversas fases. A primeira fase corresponde ao diagnóstico (que permite detectar os principais problemas do município/bairro com base em dois tipos de dados: os provenientes de registros documentados e as percepções dos coletivos sociais). Uma segunda fase corresponde à elaboração do plano de ação (que identifica os temas prioritários, propõe estratégias e linhas de atuação: as propostas que surgem são levadas a cabo de modo participativo). E finalmente a implementação e o acompanhamento (elabora-se um sistema de indicadores que permite avaliar o grau de implementação dos acordos feitos no plano de ação).

Assim, para sintetizar, podemos afirmar que em uma época de grandes mudanças, na arena política deve-se responder ao desafio de uma dificuldade maior para canalizar (especialmente através dos instrumentos tradicionais da democracia representativa) todas as reivindicações devido à grande diversidade de temas e atores, e também a um maior interesse em participar na esfera de tomada de decisões coletivas. *O surgimento, em âmbito local, de espaços e instrumentos participativos abriu a porta para o diálogo e para a interação mais próxima.*

Essas iniciativas inovadoras, que foram promovidas em nível local com o objetivo de ir além das formas clássicas de participação, podem se apresentar sob diversas formas (conselhos consultivos, consultas populares, mobilizações etc.). Neste capítulo, vamos nos concentrar concretamente nos processos participativos, ou seja, nos planos, projetos e ações submetidos à participação dos cidadãos através de um processo e durante um período de tempo determinado com a finalidade de promover a cidadania.

Por isso, *a proposta da qualidade democrática que apresentaremos a seguir está formulada para processos de participação cidadã, de iniciativa institucional e levando mais em conta os aspectos dos procedimentos da participação (ou seja, sua qualidade) do que a implementação de seus resultados.*

3. A qualidade nos processos participativos

A partir da perspectiva da democracia participativa, sugerimos a criação de mecanismos de democracia que permitam decidir com rapidez e eficiência, envolvendo realmente a sociedade. Uma dessas novas vias, em nível local, têm sido os processos participativos. Entretanto, quais características devem ter esses processos participativos para podermos afirmar que são processos de qualidade democrática?

Vejamos o que afirmam Anduiza e De Maya sobre o assunto:

> Definir a qualidade na participação política é uma tarefa muito complexa. O próprio conceito de qualidade por si só é difícil de definir, pois pode expressar grande pluralidade e diversidade de significados. É um conceito abstrato e complexo, que geralmente se contrapõe ao conceito de quantidade para destacar precisamente os atributos ou propriedades positivas de alguma coisa ou processo. (Anduiza & De Maya, 2005:13)

Essa pluralidade de significados que o conceito de qualidade pode adquirir no ambiente de um processo participativo está relacionada a uma diversidade de valores e opiniões presentes no processo. Seguindo esta linha de reflexão, é possível chegar a diferentes definições em função dos elementos que se considerem fundamentais para avaliar a qualidade da participação política. Esses elementos podem ser tanto de processo como de resultado, de organização ou de grau de satisfação dos usuários.

Na literatura encontramos diversos autores que tentaram definir o conceito de qualidade democrática nos processos de participação cidadã. No cenário da democracia deliberativa, Gutmmann e Thompson (2004) destacam cinco características que toda experiência deliberativa deve ter para se que possa afirmar que seja de qualidade. Em primeiro lugar, as decisões, para se justificarem, devem ser debatidas (ou seja, deve haver um intercâmbio de razões e argumentos). Em segundo lugar, esse intercâmbio deve ser compreensível e acessível para os cidadãos que estão convidados a participar da experiência. Em terceiro lugar, as decisões derivadas de um processo deliberativo devem ser vinculantes, mesmo que apenas por um período de tempo (devem gerar, por isso, decisões concretas). Em quarto lugar, o processo deve ser sempre dinâmico. E, finalmente, deve ser regido pelo princípio da economia moral da discordância (maximizar o respeito mútuo e minimizar as diferenças).

Para Papadopoulos e Warin (2007), há quatro questões particularmente importantes na hora de avaliar, em termos de democracia e eficiência, a qualidade dos processos de tomada de decisões: o grau de abertura e a acessibilidade (*input-legitimacy*); a qualidade da deliberação (*throughput*); questões de eficiência e eficácia (*output-legitimacy*); e, finalmente, o tema da inserção na esfera pública (*transparency* e *accountability*). Assim, "uma primeira preocupação reside na abarcabilidade desses mecanismos, e esta é uma dimensão importante de sua qualidade democrática" (Papadopoulos & Warin, 2007:455. Tradução livre.). Em segundo lugar, os autores afirmam que esses instrumentos devem permitir que a sociedade questione suas próprias certezas, que possa ver as consequências de suas próprias preferências e escolhas, além de facilitar a imaginação coletiva com o objetivo de buscar soluções inovadoras. Em terceiro lugar, para que esses processos produzam soluções com alta aceitação, os participantes não devem se sentir dominados. Para esses autores, a institucionalização dos processos participativos é outra dimensão a ser levada em conta, considerando ainda que os processos podem estar institucionalizados mas representar simplesmente um papel simbólico, e podem ser eficazes estando ao mesmo tempo fracamente institucionalizados. Na verdade, o processo de visibilidade (que está fortemente correlacionado com o de institucionalização) é a chave para a prestação de contas. Na medida em que os canais de responsabilidade estão associados com os processos participativos, devem ser discutidos, especialmente se esses mecanismos têm influência em decisões legalmente vinculantes.

Rowe e Frewer (2000) afirmam que, como é difícil determinar a qualidade dos processos participativos, é preciso considerar que aspectos do processo são desejáveis e depois medir a presença ou qualidade desses aspectos no processo. Mesmo assim, afirmam, há uma série de critérios teóricos de avaliação que são essenciais para avaliar especificamente a eficácia da participação política. Portanto, "compreende dois tipos: critérios de aceitação, que estão relacionados às características de um método que o tornam aceitável para um público mais abrangente, e critérios de processo, que estão relacionados às características do processo que são responsáveis por garantir que ele aconteça de maneira eficaz" (Rowe &

Frewer, 2000:3. Tradução livre.). Em referência aos critérios de "aceitação", estabelecem: o critério de representatividade, o critério de independência, o critério de envolvimento rápido, o critério de influência e o de transparência. Por outro lado, entre os critérios de "processo" estão: o critério de acesso aos recursos, o critério da tarefa de definição de objetivos, o critério da estrutura de tomada de decisões e o critério da relação entre custos e resultados.

Quadro 1 – Critérios de avaliação de Rowe e Frewer

	Critério de	Aspiração
Critérios de aceitação	Representatividade	O grupo de participantes deve ser composto por uma amostra abrangente de representantes da população do público afetado.
	Independência	O processo de participação deve ser conduzido de forma independente e imparcial.
	Envolvimento primário	O público afetado deve ser envolvido no processo o mais cedo possível, assim que os juízos de valor se tornarem evidentes.
	Influência	O resultado do processo deve ter um impacto real sobre a política.
	Transparência	O processo deve ser transparente, para que o público afetado possa saber o que está acontecendo e como as decisões estão sendo tomadas.
Critérios do processo	Acesso aos recursos	Os participantes públicos devem ter acesso a recursos adequados que possibilitem que eles cumpram suas instruções de maneira bem-sucedida.
	Definição de tarefas	A natureza e o escopo da tarefa de participação devem estar definidos claramente.
	Tomada de decisões estruturada	O exercício de participação deve usar/prover os mecanismos adequados para a estruturação e a exposição do processo de tomada de decisões.
	Sustentável	O procedimento deve ser sustentável de alguma maneira.

Elaborado pelo autor (tradução livre).

Finalmente, Lowndes, Pratchett e Stoker (2006) propõem o Clear, um instrumento que tem como finalidade facilitar que os governos locais compreendam melhor a participação realizada nos municípios. Trata-se de uma ferramenta de diagnóstico que permite identificar quais os pontos fortes e fracos da participação em um município e, consequentemente, compreender com mais facilidade estratégias para melhorar a participação cidadã. Com o Clear se parte da ideia de que é mais provável ocorrer uma participação de mais qualidade quando os cidadãos (Lowndes; Pratchett; Stocker, 2006:1):

> Podem – ou seja, dispõem dos recursos e do conhecimento necessários para participar;
> Gostam – ou seja, têm um senso de apego que reforce a participação;
> Permitidos – ou seja, lhes foi dada a oportunidade de participar;
> Requisitados – ou seja, são mobilizados por órgãos oficiais ou grupos voluntários;
> Considerados – ou seja, veem sinais de que seus pontos de vista foram levados em conta. (Tradução livre.)[5]

Até agora, fizemos uma breve revisão dos diferentes critérios atualmente encontrados na literatura de ciências sociais sobre o conceito de qualidade democrática nos processos de participação cidadã. Este exercício nos permitiu observar como alguns desses critérios são coincidentes, como, por exemplo, a necessidade de que, num processo participativo, a informação apresentada seja compreensível e acessível; de que as decisões tomadas tenham sido corretamente deliberadas e, além disso, sejam vinculantes; de que se deem sob critérios de eficiência e eficácia; e de que, além disso, sejam regidas pelos princípios de transparência e prestação de contas.

De fato, muitos dos critérios que vimos foram reunidos e utilizados para elaborar os critérios de qualidade democrática pensados para avaliar processos participativos que apresentaremos em seguida.

---

[5] *Can do* – *that is, have the resources and knowledge to participate;* ***L****ike to* – *that is, have a sense of attachment that reinforces participation;* ***E****nabled to* – *that is, are provided with the opportunity for participation;* ***A****sked to* – *that is, are mobilised by official bodies or voluntary groups;* ***R****esponded to* – *that is, see evidence that their views have been considered.*

Para a definição da qualidade democrática nos processos participativos, definimos cinco âmbitos[6] de estudo, ou seja, cinco aspectos relevantes da participação que consideramos estar presentes em todo processo participativo e que podem ser aplicados a contextos diferenciados. São eles: a coordenação do processo, quem participa, sobre o que se participa, como se participa e, finalmente, os resultados do processo.

Para cada um desses elementos foram especificadas aspirações normativas sobre o que, acreditamos, deveriam ser práticas de qualidade democrática. Ao mesmo tempo, foi estabelecida uma série de *critérios de qualidade democrática* pensados para avaliar os processos participativos. Isso significa que foi definida uma série de critérios que permitem avaliar a qualidade da participação e que, a posteriori, fornecerão indicadores comuns que possam refletir esses critérios e ser aplicados a processos de natureza muito diferente.

4. Os cinco âmbitos e seus respectivos critérios de qualidade democrática para avaliar processos participativos

Uma vez realizada a primeira aproximação ao conceito de qualidade democrática, vamos detalhar uma série de critérios de qualidade democrática pensados para avaliar os processos participativos.

Esses critérios, nos quais já avançamos, foram distribuídos em *cinco âmbitos* de estudo (Anduiza & De Maya, 2005; Castellà & Jorba, 2005; Parés, 2009; Parés et al., 2007; Jorba et al., 2007): a coordenação do processo, quem participa, sobre o que se participa, como se participa e, finalmente, seus resultados. Para cada um deles definimos uma aspiração normativa que remete ao que, acreditamos, deveria ser um processo participativo com qualidade democrática.

Antes de começar, entretanto, gostaríamos de observar que o objetivo desta exposição é oferecer um conjunto de ferramentas diversas que possa

---

[6] De acordo com *Guía práctico para la evaluación de procesos participativos* (Parés et al., 2007), que o Observatório Internacional da Democracia Participativa, em 2006, encomendou ao Igop/UAB.

ser útil para a avaliação de diferentes processos participativos, entendendo que, para cada processo, serão selecionados (ou ampliados) os critérios para a avaliação, as perguntas e indicadores a avaliar e as metodologias a utilizar, de acordo com os objetivos do processo, os objetivos da avaliação e as características tanto do processo avaliado quanto da realidade social em que ele seja realizado.

Em função do grau de profundidade com que se queira avaliar um processo, pode-se utilizar um número maior ou menor de critérios dentre os propostos aqui (ou entre outros). E, para cada um deles, pode-se utilizar uma ou outra metodologia. Selecionar todos ou alguns dos critérios aqui propostos e escolher a metodologia utilizada não só dependerá do contexto e das características do processo, mas também dos recursos disponíveis para tal objetivo. Esses âmbitos e dimensões são os seguintes:

4.1. A coordenação do processo

A coordenação do processo faz referência a todos os critérios mais contextuais do processo participativo relativos a sua coordenação e gestão. Por isso, nos concentramos no acordo político, na *transversalidade*, no compromisso político, na liderança compartilhada, na integração nas dinâmicas locais de participação e na clareza dos objetivos e recursos.

Em primeiro lugar, *o grau de acordo político, social e técnico* refere-se à necessidade de os diferentes atores implicados no processo participativo assumirem sua realização e seus resultados (Jorba et al., 2007). Esse acordo facilita que o projeto não seja percebido como um instrumento de manipulação e também possibilita um envolvimento mais amplo e representativo dos cidadãos e dos responsáveis técnicos e políticos do projeto (que têm de *executar* a decisão tomada pelos participantes), aumentando o grau de legitimação. Assim, o fato de um processo participativo ser levado adiante com o acordo conjunto das forças políticas também aumenta muito a possibilidade de que o conjunto do processo e seus resultados sejam mais bem aceitos.

Além disso, chegar a um acordo técnico influi no caráter transversal das discussões produzidas sobre o processo dentro da administração (evitando a imposição de limitações temáticas artificiais aos participantes do processo) e também aumenta sua capacidade de organização. Se não for obtida a colaboração dos técnicos da administração, o processo participativo pode ser proposto com perspectiva muito reduzida, ou despertar receios que, no fim das contas, vão dificultar a realização da decisão tomada pelos participantes (Anduiza & De Maya, 2005).

Finalmente, obter um acordo social pode aumentar não apenas o grau de aceitação das propostas e dos resultados do processo por parte das organizações e coletivos relevantes relacionados com a temática abordada; além disso, a cumplicidade de grupos sociais pode ter papel-chave na mobilização pela participação (Castellà & Jorba, 2005). Isso não quer dizer que se considere positivo o consenso nos conteúdos submetidos a debate, pois o debate democrático necessariamente tem de partir de posições de conflito. O fato de se querer forçar o consenso pode ocorrer justamente em detrimento da qualidade democrática do processo, já que nas lógicas consensuais é muito fácil que alguns atores sejam excluídos do consenso e, consequentemente, fiquem excluídos também do próprio processo participativo. Por isso, o que valorizamos aqui como positivo é o fato de que haja acordo político, técnico e social sobre o ato de estimular um determinado processo participativo e sobre a forma (o método) como esse processo é realizado.

Será necessário detectar se houve algum dos seguintes tipos de rejeição: política (por parte da oposição e/ou de outras secretarias do governo), técnica e/ou social (por parte de algum coletivo específico).

Em segundo lugar, a *transversalidade*[7] faz referência à capacidade da organização promotora do processo de manter sua coesão interna. Como

---

[7] É preciso levar em conta diferentes aspectos da transversalidade. Em *nível estrutural*, é preciso ver por que canais segue o fluxo de relações. Por exemplo: é interessante saber se o responsável político pela participação também é responsável por outras áreas (identificar quais são), algo que faz com que os projetos se vinculem de modo "natural" às áreas sob responsabilidade do mesmo político; nesse caso a transversalidade seria apenas parcial (por outro lado, quando há diversas *secretarias* envolvidas, a transversalidade é mais completa). Ao mesmo tempo é preciso tentar determinar que *"tipo" de transversalidade* está sendo levado a cabo: apenas em nível informativo (o resto do pessoal é periódica e especificamente informado do processo) ou em nível de decisão e/ou gestão (decisão de elementos-chave do processo e divisão de tarefas). No plano dos *atores*, é preciso ver que pessoal intervém no processo (responsabilidades políticas, colaboração técnica e/ou administrativa). Finalmente, também convém identificar os *momentos*

observamos anteriormente, os processos participativos que conseguem promover um trabalho interno transversal, que envolvem as diferentes áreas relevantes para o processo (tanto em âmbito técnico quanto político), são processos mais eficientes. A potencialização da transversalidade facilita ainda a redução das resistências à futura implementação dos resultados por parte das áreas técnicas ou políticas diretamente comprometidas com a promoção do processo participativo.

Em terceiro lugar, um processo participativo só estará legitimado institucionalmente através de um *compromisso político* sólido. Esta condição é indispensável para que os resultados sejam implementados e, portanto, para que o processo seja eficaz. A existência de um compromisso político claro por parte da organização *promotora* do processo, em relação à implementação dos resultados do processo participativo, é, sem dúvida, um dos principais critérios de qualidade democrática. Do contrário, os cidadãos tendem a pensar que o resultado do processo não será levado em conta e que sua participação no próprio processo não é mais que perda de tempo. A fim de evitar que isso ocorra, esse compromisso é fundamental. E, de fato, deveria se manifestar desde o início do processo e durante seu desenvolvimento.

Em quarto lugar, apesar de serem necessários um compromisso e uma liderança política sólidos, o fato de *compartilhar a liderança* do processo é considerado também um elemento de qualidade democrática (Font & Blanco, 2003). E isso por dois motivos: por um lado, porque envolver diversos atores na coordenação e liderança do processo costuma ser uma garantia em termos de legitimidade (já que não é apenas o *município* que *estimula* um processo, mas todo o processo é motivado conjuntamente pelo *município* e por outros atores políticos e/ou sociais). Por outro lado, o compartilhamento da liderança resulta em um elemento de qualidade democrática na medida em que envolve mais atores na coordenação do processo; em consequência, o processo se ajusta melhor às características e necessidades da realidade na qual está ocorrendo.

---

da transversalidade, se ela ocorre apenas de forma pontual (por exemplo, a participação de todos os técnicos municipais em uma oficina de debates) ou se tem um alcance temporal mais longo.

A divisão da liderança, portanto, pode dar mais eficácia e coerência ao processo participativo, aproximando-o das dinâmicas reais do município. Dividir a liderança do processo é, sem dúvida, garantia de que este seja mais plural e transparente, e ao mesmo tempo facilita a neutralidade em sua coordenação. A existência de um *grupo promotor* plural[8] pode facilitar esse *compartilhamento* e, além disso, servir para garantir a máxima extensão da experiência participativa no âmbito da sociedade civil e dos cidadãos.

Em quinto lugar, deve-se apontar a necessidade de que *o processo participativo esteja integrado*, na medida do possível, *às dinâmicas locais de participação*. Muitos municípios têm um sistema de participação mais ou menos estável. Convém analisar até que ponto o processo avaliado se integra ou não ao sistema participativo. Nesse sentido, devem ser levados em conta três aspectos relevantes:

1. Frequentemente, os processos participativos se encaixam em sistemas de participação mais complexos e/ou se desenvolvem de forma paralela a outros processos. Inclusive, às vezes ocorrem dificuldades no desenvolvimento de diferentes projetos em paralelo e contradições e/ou *sobreposições* entre eles. Logo, é importante levar em conta a integração do projeto de participação no conjunto da atuação do governo, tanto para garantir sua sustentabilidade no tempo como a retroalimentação ou sinergia positiva que pode ocorrer com outros processos participativos.

2. O grau de relação entre o processo participativo e o que poderia ser chamado de sistema estável de participação, entendendo-se como tal o conjunto de espaços e mecanismos (regulamentos, conselhos consultivos setoriais e/ou territoriais, webs interativas etc.) que funcionam de forma regular. Estudos sobre análise de experiências demonstraram como, às vezes, os dois canais funcionam "paralelamente", sem conexão entre si, produzindo situações de falta de coordenação e déficit de informação entre atores (Subirats et al., 2001).

---

[8] É importante detectar a composição do grupo promotor (é formado por quem? Técnicos, políticos, associações, cidadãos?) e conhecer ao máximo seu funcionamento para poder detectar o grau de incidência real sobre a coordenação do processo.

3. Finalmente, os cidadãos. Levando-se em conta que o público potencial de todas as dinâmicas participativas locais pode ser o mesmo, também é conveniente que o processo participativo seja coordenado, aproveite e evite coincidir com o resto das dinâmicas participativas do município. É importante não duplicar esforços nem saturar o potencial participativo dos cidadãos.

Em sexto lugar, os *objetivos* de um processo participativo *devem ser claros* em relação a sua natureza e seu alcance (Castellà & Jorba, 2005), facilitando a tarefa dos gestores do processo e daqueles que nele participam (Rowe & Frewer, 2000). A clareza dos objetivos realmente dá coerência e transparência ao processo: aponta uma linha clara de trabalho e limita aquilo que se busca e aquilo que pode ser obtido.[9] Este último elemento elimina as exigências excessivas e as expectativas que os processos participativos às vezes podem provocar, evitando frustrações que podem influenciar negativamente a participação cidadã em processos futuros. Além da análise dos objetivos, também é importante avaliar até que ponto os objetivos iniciais foram utilizados como elementos-guia do processo e até que ponto os resultados do processo respondem aos objetivos iniciais.

Por último, é importante que o processo participativo conte com *suficientes recursos*[10] *humanos, materiais, de informação e tempo* que permitam seu melhor desenvolvimento.

Como recursos humanos devemos contabilizar tanto os que existem internamente quanto os externos, levando em conta o grau de dedicação ao projeto (pode haver técnicos que lhe dediquem apenas algumas ho-

---

[9] Em princípio, os objetivos têm de ser realistas em relação aos recursos (de tempo, financeiros, pessoais, cognitivos etc.) disponíveis.
[10] Rowe, G. & Frewer, L. J. (2000:16) falam de "Critério de acesso aos recursos: os participantes públicos devem ter acesso a recursos adequados que possibilitem que eles cumpram suas instruções de maneira bem-sucedida. [...] Entre os recursos necessários estão: 1. recursos de informação (resumos dos fatos pertinentes); 2. recursos humanos (acesso a cientistas, testemunhas e analistas de decisão, por exemplo); 3. recursos materiais (retroprojetores e quadros-brancos, por exemplo); e 4. recursos de tempo (os participantes devem ter tempo o suficiente para tomar decisões). Restrições a quaisquer desses recursos terão um impacto sobre a qualidade do processo de participação". (Tradução livre.)

ras da semana, e outros que lhe dediquem a jornada completa). Deve-se prestar atenção especial não só aos técnicos que trabalham na matéria, mas também aos funcionários(as) administrativos dedicados ao processo, já que frequentemente, sobretudo em municípios pequenos, os funcionários administrativos fazem trabalhos técnicos. Além disso, deve-se levar em conta os temas referentes à contratação de pessoal externo: frequentemente pensa-se apenas em uma empresa/entidade externa, mas nem sempre essas empresas têm especialistas em participação nem todos os profissionais em participação estão nas empresas.

> Para terminar o debate sobre organização é preciso citar o papel desempenhado pelos organizadores do processo. Em muitos casos, eles trabalham diretamente para a administração [...], enquanto em outros se tratava de uma entidade externa encarregada da responsabilidade do desenvolvimento de todo o processo [...]. Apesar de, a princípio, esta segunda fórmula trazer maiores garantias de neutralidade, ela nem sempre é viável, nem existem [...] indícios suficientes para afirmar que leve necessariamente a melhores resultados. (Font, 2001:230)

Em relação aos *recursos materiais*, se pretendemos que um processo participativo seja devidamente preparado, dinamizado e desenvolvido, e tenha resultados efetivos a longo prazo, é necessário contar com meios suficientes para que seu desenvolvimento não seja dificultado. Falar de recursos materiais é falar não só de dinheiro (orçamento), mas também de espaços (lugares de reunião) e instrumentos (projetores, lousas etc.).

Em relação aos *recursos de informação*, é necessário que o mesmo processo participativo permita aos cidadãos conhecerem com maior intensidade a temática que lhe é proposta, com informação suficiente (e que esta seja plural e clara) que lhe possibilite pronunciar-se de maneira coerente e rigorosa sobre as principais alternativas existentes diante do desafio de alcançar os objetivos estabelecidos no início do processo (Font & Blanco, 2003).

A facilidade do acesso à informação favorece situações de atuação de maior igualdade entre os participantes durante o processo e uma maior transparência: "Critério de transparência: o processo deve ser transparente, para que o público possa saber o que está acontecendo e como as decisões estão sendo tomadas" (Rowe & Frewer, 2000. Tradução livre.). Para alcançar este objetivo, é necessário produzir informação clara, útil e plural, e que esclareça os objetivos do processo. Além disso, devem ser utilizados os canais adequados para alcançar todos os participantes em potencial: estes devem estar informados sobre o processo participativo e devem poder ter acesso a toda a informação quando necessário. Informação de qualidade facilita que os participantes em potencial possam atuar com maiores condições de igualdade. E também está relacionada com a clareza na definição de objetivos e a explicitação do grau de participação que se pretende alcançar com o processo.

Os *recursos de tempo* se referem a duas temáticas. Por um lado, à necessidade de que o processo participativo seja bem planejado, ou seja, deve-se ter em conta que a participação não se improvisa (Martí, 2006), e nesse sentido devem ser consideradas tanto suas fases de desenvolvimento quanto o cronograma e a adequação à realidade do município. Além disso, a "constante reformulação" deve ser valorizada como uma possível qualidade do processo participativo, cujas necessidades reais frequentemente só são detectadas ao longo do próprio processo. Por outro lado, constata-se

> um tempo disponível finito e submetido a múltiplas pressões, e como é necessário seu consumo para participar, ele deve ser distribuído como cabe a um recurso apreciado, valioso e a respeitar. [...] Além disso, [...] será preciso que os participantes obtenham satisfações expressivas ou instrumentais de sua participação e não fiquem com a sensação de terem desperdiçado seu tempo por nada. (Font, 2001:19)

Uma última observação em relação aos recursos do processo: é preciso recordar que, como afirmam muitos de seus críticos, a participação sempre tem custos econômicos, organizacionais e de tempo que devem estar incorporados em toda análise.

Aspiração normativa:

> Um processo participativo de qualidade deveria contar com o apoio político, administrativo e social a sua necessidade e à metodologia de desenvolvimento; um trabalho interno transversal; o compromisso político da implementação de seus resultados e uma liderança compartilhada. Além disso, deveria ter objetivos claramente definidos; dispor de recursos (humanos, materiais de informação e tempo) apropriados para seu desenvolvimento; e estar integrado, na medida do possível, ao sistema participativo do município.

Critérios/Dimensões:

a) *Acordo político, social e administrativo sobre a necessidade de realizar o processo e sua metodologia.* Um processo sobre cuja necessidade e metodologia há grande consenso tem mais possibilidades de sucesso do que um processo que é questionado, seja na esfera política, técnica ou social.

b) *Transversalidade interna.* Os processos que alcançam um trabalho interno transversal, envolvendo diversas áreas, tanto política quanto tecnicamente, têm mais garantias de fluidez e eficiência, pois são menores as resistências à implementação dos resultados e, por isso, são de maior qualidade. Essa transversalidade é especialmente relevante quando o processo é liderado desde a área de participação e tem implicações substantivas em outras áreas, ou quando a esfera mais importante tem alcance geral e exige o envolvimento de diversas áreas.

c) *Compromisso político claro em relação à implementação dos resultados.* A existência de um compromisso político claro por parte da organização promotora do processo em relação à implementação dos resultados do mesmo é, sem dúvida, um dos principais critérios de qualidade democrática nos processos participativos.

d) *Liderança compartilhada do processo participativo.* A existência de uma liderança compartilhada pode dar maior grau de eficiência e coerência ao processo participativo, aproximando-o das dinâmicas reais do município. Desse modo, garante que este seja mais plural e transparente, pois facilita a neutralidade em sua coordenação. É, portanto, um critério de qualidade democrática nos processos participativos.

e) *Integração e coordenação do processo com o sistema participativo do município.* Os processos participativos não têm por que se derivarem sempre de seu próprio sistema de participação (seja ele mais ou menos estável), mas convém que sejam coerentes com o mesmo e, na medida do possível, se integrem e se coordenem para não duplicar esforços e "esgotar" o potencial participativo da sociedade. Da mesma forma, convém evitar a duplicação de estruturas e por isso deve-se tentar aproveitar os órgãos e estruturas já existentes no município. Portanto, um processo participativo será de maior qualidade quanto maior for sua integração e coordenação com o sistema participativo do município.

f) *Definição clara de objetivos.* Um processo participativo será de maior qualidade quando os objetivos forem claramente definidos em relação a sua natureza e a seu alcance.

g) *Recursos materiais, humanos, de tempo e informação adequados ao desenvolvimento do processo.* Um processo participativo de qualidade tem de contar com os recursos materiais, humanos, de informação e de tempo adequados ao desenvolvimento do processo proposto.

- *Informação de qualidade:* Um bom processo participativo tem de oferecer aos participantes toda a informação necessária para que eles possam opinar e decidir.
- *Recursos humanos:* Um processo participativo poderá alcançar maiores níveis de qualidade quando os recursos humanos a ele destinados facilitarem o lançamento do projeto com o objetivo de alcançar os objetivos previstos.
- *Recursos materiais:* Um processo participativo alcançará maiores níveis de qualidade quando os recursos materiais a ele destinados forem suficientes para que o desenvolvimento do processo seja satisfatório e permita atingir os objetivos propostos em seu início.
- *Tempo (planejamento):* A participação não se improvisa. Portanto, convém planejar todo processo participativo identificando suas fases e seu cronograma de tal forma que se chegue à fase de tomada de

decisões com tempo o bastante para que esta seja de qualidade. O planejamento permite prever as dificuldades, organizar a participação, oferecer maior qualidade do processo e garantir maior transparência.

4.2. Quem? Os participantes

A questão de *quem participa* é um dos temas centrais da literatura sobre participação política.

Os defensores da democracia liberal representativa defendem o voto como forma de participação que, apesar de ser de pouca intensidade (com uma frequência de aproximadamente quatro anos) e muito generalista (fornece pouca informação sobre as preferências concretas dos cidadãos), alcança grande parte da população e por isso é muito ampla.

Por outro lado, os partidários da democracia participativa defendem formas de participação mais diretas e frequentes, que exigem maior envolvimento dos cidadãos, mas que muitas vezes podem incluir apenas certas minorias pouco representativas do conjunto dos cidadãos. Logo, os problemas de falta de representatividade dos participantes são um dos temas clássicos dos estudos sobre participação, que apresentam reflexões referentes a essa falta de representatividade – que pode ser atribuída a desigualdades de recursos, de gênero, de idade, de origem ou a razões estruturais, induzidas pelo próprio modelo das ferramentas participativas – e propõem questões como a seguinte: os participantes devem ser um reflexo exato do conjunto da sociedade ou as estruturas participativas devem estar abertas a todos os que queiram participar?

Os argumentos contrários à ampliação das vias de participação cidadã estão nas peculiaridades ou carências dos cidadãos chamados a se incorporarem aos processos decisórios. São elas: a falta de vontade real dos cidadãos de participar de processos de tomada de decisão pública (acabam sendo complicados e cansativos); a inconstância da participação da maioria dos cidadãos; o fato de comportar funcionamentos irregulares dos mesmos mecanismos; o fato de sempre participarem os mesmos (assimetrias de conhecimento e informação e de envolvimento e experiência política fazem com que os cidadãos potencialmente capacitados ou dispostos a participar sejam uma minoria); e muitas vezes os cidadãos que se mobilizam e querem participar representam apenas a eles mesmos, e não ao conjunto dos cidadãos.

Além disso, esses mecanismos de participação direta dos cidadãos são acusados de enfraquecer ou reduzir a legitimidade das vias representativas tradicionalmente utilizadas pela democracia e que foram acumulando críticas e acusações de não funcionamento. Assim, sob a perspectiva da democracia participativa:

> Não se trata apenas de que as pessoas participem mais. Cada vez parece mais necessário assumir que caso não se amplie a base de consenso social de muitas decisões, a erosão das instituições representativas crescerá, e dessa forma os partidários de fórmulas decisórias poderão se reforçar, apesar dos sacrifícios democráticos que possam comportar. [...] quando falamos de participação [...] falamos do conjunto da população afetada direta ou indiretamente pela decisão. E isso quer dizer encontrar mecanismos para conseguir esse amplo envolvimento social. (Subirats, 2001:40)

Em relação ao tema da representatividade, do ponto de vista da democracia participativa, afirma-se que, embora uma das principais funções dos processos eleitorais (no cenário da democracia representativa) seja garantir a representação dos diferentes cidadãos e grupos sociais nos processos de governo, a introdução de fórmulas de participação cidadã (além das eleições) deveria servir para potencializar a capacidade de representação desse conjunto de interesses nas decisões públicas. Nesse sentido, é certo que um dos riscos dessas fórmulas de participação cidadã será acabar por premiar as opções e interesses dos cidadãos (ou grupos) com mais recursos para participar; e que, por isso, a participação não seja representativa do conjunto de interesses e reivindicações presentes na população.

O modelo de participação predominante na Catalunha deu força à participação dos grupos organizados, em detrimento da capacidade dos cidadãos não organizados de decidir nos processos de governo. Este fato ocorreu por uma série de motivos: em primeiro lugar, os governos locais consideram as associações locais interlocutoras válidas dos interesses, necessidades e reivindicações presentes dos cidadãos. Em segundo lugar, consideram que o diálogo é mais fácil com grupos organizados do que com cidadãos que representam apenas a si mesmos, e que na maioria dos casos estão muito desinformados. E, por último, os governos locais entenderam que a oposição mais forte pode vir dos coletivos organizados, com interesses e expectativas fortes em relação às ações do governo e com capacidade de influir e mobilizar a opinião pública, e por esses motivos devem ser os primeiros a serem ouvidos. Além disso, também aponta para a crítica feita pelo mesmo movimento associativo à participação cidadã a título individual, considerando-a pouco representativa do resto dos interesses da sociedade.

Mas esse modelo de participação de base associativa também tem muitas limitações (que ficaram evidentes principalmente desde o fim dos anos 1980): de um lado surge a dúvida sobre a representatividade dos grupos participantes em relação ao conjunto do tecido associativo; de outro, muitas vezes os membros dos órgãos participativos não podem se definir como representativos das entidades de que formam parte; e, finalmente, as mesmas entidades têm dificuldades para garantir sua capacidade de representação dos interesses da população.

Entretanto, esses problemas de representatividade poderiam ser superados por meio de um modelo de participação no qual as entidades resgatassem seu papel mais crítico e de controle democrático; e, ao mesmo tempo, realizassem um processo de renovação interna com o apoio das administrações.

Nos últimos anos observou-se uma tendência de se buscar novas fórmulas de participação que dessem protagonismo a grupos informais e a cidadãos não organizados, fosse através da participação mista (entidades e cidadãos a título individual) ou exclusivamente individual. Neste último caso se diferenciam: os mecanismos que buscam a representatividade dos participantes (ou seja, nos quais os participantes são escolhidos de acordo com critérios estatísticos para a elaboração de uma amostra representativa do conjunto da população); e aqueles que não a pretendem (que conseguem encontrar com mais facilidade um conjunto de cidadãos[11] mais ou menos plural que tenham em comum interesse, disposição e capacidade para participar na discussão de determinada política pública).

Portanto, quanto maior a semelhança entre o grupo de participantes e o conjunto da população, melhor (Anduiza & De Maya, 2005), principalmente em relação à representatividade dos discursos populares referentes à problemática tratada (Jorba et al., 2007).

Aspiração normativa:

> *A participação em um processo de qualidade deveria ser o mais ampla e representativa possível do conjunto de cidadãos a que se dirige em relação à diversidade de perfis de participantes e à diversidade dos discursos populares referentes ao tema tratado.*

Critérios/Dimensões:

a) *Amplo envolvimento dos participantes.* A princípio, quanto mais integrantes um processo participativo conseguir envolver, melhor,[12] apesar de isso depender tanto do tipo de espaço que se queira e convenha criar e da população de referência da qual estamos falando. Ao mesmo tempo, a quantidade de participantes (pelo efeito pedagógico do processo nos próprios participantes diretos) costuma ser tão importante quanto a

---

[11] Justamente nesses casos é mais fácil que se produzam distorções nas características dos participantes, já que o elevado grau de exigência desses mecanismos participativos no âmbito de disponibilidade de tempo, informação e habilidades comunicativas faz com que não estejam ao alcance do conjunto dos cidadãos.

[12] Deve-se levar em conta que, apesar de a quantidade ser, em alguns casos, elevada, talvez não estejam representados os diferentes grupos sociais do território e/ou todos os discursos possíveis a respeito do tema. Ao mesmo tempo, alguns processos trabalham com órgãos restritos nos quais o número de participantes é limitado para favorecer dinâmicas de consenso e deliberação (que depois podem ou não se abrir ao resto dos cidadãos). Em todo caso, seria possível medir os participantes reais em relação aos participantes potenciais. Finalmente, em relação às entidades, interessará ver se elas promoveram um debate interno da própria associação para tornar a discussão mais ampla e democrática.

diversidade de pessoas (algo que garanta levar em conta pontos de vista muito diferentes, e que resulta na legitimidade e qualidade do resultado final).

b) *Diversidade de participantes (grupos sociais e discursos).* Um processo participativo terá maior qualidade democrática se for capaz de incorporar a diversidade da sociedade em que se desenvolve, ou seja, se os diferentes grupos sociais e interesses estiverem representados. Nesse sentido, é preciso considerar os grupos sociais habitualmente sub-representados nos processos participativos, como por exemplo as mulheres, os jovens e os imigrantes. Ainda assim, com o objetivo de assegurar essa diversidade em relação às entidades, será preciso levar em conta a diversidade[13] de associações que participam em relação às presentes no território. Um passo além da diversidade é detectar a ausência de grupos especialmente relevantes para a temática abordada, ou seja, um processo de qualidade teria de garantir a participação de todos os atores-chave em relação à temática submetida à participação.

c) *Representação de atores.* Em alguns processos, todos ou alguns participantes representam atores organizados. Nestes casos, um critério de qualidade democrática consiste em garantir que esses representantes sejam realmente portadores de um discurso coletivo. Essa garantia é dada por três tipos de elementos: os relativos ao processo, os relativos à organização e os relativos às pessoas consideradas representantes. O processo precisa permitir que os representantes transfiram a informação a sua organização e possam realizar debates internos; as organizações têm de escolher seus representantes e participar dos debates

---

[13] É preciso levar em conta que o grau de diversidade depende do contexto no qual se dá o processo e de seu objetivo. Há contextos em que pode ser necessário levar em conta outras variáveis de diversidade. Ao mesmo tempo, encontramos processos que estão destinados a grupos sociais ou entidades específicos, e portanto esses indicadores de diversidade não seriam válidos. Ou seja, seria preciso levar em conta o grau de abertura do processo, pois um processo participativo pode permitir a participação de qualquer entidade ou cidadão, ou também pode restringir os participantes, dependendo de qual seja seu objetivo. Em termos gerais, não costuma haver processos 100% abertos (onde todos os espaços estão abertos a quem quiser) nem 100% fechados, especialmente porque há fases de trabalho intensivo que requerem maior fechamento, e fases de propostas e ratificação que requerem maior abertura. É preciso identificar os extremos de abertura e fechamento a fim de evitá-los.

internos, e os representantes têm de participar no processo sendo fiéis às propostas de sua organização, sem fazer propostas pessoais.

4.3. Sobre o que se participa?

Se no item anterior nos concentramos nos sujeitos da participação, neste vamos expor os critérios para avaliar o objeto da participação: aquele que está submetido a ela. Concretamente, vamos falar de sua relevância, da capacidade de intervenção da administração local e a procedência da temática submetida à participação.

Em primeiro lugar, faremos referência à temática sobre a qual se concentra o processo participativo e, em especial, à necessidade de que a participação se concentre em *temas relevantes*. A participação deve ser aplicada a aspectos centrais para uma comunidade (Jorba et al., 2007; Font & Blanco, 2003). Só desse modo os processos participativos poderão contribuir para a eficácia das políticas públicas. Esse critério, que se baseia principalmente nas percepções[14] da população sobre os temas submetidos à participação, deverá, portanto, ser avaliado por meio da medição das avaliações subjetivas dos cidadãos e dos agentes de referência em relação à temática do processo.

Em segundo lugar, um processo participativo será mais eficiente se tratar de temas sobre os quais é muito grande a *capacidade de intervenção da administração local*. Se isso não ocorre, o governo municipal vai exigir a cumplicidade de administrações supralocais para executar os resultados do processo.

Em terceiro lugar, os temas submetidos à participação podem proceder da iniciativa ou da reivindicação de diferentes atores: podem ser iniciativa do governo, de uma área específica do governo, de um técnico, da oposição, de alguma associação, dos cidadãos não organizados etc. A

---

[14] O termo "relevante" pode provocar confusões em sua definição, pois o que é relevante para políticos e/ou técnicos pode não o ser para os cidadãos (ou vice-versa); é possível, ainda, que haja divergências de percepção entre os mesmos políticos ou técnicos; ou que aquilo definido como relevante em termos econômicos não o seja, por exemplo, em termos subjetivos.

iniciativa da participação condiciona o desenvolvimento do processo, mas não deveria afetar sua qualidade democrática.

O que agora nos interessa como elemento de qualidade democrática é em que medida a temática objeto de participação reúne ou aborda reivindicações procedentes dos cidadãos. Entendemos que, em geral, os *temas oriundos de uma reivindicação cidadã* não apenas respondem melhor à vontade dos cidadãos, mas também têm mais possibilidades de gerar processos com êxito, com maiores níveis de participação.

Aspiração normativa:

> O processo participativo de qualidade deveria fazer referência a questões políticas relevantes, a temas sobre os quais a administração local tenha capacidade de intervenção e, na medida do possível, procedam de uma reivindicação cidadã.

Critérios/Dimensões:

a) *Relevância política do tema em que se concentra o processo participativo.* A questão política sobre a qual se concentra o processo participativo deve ser avaliada subjetivamente como relevante, tanto para os políticos e/ou técnicos quanto para os cidadãos aos quais se dirige o processo. Portanto, um processo participativo terá maior qualidade se cobrir questões relevantes para a população e os agentes de referência a respeito do tema sobre o qual se participa.

b) *Capacidade de intervenção da administração local sobre o tema.* Um processo participativo será mais eficiente se abordar temas sobre os quais a capacidade de intervenção da administração for muito grande.

c) *Tema oriundo de reivindicação cidadã.* Em geral, os temas procedentes de reivindicações cidadãs não apenas respondem melhor à vontade dos cidadãos, mas também têm mais possibilidades de gerar processos bem-sucedidos, com maiores níveis de participação.

4.4. Como se participa?

Neste tópico, pretendemos abordar todas as questões referentes ao como (ao método) do processo participativo: Como se realiza a participação? O método é adequado? A deliberação ocorre em condições de liberdade e igualdade entre os participantes? O poder está realmente delegado àqueles que participam? *Como se participa* trata, portanto, do próprio desenvolvimento do processo participativo e faz referência às formas que este acaba tomando. Vamos diferenciar os seguintes aspectos: o grau de participação, a capacidade de proposta, a qualidade da deliberação e a avaliação.

Um primeiro critério de qualidade a ser levado em conta é o *grau de participação* ou margem de decisão dos cidadãos (Anduiza & De Maya, 2005); ou seja, o que Arnstein (1971) definiu como *intensidade da participação ou a escala participativa* em função do papel ou da atividade que os cidadãos tenham desenvolvido diante de diferentes espaços participativos. O autor distingue entre os seguintes níveis cumulativos de participação (cada um engloba os anteriores): informação, comunicação, consulta, deliberação e participação na tomada de decisões. A cada um dos níveis exige-se, progressivamente, maior envolvimento e menor passividade dos participantes.

Além de Arnstein, outros autores também desenvolveram escalas de participação (Schlozman, Burns & Verba, 1994; Gyford, 1991) ou distinções entre participação autêntica e não autêntica (Simrell, Feltey & O'Neills, 1998; McLaverty, 1999). A questão é definir se aceitamos como participativos apenas os processos que têm como objetivo uma decisão final, ou seja, os que supõem um verdadeiro empoderamento dos cidadãos, ao lhes outorgarem capacidade de controlar (apesar de serem experiências desenvolvidas em sistemas de democracia representativa nos quais a última palavra é do órgão representativo, por exemplo: plenários, câmaras, parlamentos etc.), ou se aceitamos também como participativos aqueles que pretendem, simplesmente, oferecer e/ou receber informação ou mesmo gerar debate.

Em geral, considera-se que os processos nos quais os participantes se concentram na informação e comunicação não são especificamente participativos. Por isso, é importante detectar se nas experiências em questão os cidadãos estiveram em processos de consulta (nos quais se pede aos cidadãos basicamente informação sobre prioridades e necessidades), se participaram da deliberação (debate sobre as propostas, análise e avaliação de alternativas etc.) e, finalmente, se, além disso, tiveram capacidade de decisão e/ou gestão sobre o próprio processo e os resultados dele derivados. Neste último caso, a experiência é considerada de mais qualidade.[15]

Um segundo critério é a *capacidade de proposta* dos participantes. Dessa maneira, um processo participativo vai ampliar mais os direitos dos cidadãos se permitir que os participantes façam propostas e sugestões. Alguns processos participativos não consideram esta possibilidade por decisão metodológica, outros não a consideram porque o objetivo do processo se concentra em outras fases da elaboração de uma política pública – por exemplo, um diagnóstico.

Um terceiro critério a ser levado em conta é a *qualidade da deliberação*. Nos espaços deliberativos, costumam surgir desigualdades deliberativas e de comunicação entre os diferentes participantes. Para reduzir essas desigualdades, é recomendável utilizar técnicas e mecanismos específicos que ajudem a minimizá-las.

Portanto, falar de como se participa também leva em conta aos instrumentos de participação (Papadopoulos & Warin, 2007) que podem facilitar processos de comunicação e deliberação, possibilitando a participação cidadã nas discussões, a compreensão mútua, e que mecanismos de solução de possíveis conflitos e acordos possam ser encontrados conjuntamente com base na informação e no debate (Webler & Tuler, 2000).

Por um lado, é possível identificar os espaços e conteúdos de informação/comunicação criados ou considerados no processo, que deveriam garantir que os participantes se expressassem com conhecimento de cau-

---

[15] Ainda assim, é evidente que o tipo de participação, normalmente definido em uma escala participativa de menos a mais participação, pode ser visto como uma progressão de menor para maior qualidade. Mas deve-se levar em conta que processos centrados exclusivamente na deliberação podem ser de muita qualidade e ter potencial pedagógico importantíssimo, mas ser inconsistentes. Do mesmo modo, os processos decisivos podem ser de muito pouca qualidade se integrarem apenas um grupo muito limitado de entidades ou cidadãos e se a gestão e a decisão tiverem restrições desnecessárias.

sa e com liberdade. Esses espaços e sistemas deveriam se definir de forma transparente e clara para todos os agentes envolvidos (de modo que todos conheçam os objetivos, possibilidades e limites do processo e não se criem falsas expectativas), uma vez que a informação plural garante uma diversidade de pontos de vista que agrega qualidade e legitimidade ao processo.

Por outro lado, é possível observar a existência de uma metodologia de funcionamento de espaços de deliberação e tomada de decisões, sejam estruturas ad hoc (criadas especificamente pelo processo participativo) ou mesmo estruturas existentes (conselhos consultivos, fóruns permanentes etc.). Atualmente há métodos de organização desses espaços que permitem organizar os debates de forma que as condições de partida desiguais dos participantes (de informação, de capital cultural etc.) sejam abordadas, assim como métodos para garantir maior diversidade de participantes, dinâmicas construtivas de consenso etc. (Delbecq et al., 1984).

Finalmente, a existência de uma avaliação pública do processo participativo é considerada um elemento de qualidade democrática. Essa avaliação deve contar com as seguintes características:

a) o envolvimento dos agentes que participam no processo (fato que ao mesmo tempo se converte em oportunidade de aprendizagem e divisão de responsabilidades no projeto);
b) que vá além dos resultados do processo participativo e de seu impacto nas políticas públicas, e se concentre também nas melhorias produzidas pelas relações entre cidadania e as administrações (Papadopoulus & Warin, 2007);
c) e que inclua dinâmicas de avaliação contínua que permitam melhorar o processo ao longo de seu desenvolvimento (Jorba et al., 2007).

A avaliação, portanto, é outro indicador de qualidade democrática na medida em que permite identificar os erros para redefinir o planejamento e readaptar o processo. Ao mesmo tempo, é um elemento pedagógico muito valioso, pois dá oportunidade aos participantes de fazer autocrítica, avaliar seu envolvimento no processo e pensá-lo a partir de critérios gerais.

Aspiração normativa:

> Um processo participativo de qualidade deve possibilitar que seus participantes deliberem em condições de igualdade, tenham capacidade de fazer propostas e, finalmente, tomem uma decisão de forma democrática. Além disso, o processo deve poder ser avaliado desde seu início e de forma contínua.

Critérios/Dimensões:

a) *Grau de participação dos participantes no processo: tomada de decisões.* A situação de maior qualidade democrática é aquela em que os participantes recebem toda a informação necessária, podem deliberar sobre ela em condições de igualdade e, finalmente, podem tomar uma decisão a respeito de forma democrática. Nesse sentido, sugerimos a utilização da seguinte escala de qualidade:[16] Apenas informação; apenas deliberação; apenas decisão; informação e deliberação; informação e decisão; deliberação e decisão; informação, deliberação e decisão.

b) *Capacidade de proposta dos participantes no processo.* Um processo participativo ampliará mais os direitos dos cidadãos se permitir que os participantes façam propostas.

c) *Deliberação em condições de igualdade: uso de técnicas participativas.* Partimos da ideia de que a deliberação por si só é um princípio básico da qualidade democrática e, portanto, outro critério de qualidade é o uso de instrumentos participativos no desenvolvimento dos processos participativos, ou seja, o uso de novos canais de participação que permitam a intervenção do conjunto de cidadãos. Entende-se por instrumento (mecanismo) o conjunto de formatos participativos pensados unicamente para ordenar e facilitar a intervenção cidadã na tomada de decisões. Esses instrumentos participativos se diferenciam entre: os que

---

[16] Essa tipologia foi pensada como uma escala de menor para maior participação dos cidadãos unicamente na tomada de decisões. Entretanto, deve-se evitar fazer associação direta entre maior grau de participação e maior qualidade democrática de um processo.

têm continuidade ao longo do processo (tenham sido constituídos expressamente para o processo ou sejam órgãos estáveis de participação que já funcionavam regularmente antes do início da experiência[17]) e os que foram organizados uma vez ou por um período de tempo restrito e que, portanto, são instrumentos sem continuidade, de uso pontual.

Além disso, é preciso destacar que, como nos espaços deliberativos se produzem desigualdades deliberativas e comunicativas entre os diferentes participantes, é conveniente utilizar técnicas e métodos que ajudem a superar estas desigualdades. Nesse sentido, entendemos por técnicas participativas o debate grupal entre um número limitado de pessoas em um espaço de tempo limitado e guiado por um condutor, no qual os participantes fazem algum tipo de autoanálise sobre a realidade que os rodeia e chegam a um momento de síntese no qual sancionam conclusões de consenso, orientadas a transformar esta realidade. Desse modo, entendemos que o uso de técnicas participativas[18] também é um critério de qualidade, já que permite uma participação mais igualitária.

d) *Avaliação do próprio processo.* Avaliar um processo participativo desde seu princípio e de forma contínua é por si só um critério de qualidade, já que apenas por meio de avaliação podemos analisar a qualidade democrática de nosso processo, e só assim podemos melhorar. Apesar de haver diversas formas de avaliação da participação, em nosso entender obtém-se maior qualidade democrática quando esta avaliação é planejada (desde o início do processo), contínua (durante todo o processo) e participativa (envolvendo os sujeitos da participação).

---

[17] Este caso está intimamente relacionado com o critério "integração no sistema participativo do município", já comentado.

[18] Uma das técnicas mais comuns, e que frequentemente passa despercebida, é a existência de moderadores nos debates. A simples existência desse personagem permite uma participação muito mais igualitária. Deve-se levar em conta que nem sempre a possibilidade de participação se traduz em participação exercida, ou seja, há pessoas que já podem se sentir representadas pelas opiniões expressas anteriormente no espaço participativo, sem sentir nenhuma necessidade de participar, apesar de ser oferecida a possibilidade de fazê-lo (algo que, além disso, pouparia comentários repetitivos e tempo). Portanto, é interessante ter uma avaliação subjetiva da cidadania em relação à possibilidade de exercer a própria voz a partir de um questionário de avaliação dos participantes.

4.5. Os resultados do processo

O âmbito dos *resultados do processo* se refere a questões bastante discutidas, como: elas servem realmente para tomar decisões com influência prática ou são apenas espaços onde se encena um diálogo entre as administrações e os cidadãos? Nos resultados do processo, trata-se de avaliar em que medida o processo foi útil, capaz de transformar a sociedade, seja através de impactos substantivos ou de impactos simbólicos ou relacionais. Neste último tópico, vamos centrar nossa proposta de critérios de qualidade democrática nas consequências concretas da participação: em resultados substantivos, na incidência, em resultados relacionais, na supervisão pública dos resultados e na capacitação.

Em primeiro lugar, podemos falar dos *resultados substantivos* que finalmente serão implementados, o que, em outras palavras, chamaríamos de "consequências observáveis" (Anduiza & De Maya, 2005). Resultados substantivos seriam o plano, programa ou projeto que contempla determinadas linhas de atuação e ações relativas à temática ou área tratada, seja referente a determinados coletivos da população (jovens, idosos, imigrantes etc.), a setores de intervenção (urbanismo, cultura etc.) ou a ações de melhoria da organização local ou de capacitação da cidadania para favorecer a participação na política acordada e/ou para facilitar o desenvolvimento (Font & Blanco, 2003). De um processo participativo de qualidade devemos obter resultados substantivos que respondam às necessidades propostas na criação do processo.

Em segundo lugar, deve-se considerar a *implementação dos resultados*, ou seja, *a incidência* que o processo participativo teve (ou pode vir a ter) no planejamento de políticas ligadas à tradução dos resultados do processo em um programa ou política pública e ao percentual do orçamento afetado pelo resultado do processo sobre o orçamento total do âmbito de referência. Esta implementação de resultados está muito relacionada aos critérios citados em tópicos anteriores, como a vontade política e a realização dos objetivos acordados propostos no início do processo. Só os processos que têm resultados substantivos implementados e que, portanto, consigam impacto real nas políticas públicas podem se considerar processos participativos de qualidade. (Parés et al., 2007).

Neste ponto, falamos do grau de influência real dos participantes sobre a tomada de decisões públicas, em que o grau máximo de qualidade consistiria em que os participantes adquirissem o controle do processo de tomada de decisões independentemente de a responsabilidade corresponder a um órgão representativo (Burns, 1994).

> Na terceira função [...] da participação cidadã na tomada de decisões não deve sair nenhum novo governo. Entretanto, junto da legitimidade e da representatividade devem ser obtidos resultados, rendimentos substantivos do processo, uma decisão ou um conjunto de recomendações, ideias ou propostas para as autoridades. (Font, 2001:25)

Em terceiro lugar, deve-se levar em conta os *resultados relacionais (dinamização de redes locais)*. Como se sabe, a participação implica vínculos entre os atores locais, portanto é pertinente observar as mudanças produzidas ao longo do mesmo processo de participação nos atores e em sua relação com a organização municipal, na relação entre a administração e os cidadãos e no envolvimento desta na vida local. Apesar de esses aspectos não serem por si só "participação" (sem um aspecto substantivo sobre o qual se apoiem), eles contribuem para a geração de uma cultura cidadã e para o que alguns autores chamaram de "capital social" (Putnam, 1993).

Portanto, um processo participativo de qualidade deve aspirar não só a resultados substantivos, mas a promover um fortalecimento das relações entre os diferentes atores,[19] conseguindo que alguns cidadãos e associações, ao longo do processo, construam um vínculo mais ou menos forte com outros cidadãos e associações, algo que fortalece a sociedade civil. A melhoria das relações e/ou o estabelecimento de vínculos permite superar dinâmicas de enfrentamento e de conflito se o processo for bem gerido.

---

[19] A avaliação subjetiva dos cidadãos sobre o fortalecimento das relações, superação de enfrentamentos ou construção de vínculos pode ser obtida a partir de um questionário de avaliação do próprio processo, sobretudo porque a criação desses vínculos, ou simplesmente a melhoria das relações, pode passar despercebida à simples observação dos participantes. Estas transformações podem se dar entre os diferentes tipos de atores e internamente dentro de um mesmo tipo de atores: políticos, técnicos, administradores, associações e cidadãos.

Em quarto lugar, em um processo participativo de qualidade os resultados substantivos do processo não apenas devem ser implementados, mas os *participantes também devem se manter informados sobre essa implementação*. Nesse sentido, um processo participativo de qualidade deve prever um retorno dos resultados ao fim do processo, para que os participantes conheçam e validem os resultados e possam dar o processo por terminado. Essa prática é um elemento fundamental de transparência para garantir a legitimidade dos processos participativos e incrementar a confiança dos cidadãos nas instituições (Martí, 2006).

Com o objetivo de favorecer a implementação dos resultados de um processo, e para que isso ocorra de forma coerente e fiel ao debate participativo, pode-se criar um órgão para fazer esse acompanhamento. Esse pode ser criado ao final do processo, ou pode se aproveitar no processo um já existente (por exemplo, um grupo atuante plural, se existir). Normalmente são órgãos plurais que representam o conjunto de participantes.

Por último, um processo participativo será de maior qualidade se conseguir *capacitar os participantes*. A capacitação pode se produzir no tema submetido à participação, proporcionando aos participantes maior conhecimento da temática objeto do debate; e também no próprio campo da participação cidadã (seja adquirindo técnicas e habilidades para a participação, ou incidindo nos valores e atitudes democráticas da cidadania e dos políticos e técnicos envolvidos no processo participativo) (Jorba et al., 2007); ou mesmo sobre temas mais abstratos relacionados ao apoio à democracia e a seus valores (Rowe & Frewer, 2000).

Esta visão da participação como uma "escola de democracia" que contribui para criar melhores cidadãos aumentará os efeitos legitimadores não só dos processos participativos. Entretanto, nesse ponto nos deparamos com a dificuldade não apenas de observar esta mudança nos valores e atitudes, mas também de poder afirmar que a mudança foi diretamente produzida pelo próprio processo participativo.

Todos esses aspectos relacionados com os resultados têm muito a ver com o debate sobre a relação entre participação e eficiência.

Aspiração normativa:

> Um processo participativo de qualidade deve ter resultados substantivos que comportem uma influência real dos cidadãos sobre as decisões públicas (resultados substantivos) e um fortalecimento da rede de atores que intervieram no processo (resultados relacionais). Esses resultados devem retornar aos participantes para que estes possam fazer o acompanhamento. Além disso, o processo deve favorecer a capacitação dos participantes em uma cultura política participativa.

Critérios/Dimensões:

a) *Obtenção de resultados substantivos que respondam às necessidades propostas no estabelecimento do processo.* Para a legitimidade de um processo participativo é básico que haja resultados substantivos que respondam às necessidades propostas na criação do próprio processo. Do ponto de vista da qualidade democrática do processo, esses resultados substantivos não apenas devem existir, mas também devem responder às reivindicações e propostas feitas pelos cidadãos no processo participativo. Ou seja, entendemos que existe qualidade democrática quando os participantes realmente influem nos resultados do processo.

b) *Fortalecimento das relações entre os diferentes atores.* Um processo participativo, além de aspirar a resultados substantivos, tem de fortalecer as relações entre os participantes e entre estes e a administração. Desse ponto de vista, espera-se do processo participativo um impacto na sociedade, transformando as formas de relação entre os cidadãos, mas também na administração, resultando numa administração mais permeável e com maior capacidade de interlocução. Além disso, se o processo for bem gerido, esse fortalecimento das relações sociais pode permitir superar as dinâmicas de conflito com maior facilidade.

c) *Implementação dos resultados substantivos e impacto real na definição de políticas públicas.* A capacidade real de um processo participativo para transformar a realidade ocorre quando os resultados de tal processo influem nas políticas públicas, ou seja, se convertem em *outputs*, e, sobretudo, quando estas políticas públicas conseguem transformar a realidade de acordo com os objetivos fixados, e, portanto, se convertem em *outcomes*.

d) *Retorno dos resultados ao fim do processo.* Um processo participativo de qualidade teria de prever um retorno dos resultados, tanto os substantivos quanto os relacionais (estes últimos se puderem ser explicitados), ao fim do processo, para que os participantes conheçam e avaliem os resultados e possam dar por encerrado o processo. O retorno de resultados está muito ligado a critérios de caráter geral como a visibilidade e a transparência do processo, sua legitimidade e coerência e o aumento da confiança dos cidadãos nas instituições.

e) *Capacitação dos participantes no processo.* Um processo participativo será de maior qualidade se conseguir capacitar os participantes no âmbito da participação cidadã, desde os próprios políticos aos técnicos e administradores e às entidades e cidadãos a título individual. Entre estas capacitações estão: tanto as mais concretas, como um maior conhecimento sobre o tema submetido à participação, quanto as mais genéricas, que permitem um funcionamento melhor dos processos cidadãos (capacidade para falar, entender o funcionamento dos processos participativos, conhecer o funcionamento da administração etc.); até capacitações mais abstratas, relacionadas com o apoio à democracia e a seus valores.

5. Conclusões

O objetivo deste capítulo foi apresentar uma série de critérios de qualidade democrática pensados para avaliar processos participativos.

Com o objetivo de realizar esta tarefa, em primeiro lugar, introduzimos o debate da qualidade no seio da democracia participativa. Em uma época de grandes mudanças e maior complexidade no campo da política, vimos como o surgimento de espaços e instrumentos participativos em esfera local foi importante para permitir ultrapassar as formas mais clássicas de participação política. E, de fato, os processos participativos no governo local foram uma dessas iniciativas inovadoras.

Em segundo lugar, fizemos uma compilação de diferentes critérios de qualidade democrática nos processos de participação cidadã que encontramos na literatura europeia. Critérios estes que levamos em conta para confeccionar nossa proposta.

Finalmente, definimos cinco âmbitos, cinco aspectos relevantes que consideramos que deveriam estar presentes em todo processo participativo e que, de fato, podem ser aplicados a diferentes contextos. Para cada um desses âmbitos, especificamos uma aspiração normativa sobre o que, em nossa opinião, deveriam ser as práticas de qualidade democrática. E, ao mesmo tempo, estabelecemos 22 critérios de qualidade democrática pensados para avaliar processos participativos.

Evidentemente o objetivo final não é que todo processo participativo cumpra com todos os critérios expostos, pois "não existe um mecanismo participativo perfeito que reúna todas as características ideais" (Font, 2001:233), nem que todas as dimensões estejam sempre relacionadas positivamente entre si. Nosso desejo foi de estabelecer uma série de orientações que contribuam para fazer com que os processos participativos sejam mais democráticos, mais diversos, mais eficazes e mais úteis. Em outras palavras, mediante os critérios apresentados buscamos promover processos participativos de maior qualidade.

Logicamente, em função do contexto e das características de cada município, cada um dos critérios aqui propostos será mais ou menos útil, mais ou menos viável e mais ou menos "mensurável". De qualquer modo, e sem pretender ter a verdade absoluta sobre o que é e o que não é um "bom" processo participativo, com os critérios que apresentamos pretendemos fazer uma humilde contribuição à sistematização de alguns parâmetros que, em nossa opinião, podem ajudar a melhorar as novas formas de democracia participativa.

Tabela 2 – Aspirações normativas e critérios de avaliação da qualidade democrática dos processos participativos

Âmbitos	Aspiração normativa	Dimensões
A COORDENAÇÃO DO PROCESSO	Um processo participativo de qualidade deveria contar com o apoio político, administrativo e social a sua necessidade e à metodologia de desenvolvimento; um trabalho interno transversal; o compromisso político da implementação de seus resultados e uma liderança compartilhada. Além disso, deveria ter objetivos claramente definidos; dispor de recursos (humanos, materiais de informação e tempo) apropriados para seu desenvolvimento; e estar integrado, na medida do possível, ao sistema participativo do município.	Acordo político, social e administrativo sobre a necessidade de realizar o processo e sua metodologia.
		Transversalidade interna.
		Compromisso político claro em relação à implementação dos resultado.
		Liderança compartilhada do processo participativo.
		Integração e coordenação do processo com o sistema participativo do município.
		Definição clara de objetivos.
		Recursos materiais, humanos, de tempo e informação adequados ao desenvolvimento do processo.
QUEM PARTICIPA? OS PARTICIPANTES	A participação em um processo de qualidade deveria ser a mais ampla e representativa possível do conjunto de cidadãos a que se dirige em relação à diversidade de perfis de participantes e à diversidade dos discursos existentes na população referentes ao tema tratado.	Amplo envolvimento dos participantes.
		Diversidade de participantes (grupos sociais e discursos).
		Representação de atores.
SOBRE O QUE SE PARTICIPA?	O processo participativo de qualidade deveria fazer referência a questões políticas relevantes, a temas sobre os quais a administração local tenha capacidade de intervenção e que, na medida do possível, procedam de uma reivindicação cidadã.	Relevância política do tema em que se concentra o processo participativo.
		Capacidade de intervenção da administração local sobre o tema.
		Tema oriundo de reivindicação cidadã.

	Um processo participativo de qualidade deve possibilitar que seus participantes deliberem em condições de igualdade, tenham capacidade de fazer propostas e, finalmente, tomem uma decisão de forma democrática. Além disso, o processo deveria poder ser avaliado desde seu início e de forma contínua.	Grau de participação dos participantes no processo: tomada de decisões.
COMO SE PARTICIPA?		Capacidade de proposta dos participantes no processo.
		Deliberação em condições de igualdade: uso de técnicas participativas.
		Avaliação do próprio processo.
OS RESULTADOS DO PROCESSO	Um processo participativo de qualidade deve ter resultados substantivos que comportem uma influência real dos cidadãos sobre as decisões públicas (resultados substantivos) e um fortalecimento da rede de atores que intervieram no processo (resultados relacionais). Esses resultados devem retornar aos participantes para que estes possam fazer o acompanhamento. Além disso, o processo deve favorecer a capacitação dos participantes em uma cultura política participativa.	Obtenção de resultados substantivos que respondam às necessidades propostas no estabelecimento do processo.
		Fortalecimento das relações entre os diferentes atores.
		Implementação dos resultados substantivos e impacto real na definição de políticas públicas.
		Retorno dos resultados ao fim do processo.
		Capacitação dos participantes do processo.

Elaborado pelos autores.

| Conclusões

MESMO ANTES DA REDEMOCRATIZAÇÃO DO PAÍS EM meados dos anos 1980, sinais de participação cidadã já eram percebidos na sociedade brasileira a despeito do período autoritário que vivenciamos entre os anos 1964-85. Movimentos sociais como as comunidades eclesiais de base (CEBs), organizações não governamentais e outros grupos institucionais oriundos da sociedade civil contribuíram, substancialmente, para a promoção de eventos e/ou divulgação de propostas democratizadoras que foram consolidadas na Constituição de 1988, Carta Magna que foi nomeada de *Constituição cidadã* pelo fato de ter como uma de suas essências (Título I – Dos Princípios Fundamentais) a cidadania e afirmar que a participação cidadã pode ocorrer não só por meio do voto mas de forma direta. No entanto, embora não corroborem tais preceitos constitucionais, os resultados apresentados neste livro apontam na direção do surgimento de arranjos institucionais que, no nível local, já são uma realidade e poderão, no longo prazo, promover a democratização nas relações entre os três grandes atores do contexto nacional: o Estado, o mercado e a sociedade civil organizada.

A fim de expor esta realidade institucional, o presente texto foi dividido em duas partes. No *Capítulo 1 – Escopo teórico* pretendeu-se descrever o referencial teórico utilizado na pesquisa. No concernente a esse referencial teórico, foi destacado o conceito de *cidadania deliberativa*, o que mais se aproxima da preocupação deste estudo, o envolvimento da sociedade nos processos de planejamento e implementação de políticas públicas, notadamente nas situações que facilitam o controle social de ditos processos. Apesar de o estudo não apresentar, quase que na sua totalidade e desde as diferentes regiões analisadas, resultados que demonstrem efetividades participativas, possibilidades dialógicas ainda que tênues são articuladas entre o Estado e os demais atores da sociedade na busca da democracia deliberativa.

Quanto ao procedimento empregado na busca desses resultados, no *Capítulo 2 – Escopo metodológico*, destacamos de forma consolidada os três momentos do estudo: adaptação dos critérios elaborados no Igop/DCPDC/UAB para a avaliação de processos decisórios participativos para implementação de políticas públicas; delimitação da sistematização a ser utilizada no processo de categorização dos arquivos do banco de dados do Pegs e da caracterização socioeconômica e geográfica das regiões selecionadas; e definição da maneira como os dados seriam categorizados e analisados à luz dos critérios de cidadania deliberativa segundo o modelo adotado e adaptado pelo Pegs. Apesar das dificuldades inerentes a processos metodológicos que acomodam suas premissas e análises a um banco de dados não originalmente produzido para a pesquisa (ver *Introdução*), o estudo resultante demonstrou que dados primários, mesmo que resultantes de outra proposta de análise, caso não tenham caducado, são legítimos de serem observados na medida em que a temática abordada seja a mesma da original, no caso, a participação cidadã.

A consolidação do estudo foi assentada na *Parte 2 – Elementos empíricos*, na qual foram descritas e analisadas, sob a perspectiva do *Quadro 1 – Cidadania deliberativa: critérios de análise* (na *Parte 1*), as sete regiões estudadas. Ali foi observado, com as devidas exceções, que o processo de redemocratização do país por meio de mecanismos institucionais participativos ainda é um lugar ideal, uma utopia. Não obstante, e como já apontamos no se-

CONCLUSÕES

gundo parágrafo desta *Conclusão*, parece que esta sociedade ideal – em que a participação cidadã não ocorre somente através do voto, mas também com o envolvimento ativo dos cidadãos nos destinos da sua comunidade, ou seja, uma democracia deliberativa – já é uma alternativa em discussão. Isto não significa dizer que o voto, a eleição de representantes nos poderes Executivo e/ou Legislativo, não seja necessário e legítimo. No entanto, o estudo demonstrou que a sociedade, mesmo que de maneira tênue, dá sinais perceptivos de que processos representativos, historicamente, pelo menos no caso brasileiro, não são suficientes à promoção do controle social da res publica.

Nesta conclusão devemos salientar a experiência acadêmica que norteou o estudo e a produção deste livro. Não há dúvida de que discutir cidadania deliberativa sem que todos os autores tenham direito à fala não é agir comunicativamente, desacreditando, portanto, o referencial teórico selecionado No presente caso julgamos que a prática foi coerente com a teoria. Isto é, o processo decisório deliberativo foi o norte da análise tanto na sua etapa de definição do problema da pesquisa como na análise e redação dos resultados alcançados. Cabe também salientar neste processo que, apesar de existir uma divisão de trabalho entre os membros da equipe do projeto, todos tiveram direito à fala independentemente da posição acadêmica ocupada. Assim, caso não haja ressalvas, esta experiência acadêmica demonstrou que o trabalho em grupo, desde que motivado por fundamentos epistemológicos que busquem a justiça social, é suscetível a práticas pedagógicas democráticas.

Finalmente, sem a efetiva contribuição dos estudos de Carola Castellà e Marc Parés, os resultados aqui apresentados não fariam sentido, uma vez que os critérios por eles produzidos não só estimularam os nossos propósitos de pesquisa, como acreditamos que tais critérios de análise poderão contribuir para que outras pesquisas aqui e alhures possam adotar e/ou adaptar tais parâmetros quer em projetos de pesquisa acadêmica quer naqueles destinados ao controle social de políticas públicas.

| Referências Bibliográficas

ABRAMOVAY, R. Representatividade e inovação. In: SEMINÁRIO NACIONAL DE DESENVOLVIMENTO RURAL SUSTENTÁVEL, Brasília, 2005. *Relatório...* Brasília: MDA/Condraf, 2005.

ALENCAR, Edgard; GOMES, Marcos A. O. *Metodologia de pesquisa social e diagnóstico participativo.* Lavras: Ufla/Faepe, 1998.

ALVES-MAZZOTTI, Alda Judith; GEWANDSZNAJDER, Fernando. *O método nas ciências naturais e sociais* – pesquisa quantitativa e qualitativa. São Paulo: Pioneira, 1998.

ANDUIZA, E.; DE MAYA, S. *La qualitat en la participació: una proposta d'indicadors.* Barcelona: Ed. Fundació Bofill, 2005. Collecció Finestra Oberta.

ARENDT, H. *The Human Condition.* Chicago: Chicago University Press, 1958.

ARNSTEIN, S. A Ladder of Citizen Participation in the USA. *Journal of the Royal Town Planning Institute.* V.57, n. 4, p. 176-182, 1971.

BABBIE, Earl. *Métodos de pesquisa de* survey. Belo Horizonte: UFMG, 1999.

BANDEIRA, P. S. *Participação, articulação de atores sociais e desenvolvimento regional.* Brasília: Ipea, 1999.

BARBER, B. *Strong Democracy: Participatory Politics for a New Age.* Berkeley: University of California Press, 1984.

BARDIN, Laurence. *Análise de conteúdo.* Lisboa: Edições 70, 1977.

BAVA, S. C. Participação, representação e novas formas de diálogo público. In: _____; PAULICS, V.; SPINK, P. *Novos contornos da gestão local*: conceitos em construção. São Paulo: Instituto Pólis; Programa Gestão Pública e Cidadania/Eaesp/FGV, 2002.

BIGNOTTO, Newton. Problemas atuais da teoria republicana. In: CARDOSO, Sérgio. *Retorno ao republicanismo.* Belo Horizonte: Editora UFMG, 2004. p. 17-43.

BLANCO, I.; GOMÀ, R. Del gobierno a la gobernanza. Oportunidades y retos de un nuevo paradigma. *Politika. Revista de Ciencias Sociales*, n. 2, p. 11-27, 2006. Disponível em: bilbaoglocal.org/politika_rcs/bi/eus/politika.org.es_n2_blanco-goma.pdf.

BONNAL, P., MALUF, R. S. Políticas de desenvolvimento territorial e a multifuncionalidade da agricultura familiar no Brasil. In: COLÓQUIO INTERNACIONAL SOBRE DESENVOLVIMENTO TERRITORIAL SUSTENTÁVEL. Florianópolis, 2007. *Anais*... Florianópolis: s.n. 2007.

BOTTOMORE, Tom; OUTHWAITE, William. *Dicionário do pensamento social do século XX.* Rio de Janeiro: Jorge Zahar Editor, 1996.

BRASIL. *Constituição da República Federativa do Brasil.* Brasília: Gráfica do Senado Federal, 1988.

_____. Ministério do Desenvolvimento Agrário. Conselho Nacional de Desenvolvimento Rural Sustentável. *Institucionalidades para a gestão social do desenvolvimento rural sustentável.* Brasília: Condraf, 2005a.

_____. Ministério do Desenvolvimento Agrário. *Marco referencial para apoio ao desenvolvimento de territórios rurais.* Brasília: SDT/MDA, 2005b. Série Documentos Institucionais, n. 2.

_____. Ministério do Desenvolvimento Agrário. *Plano territorial de desenvolvimento rural sustentável* – guia para o planejamento. Brasília: SDT/MDA, 2005c. Documento de Apoio, n. 2.

_____. Ministério do Desenvolvimento Agrário. *Referências para a gestão social de territórios rurais.* Brasília: SDT/MDA, 2005d. Série Documentos Institucionais, n. 3.

_____. Ministério do Desenvolvimento Agrário. *Referências para a gestão social de territórios* rurais – guia para a organização social. Brasília: SDT/MDA, 2006b. Documento de Apoio, n. 3.

_____. Ministério do Desenvolvimento Agrário. *Relatório de gestão*: ano-base 2007. Brasília: SDT/MDA, 2008.

_____. Ministério do Desenvolvimento Agrário. *Relatório de gestão*: ano-base 2006. Brasília: SDT/MDA, 2007b.

REFERÊNCIAS BIBLIOGRÁFICAS

_____. Ministério do Desenvolvimento Agrário. Secretaria do Desenvolvimento Territorial. *Referências para um Programa Territorial de Desenvolvimento Rural Sustentável*. Brasília: SDT/MDA, 2003.

_____. Ministério do Desenvolvimento Agrário. *Territórios da cidadania*. s.l.: s.n. Disponível em: www.territoriosdacidadania.gov.br. Acesso em: maio de 2009.

_____. Ministério do Planejamento, Orçamento e Gestão. Secretaria de Planejamento e Investimentos Estratégicos. *Plano Plurianual 2004-2007*: relatório anual de avaliação – ano-base 2005/exercício 2006. Ministério do Desenvolvimento Agrário. Brasília: MP, 2006a. Caderno 16.

_____. Ministério do Planejamento, Orçamento e Gestão. Secretaria de Planejamento e Investimentos Estratégicos. *Plano Plurianual 2004-2007*: relatório anual de avaliação – ano base 2006/ exercício 2007. Ministério do Desenvolvimento Agrário. Brasília: MP, 2007a. Caderno 16.

BRUQUETAS, M.; MORENO, F. J.; WALLISER, A. La regeneración de los barrios desfavorecidos. Madri: Fundación Alternativas. Documento de trabalho n. 67, 2005.

BURNS, N. *The Formation of American Local Governments*: Private Values in Public Institutions. Nova York: Oxford University Press, 1994.

CASTELLÀ, Carola; PARÉS, Marc. *Criteris, metodologies i reflexions entorn l'avaluació de la participació ciudadana*. Barcelona: Institut de Govern i Polítiques Públiques, 2008, mimeo.

_____; JORBA, L. Evaluación de las experiencias participativas em la gestión local de Cataluña: potencialidades y amenazas. *Gestión y Análisis de Políticas Públicas*, n. 32, p. 79-98, 2005.

_____; _____. *Evaluación de la participación en Cataluña: potencialidades y amenazas de las experiencias participativas*. Barcelona: Igop/UAB, 2005, mimeo.

COLEMAN, J. S. *Foundations of Social Theory*. Cambridge, Mass./Londres: Belknap Press of Harvard University Press, 1990.

DAGNINO, E. Sociedade civil, espaço público e a construção da democracia no Brasil: limites e possibilidades. In: _____. (org.). *Sociedade civil e espaço público no Brasil*. São Paulo: Paz e Terra, 2002.

DELBECQ, A. L. et al. *Técnicas grupales para la planeación*. México, D. F.: Trillas, 1984.

DOWBOR, L. A intervenção dos governos locais no processo de desenvolvimento. In: BAVA, S. C. (org). *Desenvolvimento local*. São Paulo: Pólis, 1996.

FARAH, M. F. S. Governo local, políticas públicas e novas formas de gestão pública no Brasil. *Organizações e Sociedade*, v. 7, n. 17, jan./abr. 2000.

FARIA, Claúdia Feres. Democracia deliberativa: Habermas, Cohen e Bohman. *Lua Nova – Revista de Cultura e Política*, São Paulo, Cedec, n. 50, p. 47-68, 2000.

FAVARETO, A. *Paradigmas do desenvolvimento rural em questão: do agrário ao territorial*. 2006. Tese (Doutorado em Ciência Ambiental) – Programa de Pós-Graduação em Ciência Ambiental, Universidade de São Paulo. São Paulo: Universidade de São Paulo, 2006.

_____. *Retrato das políticas de desenvolvimento territorial no Brasil*. Documento de trabalho n. 26. S.l.: s.n., 2009. Disponível em: www.rimisp.org/.../N26_2009_Favareto_catastro-politicas-desenvolvimento-territorial-Brasil_PORT.pdf – Chile. Acesso em: jan. 2010.

FERNANDES, Antônio Sérgio Araújo. A comunidade cívica em Walter e Putnam. *Lua Nova – Revista de Cultura e Política*, São Paulo, Cedec, n. 51, p. 71-96, 2000.

FONSECA, Francisco; BEUTTENMULLER, Gustavo. Democracia, informação e controle social: reflexões conceituais e o papel dos observatórios locais. In: GUEDES, Alvaro Martim; FONSECA, Francisco. *Controle social da administração pública*: cenário, avanços e dilemas no Brasil. São Paulo: Cultura Acadêmica/Oficina Municipal; Rio de Janeiro: FGV, 2007, p. 75-102.

FONT, Joan (org.). *Ciudadanos y decisiones públicas*. Barcelona: Ariel, 2001.

_____. *La política i la participació: polítics, partits i eleccions*. Barcelona: Mediterrània, 2005.

_____; BLANCO, I. *Polis, la ciutat participativa. Participar en els municipis: qui, com i per què?* Barcelona: Diputació de Barcelona, 2003.

_____; GALAIS, C. *Experiències de democràcia participativa a Catalunya: un mapa analític*. Barcelona: CIS/UPF, 2008, inédito.

FONTOURA, Joana. Movimentos sociais no Brasil. In: HOFMEISTER, Wilhelm (org.). *40 anos*: política, sociedade, cooperação internacional. Rio de Janeiro: Konrad Adenauer Stiftung, 2009.

GIL, Antônio Carlos. *Como elaborar projetos de pesquisa*. 4. ed. São Paulo: Atlas, 2002.

GILL, Rosalind. Análise de discurso. In: BAUER, Martin W.; GASKELL, George. *Pesquisa qualitativa com texto, imagem e som*: um manual prático. 2. ed. Petrópolis: Vozes, 2003. p. 244-270.

GRANOVETTER, M. Economic Action and Social Structure: The Problem of Embeddedness. *American Journal of Sociology*, n. 91, p. 481-93, 1985.

GUTMANN, A.;THOMPSON, D. *Why Deliberative Democracy*. Princeton: Princeton University Press, 2004.

REFERÊNCIAS BIBLIOGRÁFICAS

GYFORD, J. *Citizens, Consumers and Councils. Local Government and the Public*. Londres: Macmillan, 1991.

HABERMAS, Jürgen. Derechos humanos y soberanía popular: las versiones liberal y republicana. In: OVEJERO, Félix et al. (org.). *Nuevas ideas republicanas*: autogobierno y libertad. Barcelona: Paidós, 2004. p. 191-206.

_____. *Direito e democracia*: entre facticidade e validade. Rio de Janeiro: Tempo Brasileiro, 1997. V. 1-2.

_____. *Idéalisation et communication*: agir communicationnel et usage de la raison. Paris: Fayard, 2006.

_____. Três modelos normativos de democracia. *Lua Nova – Revista de Cultura e Política*, São Paulo, Cedec, n. 36, p. 39-53, 1995.

_____. *The Structural Transformation of the Public Sphere*. Cambridge: MIT Press, 1962.

HOOGHE, L.; MARKS, G. *Multilevel Governance and European Integration*. Londres: Rowman & Littlefield, 2001.

INNERARITY, Daniel. *El nuevo espacio público*. Madri: Espasa, 2006.

JORBA, L.; MARTÍ, J.; PARÉS, M. *La qualitat en la participació: orientacions per l'avaluació participada*. Barcelona: Fundació Jaume Bofill, 2007. Collecció finestra oberta.

KRAEMER, C. F. B. *Desenvolvimento local, cidadania e arranjos produtivos locais*: um estudo no estado do Rio de Janeiro. 2005. Dissertação (Mestrado em Administração Pública) — Escola Brasileira de Administração Pública e de Empresas, Fundação Getúlio Vargas. Rio de Janeiro, 2005.

KICKERT, W. Public Governance in the Netherlands: An Alternative to Anglo-American Managerialism. *Public Administration*, v. 75, n. 4, 1997, p. 731-52.

KOOIMAN, J. *Modern Governance*. Londres: Sage, 1993.

LASTRES, H. M. M.; CASSIOLATO, J. E. Novas políticas na era do conhecimento: o foco em arranjos produtivos e inovativos locais. *Parcerias estratégicas*, v. 8, n. 17, p. 5-29, set. 2003.

LEITE, Sérgio Pereira et al. Desenvolvimento territorial: articulação de políticas públicas e atores sociais. In: MIRANDA, Carlos; TIBURCIO, Breno (org.). *Articulação de políticas públicas e atores sociais*. Brasília: Iica, 2008. Série Desenvolvimento Rural Sustentável, v. 8.

LEYDET, Dominique. Crise da representação: o modelo republicano em questão. In: CARDOSO, Sérgio. *Retorno ao republicanismo*. Belo Horizonte: Editora UFMG, 2004. p. 67-92.

LOWNDES, V., PRATCHETT, L., STOKER, G. Diagnosing and Remedying the Failings of Official Participation Schemes: The Clear Framework. *Social Policy and Society*, v. 5, n. 2, p. 281-91, 2006.

MARSH, D. *Comparing Policy Networks*. Buckingham: Open University Press, 1998.

MARSHALL, T. H. *Cidadania, classe social e status*. Rio de Janeiro: Zahar, 1967.

MARTÍ, J. *Tècniques Participatives per al debat grupal*. Barcelona: Diputació de Barcelona (n. 17), 2006.

McLAVERTY, P. Towards a Model of Public Participation. In: KHAN, U. (org.). *Participation Beyond the Ballot Box*. European Case Studies in State-Citizen Dialogue. Londres: UCL Press, 1999, p. 23-42.

OVEJERO, Félix et al. (org.). *Nuevas ideas republicanas*: autogobierno y libertad. Barcelona: Paidós, 2004.

PAPADOPOULOS, Y.; WARIN, P. Are Innovative, Participatory, and Deliberative Procedures in Policy-making Democratic and Effective? *European Journal of Political Research*, n. 46, p. 445-72, 2007.

PARÉS, M. *Participación y calidad democrática*. Evaluando las nuevas formas de democracia participativa. Barcelona: Editorial Ariel, 2009.

_____; CASTELLÀ, C. *Criteris, metodologies i reflexions entorn l'avaluació de la participació ciutadana*. Barcelona: EPSU/Igop/UAB, 2008, mimeo.

_____; _____; JORBA, L. Alguns criteris i recomanacions per millorar la qualitat dels processos participatius. *Innovació Democràtica*, n. 2, p. 29-40, 2007.

PARRY, G.; MOYSER, G.; DAY, N. *Political Participation and Democracy in Britain*. Cambridge: Cambridge University Press, 1992.

PETTIT, Philip. *Republicanismo*: una teoría sobre la libertad y el gobierno. Barcelona: Paidós, 1999.

PIERRE, J.; PETERS, J., *Governance, Politics and the State*. Londres: Macmillan, 2000.

PINZANI, A. Republicanismo(s), democracia, poder. *Veritas*, v. 52, n. 1, p. 5-14, 2007.

PUTNAM, R. D. *Per fer que la democràcia funcioni*. La importància del capital social. Barcelona: Proa, 1993.

RAMOS, Alberto Guerreiro. *A redução sociológica*. 2. ed. Rio de Janeiro: Tempo Brasileiro, 1965.

RHODES, R. *Understanding Governance*. Policy Networks, Governance, Reflexivity and Accountability. Buckingham: Open University Press, 1997.

ROWE, G; FREWER, L. J. Public Participation Methods: A Framework for Evaluation. *Science, Technology & Human Values*, v. 25, n. 1, inverno de 2000.

SARAVIA, E. La participación de la comunidad en la implementación de políticas públicas: el caso de las políticas de alfabetización y de inclusión digital em Minas Gerais, Brasil. In: MARIÑEZ, F.; VIDAL, G. C. (org.). *Política pública y democracia en América Latina*: del análisis a la implementación. México, D.F.: TEC/Egap, 2009.

SCHEJTMAN, Alexander; BERDEGUÉ, Julio A. *Desarrollo territorial rural*. Santiago de Chile: Centro Latino Americano para o Desarrollo Rural, 2004. Caderno Debates y Temas Rurales, n. 1.

SCHLOZMAN, K. L.; BURNS, N.; VERBA, S. Gender and the Pathway to Participation: The Role of Resources. *Journal of Politics*, v. 56, n. 4, p. 963-990, nov. 1994.

SEPÚLVEDA, S.; RODRIGUÉZ, A.; ECHEVERRI; R.; PORTILLA, M. *El enfoque territorial del desarrollo rural*. San José de Costa Rica: Iica, 2003.

SIAL. Departament de Governació. Generalitat de Catalunya. Junta Electoral Central. *BOE*, Ajuntamnet de Barcelona, suplement del n.158, 3 jul. 2003.

SIMRELL, C.; FELTEY, K. M.; O'NEILLS, B. The Question of Participation. *Public Administration Rewiew*, v. 58, n. 4, p. 317-26, 1998.

SINGER, André. Rousseau e o federalista: pontos de aproximação. *Lua Nova – Revista de Cultura e Política*, São Paulo, Cedec, n. 51, 2000, p. 41-50.

SIRAQUE, Vanderlei. *Controle social da função administrativa do Estado*: possibilidades e limites na Constituição de 1988. 2. ed. São Paulo: Saraiva, 2009.

SPINK, Peter; TEIXEIRA, Marco Antonio. A disponibilidade de ser controlado: o controle social da administração pública visto com base no Programa Gestão Pública e Cidadania. In: GUEDES, Alvaro Martim; FONSECA, Francisco. *Controle social da administração pública*: cenário, avanços e dilemas no Brasil. São Paulo: Cultura Acadêmica/Oficina Municipal; Rio de Janeiro: FGV, 2007. p. 43-74.

SUBIRATS, J. et al. *Experiències de participació ciutadana en els municipis catalans*. Barcelona: Escola d'Administració Pública de la Generalitat de Catalunya, 2001.

SUBIRATS, J. Nuevos mecanismos participativos y democracia: promesas y amenazas. In: FONT, J. (org.). *Ciudadanos y decisiones públicas*. Barcelona: Ariel, 2001.

TATAGIBA, L. Os conselhos gestores e a democratização das políticas públicas no Brasil. In: DAGNINO, E. (org.). *Sociedade civil e espaços públicos no Brasil*. São Paulo: Paz e Terra, 2002.

TEIXEIRA, Marco Antonio C.; CARNEIRO, José Mario B. Os passos lentos e firmes da descentralização: quarenta anos de política local (1969-2009). In: HOFMEISTER, Wilhelm (org.). *40 anos*: política, sociedade, cooperação internacional. Rio de Janeiro: Konrad Adenauer Stiftung, 2009.

TENÓRIO, Fernando G. *Cidadania e desenvolvimento local*. Ijuí (RS): Editora Unijuí, 2007a.

_____. (Re)visitando o conceito de gestão social. In: TENÓRIO, F. G. (coord.) *Gestão social*: metodologia e casos. 5. ed. Rio de Janeiro: FGV, 2007b.

_____. et al. Critérios para a avaliação de processos decisórios participativos deliberativos na implementação de políticas públicas. In: ENCONTRO DE ADMINISTRAÇÃO PÚBLICA E GOVERNANÇA, Salvador, 2008. *Resumo*... Rio de Janeiro: Anpad, 2008.

_____; VILLELA, L. E.; DIAS, Anderson Felisberto. Oficina Temática – Metodologia de Adaptação dos Critérios para Avaliação de Processos Decisórios Participativos Deliberativos na Implementação de Políticas Públicas. In: ENCONTRO NACIONAL DE PESQUISADORES EM GESTÃO SOCIAL, 3, Juazeiro e Petrolina, 2009. *Anais*... Petrolina: Univasf, 2009.

TENÓRIO, F.G.; ROZENBERG, J. E. Gestão pública e cidadania: metodologias participativas em ação. *Revista de Administração*, Rio de Janeiro, v. 31, p. 101-25, jul./ago. 1997.

TORRENS, J. C. S. *Território e desenvolvimento: a experiência de articulação territorial do Sudoeste do Paraná*. Projeto de Cooperação Técnica MDA/FAO. Curitiba: Deser, 2007.

TRENNEPOHL, D.; MACAGNAN, R. Impactos ambientais da dinâmica de desenvolvimento da região noroeste colonial do Rio Grande do Sul. *Revista Brasileira de Gestão e Desenvolvimento Regional*, v. 4, n. 1, p. 195-220, jan./abr. 2008.

VIANNA, Luiz Werneck; CARVALHO, Maria Alice Rezende de. Experiência brasileira e democracia. In: CARDOSO, Sérgio. *Retorno ao republicanismo*. Belo Horizonte: Editora UFMG, 2004. p. 197-227.

WEBLER, T.; TULER, S. Fairness and Competence in Citizen Participation. Theoretical Reflections from a Case Study. *Administration & Society*, v. 32, n. 5, p. 566-95, 2000.

ZANI, Felipe Barbosa. *Gestão social do desenvolvimento*: a exclusão dos representantes dos empresários? O caso do Programa Territórios da Cidadania Norte – RJ. 2010. Dissertação (Mestrado em Administração Pública) – Programa de Pós-Graduação em Administração Pública – Escola Brasileira de Administração Pública e de Empresas. Rio de Janeiro: 2010.